Kathrin Brigl
Siegfried Schmidt-Joos

Fritz Rau
Buchhalter der Träume

W0067480

Kathrin Brigl
Siegfried Schmidt-Joos

Fritz Rau
Buchhalter der Träume

Quadriga Verlag
J. Severin

CIP-Kurztitelaufnahme der Deutschen Bibliothek

Brigl, Kathrin:
Fritz Rau – Buchhalter der Träume / Kathrin Brigl;
Siegfried Schmidt-Joos. – Berlin: Quadriga-Verlag
Severin, 1985.
ISBN 3-88679-136-X
NE: Schmidt-Joos, Siegfried:

© 1985 by Quadriga Verlag J. Severin
Verlagsbuchhandlung KG
Alle Rechte, auch das der fotomechanischen
Wiedergabe, vorbehalten
Redaktion: Christoph Pauselius
Umschlaggestaltung: Dirk Bayer-Eynck
Satz: Utesch Satztechnik GmbH, Hamburg
Lithographie: O.R.T., Berlin
Gesamtherstellung: Beltz Offsetdruck, Hemsbach
ISBN 3-88679-136-X
Printed in Germany

Inhalt

1. Der Geburtstag 7
2. Ittersbach 14
3. Kriegjahre 23
4. Schulzeit 32
5. Jahrgang 1930 42
6. Heidelberg 49
7. Cave 54 57
8. Horst Lippmann 67
9. Konzertreferat Inland 73
10. Hildegard 82
11. Norman Granz 91
12. Doppelleben 99
13. Berührungen 107
14. Marlene 117
15. American Folk Blues Festival 127
16. Umbrüche 137
17. Authentische Dokumentationen 145
18. Rock-Business 154
19. Wie macht man eine Tournee 167
20. Entertainment 177
21. Kulturpolitik 189
22. Die Krise 200
23. Dylan in Nürnberg 208
24. Einmal München und retour 218
25. Udo Lindenberg 227
26. Episoden 235
27. Begegnungen 241
28. Demokratische Mosaikkultur 252
29. Hildegards Tod 264
30. Reise in die Kindheit 270
    Nachwort
    Lippmann und Rau-Tourneen ab 1962

1. Kapitel: Der Geburtstag

Köln. Das letzte Konzert der Europatournee 1982 der *Rolling Stones*. Das Stadion ist bis auf den letzten Platz gefüllt. Vom Band erklingt als Ouvertüre Duke Ellingtons »Take The A Train«. Europas bekanntester Impresario steht hinter dem Vorhang mit zitternden Knien. Er hat Brechreiz, Schüttelfrost. Vor seinen Augen tanzen rote Kreise: totale Bühnenangst. Mick Jagger legt ihm die Hand auf die Schulter: »Be cool, man.« Fritz Rau weiß, daß in ein paar Sekunden der Vorhang aufgehen wird. Dann ist er dran. Mick gibt ihm einen Stoß. Fritz hält sich am Mikrophon fest und brüllt in badisch gefärbtem Englisch: »Ladies and gentlemen! For the last time in Germany, please, welcome... *The Rolling Stones!*« – Hinter ihm stürmt die Band auf die Bühne, das Stadion bebt. »Es gibt nichts Schön'res als was Schön's«, sagt Fritz, nach Karl Valentin, wenn er über die heiligen Momente des Show Business spricht.

Kopenhagen 1960. Fritz Rau liegt nach einem Konzert fiebrig und schweißgebadet im Hotelbett; er ist erkältet. Marlene Dietrich hat gesungen – ein Mysterium, sein Idol, für ihn eine Frau nicht von dieser Welt. Er glaubt zu träumen, als sie die Tür öffnet: »Mein Gott, jetzt erscheint sie dir schon im Traum.« Der Star schwebt auf ihn zu, lüftet die Bettdecke und knöpft ihm den Pyjama auf: »Um Himmelswillen, jetzt geht's aber los, aber an so was wagt man ja gar nicht zu denken!« Doch die praktische Marlene schraubt einen Salbentopf auf, reibt ihm die Brust mit Wick-Vaporub ein, drückt einen Kuß auf seine Stirn und verabschiedet sich: »So, Fritz, das wird dir guttun.«

Berlin 1968, ein Klima aufgeheizter politischer Emotionen. Der Kommunarde Fritz Teufel sitzt in Moabit im Gefängnis, und Frank Zappa, der Rock-Held aus dem amerikanischen Underground, residiert im Hotel Kempinski. Eine Abordnung der Kommune I mit Kunzelmann an der Spitze erscheint: »Frank, du bist der Mann, der heute abend deinen achttausend Fans im Sportpalast sagen wird: Jetzt ziehen wir alle nach Moabit und befreien Fritz Teufel.« Zappas Antwort: »Ihr seid Arschlöcher. Wir werden Teufel nicht befreien, aber anschließend hundert Festgenommene mehr im Knast haben.« Fritz Rau weiß, was nach dieser Konfrontation am Abend auf ihn zukommen wird. In den ersten Reihen haßerfüllte Gesichter, die Randale wollen. Sprechchöre skandieren: »Revolution, Revolution«, als Zappa auf die Bühne kommt.

Der als radikal geltende Chef der *Mothers of Invention* versucht, mit seiner sonoren Stimme über die Hallen-Anlage Ruhe herzustellen: »Ihr scheint mich mißverstanden zu haben. Dies ist keine Zeit für Revolution, sondern für Evolution.« Ein Aufschrei im Saal. Einige versuchen die Bühne zu entern. Die Polizei will eingreifen. Rau hat alle Mühe, das zu verhindern: »Ich übernehme hier die Verantwortung. Wenn ihr aufmarschiert, gibt's 'ne Saalschlacht. Dafür werde ich euch haftbar machen!« Er rast auf die Bühne, die schon fast besetzt ist. Plötzlich hört er hinter sich: »Keine Musik! Wir wollen diskutieren!« Rau faucht zurück: »Wenn ihr jetzt diskutiert, macht ihr euch unpopulär. Wir reden nach dem Konzert!« Frank Zappa hat später zugegeben, daß er sich in diesem Moment vor Angst in die Hosen geschissen hat. Aber die Band spielt. Zappa intoniert wagnerianische Akkorde. Götterdämmerung.

1969. In einem kleinen Einfamilienhaus in Oberursel nahe Frankfurt sitzt der wohl genialste Gitarrist der Rockmusik auf dem Fußboden und spielt mit den Kindern. Nach zwei Jahren ist es Fritz Rau endlich gelungen, Jimi Hendrix auf Deutschland-Tournee zu holen. Er übernachtet in seinem Haus. Er spielt Platten von Muddy Waters und Howlin' Wolf und erklärt Andreas und Saskia den Blues. Saskias gelber Kanarienvogel hat sich in Jimis schwarzer Mau-Mau-Mähne festgenistet, und Jimi sagt: »Laß ihn doch.« »Es war«, sagt Fritz, »wahrscheinlich die intensivste Märchenstimmung, die je ein Kind deutscher Eltern erfahren hat.«

Frankfurt/Main-Höchst, 1969, Jahrhunderthalle. Deutschland-Premiere der britischen Supergroup *Jethro Tull*. Das Konzert ist in wenigen Stunden ausverkauft. Ein Wiederholungskonzert wird angesetzt. Die Karten sind ebenso schnell weg. Aber die Fans sind aus ganz Deutschland angereist, schließlich stehen annähernd zehntausend vor verschlossenen Türen. Die Jahrhunderthalle hat Glaswände, und irgendwo liegen Betonbrocken. Die Halle wird gestürmt. Steine fliegen, Glasscherben hageln auf die Menge, die hineindrängt. Ein verzweifelter Fritz Rau versucht sie mit einer

Zaunlatte zurückzudrängen und schreit: »Ihr bringt euch ja um!« Tags darauf wird der Sachschaden an der Jahrhunderthalle auf vierzigtausend Mark taxiert. Herren mit eisigen Gesichtern sitzen dem Veranstalter gegenüber: »Ja, Herr Rau, mit Ihrer sogenannten Rockmusik läuft ja nun wohl hier nichts mehr.« Der diplomierte Jurist Rau weiß, daß er für Demonstrationsschäden von außerhalb der Halle nicht verantwortlich gemacht werden kann. Aber er weiß auch, daß er hier eine schnelle Entscheidung für die Musik treffen muß. Er diskutiert nicht. Er zückt sein Scheckbuch, läßt sich vierzigtausend Mark quittieren und sagt: »Ich werde Ihnen ohne Anerkennung einer Rechtspflicht den Schaden bezahlen. Aber ich werde Sie verklagen, wenn Sie jemals irgendeiner Musik, die wir bringen, Ihre Halle verweigern.«

Hallen zu mieten ist heute sein geringstes Problem. Die Musik- und Show-Branche weiß es: Fritz Rau ist ein bedeutender Konzert- impresario in Europa. Die Initialen L + R seiner Firma Lippmann und Rau stehen für Tourneen mit deutschen und internationalen Superstars, für ausverkaufte Konzertzentren und Arenen, für pro- fessionelle Organisation. Seit einem Vierteljahrhundert haben L + R für die Musikbühne Produktionsformen entwickelt, die bis heute Maßstäbe setzen: von ihren ersten Jazz-, Blues- und Folk-Dokumentationen bis zu den gigantischen Rock- Festivals für achtzigtausend Fans auf dem Nürnberger Zeppelin- feld.

Fritz Rau ist der Motor. Er hat die Spürnase für den richtigen Zeitpunkt einer großen Tournee eines neuen Talents. Er treibt seine Mitarbeiter zu Höchstleistungen an. Er ist aber auch der Mann vor Ort, wenn es irgendwo brennt. Rund achthundert Kon- zerte pro Jahr mit einem jährlichen Umsatz von mehr als sechzig Millionen Mark: Das ist ein hartes Geschäft. Hier wird nicht mit Waren gehandelt, sondern es handelt sich um Menschen – um Künstler, die sensibel, eigensinnig, verletzbar, zuweilen unzuver- lässig sind. Er steht es täglich auf seine Weise durch. Er besänftigt, oder er brüllt.

Dieser Mann ist permanent unterwegs. Anrufe in seinem Büro: »Kann ich bitte mal Herrn Rau sprechen?«
»Augenblicklich nicht, er sitzt gerade im Flugzeug nach Paris.«
»Wir brauchen dringend eine Entscheidung von Fritz.«
»Rufen Sie das Interconti in Berlin an, er verhandelt dort mit Udo Lindenberg.«
»David Bowie is calling, where's Fritz?«
»Wir rufen morgen wieder zurück, er ist gerade in der Olympia- halle in München und heute nicht mehr erreichbar.«
Vom Frankfurter Flughafen aus fährt Fritz Rau zumeist direkt in

die Firma. Er braucht dazu nicht länger als fünfundzwanzig Minuten.

Das Büro, in dem so viele Show-Business-Drähte zusammenlaufen, liegt in einer Kleinstadt in der deutschen Provinz: Bad Homburg, Louisenstraße 121. Das unauffällige Haus stammt vom Anfang des Jahrhunderts. Ein schmaler Treppenaufgang bringt den Besucher in den zweiten Stock mit einem bescheidenen Türschild: »Lippmann + Rau«. In acht Räumen, auf rund zweihundert Quadratmeter Fläche, arbeiten in der Regel zwölf feste Mitarbeiter. Auf fünf Leitungen wird ununterbrochen telefoniert, ein Fernschreiber tickert.

Der Schreibtisch des Chefs steht in einem kleinen Erker-Vorbau von zwei ineinander übergehenden Räumen. Im kleineren sitzt, in Rufnähe, Raus engste Mitarbeiterin Doris Link. An den Wänden zahlreiche Goldene Schallplatten. Die Trophäen gelten Spitzenauflagen, an denen die Firma beteiligt war. Raus Schreibtisch gegenüber ein Besuchersofa, davor ein niedriger Couchtisch, darüber eine Galerie aktueller Tourneeplakate, die jedesmal ausgewechselt werden, sobald eine Tour abgelaufen ist. Das einzige Plakat, das nie abgehängt wird, zeigt Marlene Dietrich und stammt aus dem Jahr 1960.

Raus typische Arbeitspose: Er steht in seinem Erker und telefoniert. Seine Ferngespräche sind berühmt und berüchtigt. Er verhandelt, argumentiert, erregt sich und brüllt – zwischendurch immer wieder Orders an Doris Link. Der »Kaiser Fritz«, wie er einmal in der amerikanischen Presse genannt wurde, trägt ausgebeulte Hosen und offene Hemden, er gibt nichts auf Äußerlichkeiten. In besonderen Erregungsmomenten rauft er sich die Haare und gestikuliert wild mit seinen ungewöhnlich sensiblen Händen, die so gar nicht zu seiner kräftigen Erscheinung mit dem starken Nacken zu passen scheinen. Eine Figur voller Widersprüche.

Am 9. März 1985 scheint eine arme Frühlingssonne auf Bad Homburg. In Fritz Raus Vier-Zimmer-Neubauwohnung nahe dem Kurpark klingelt es unablässig an der Tür. Blumensträuße werden abgegeben, Telegramme kommen an. Der Mann, der heute seinen 55. Geburtstag feiert, nimmt sie mürrisch entgegen. Eigentlich will er keine Blumensträuße, braucht die Glückwunschtelegramme nicht, erst recht nicht die Torten, die um die Mittagszeit von einer nahegelegenen Bäckerei für den Nachmittagskaffee angeliefert werden. Sein Partner Horst Lippmann hat sich mit seinen beiden Töchtern, Freund und Grafiker Günther Kieser mit Frau angesagt. Am liebsten würde er sich verkriechen, im Wald spazieren gehen, unsichtbar sein. Der Mann ist eine einzige Geburtstagskatastrophe.

10

Für das, was ihn im Berufsleben auszeichnet – Organisationsgenie, Reaktionsfähigkeit –, hat er im Privatbereich keinerlei Talent. Zuhause ist er eher hilflos und konfus. Die Spülmaschine in seiner Küche hat er noch nie angefaßt, weiß nicht einmal, wo der Knopf ist, um sie zu öffnen. Die Möbel hat ihm sein Sohn Andreas in die Wohnung gestellt. Das Gästezimmer ist klein, wofür er sich beim Besuch wortreich entschuldigt. Eine wirkliche Beziehung scheint er nur zu seinen Familienfotos und den Geschenken von Welt-Stars zu entwickeln, die von erfolgreich abgewickelten Tourneen künden: das Silbertablett mit der Gravur »Rock'n'Rau forever – The Rolling Stones«, die Imitation eines überdimensionalen Diamanten von Neal Diamond, den Schlüssel von Shirley MacLaine mit der Aufschrift: »Fritz, the key to real happiness is you«. Udo Lindenberg ruft aus Berlin an. Die *Stones* sind in Paris im Studio und lassen fernmündlich gratulieren. Tochter Saskia ist im Auto zu ihm unterwegs und kündigt telefonisch an, daß sie rechtzeitig zur Party am Abend eintreffen wird. Auch diese Anrufe scheinen ihm viel zu bedeuten.

Vor dem Abend hat er Angst. Er hat etwa sechzig Menschen ins »Wasserweibchen« eingeladen, ein ansehnlich-bürgerliches Eßlokal in Bad Homburg: die engsten Freunde, die Kinder, ein paar Verwandte und natürlich die ganze Firma; keine Presse. Über die Rede, die er halten wollte, hatte er tagelang nachgedacht, Formulierungen zurechtgelegt und wieder verworfen, neue ausgebrütet. Drei Nächte hatte er unruhig geschlafen und am Geburtstagsmorgen beschlossen, die Rede überhaupt nicht zu halten. Den Tag über läuft er in einem alten, hellblauen Jogging-Anzug herum. Kurz vor sieben zieht er ganz gegen seine Gewohnheit einen dunklen Anzug und ein frisches Hemd an. Gegen die Angst und für den Spieltrieb setzt er sich, kurz bevor er die Wohnung verläßt, noch einen weißen Stetson auf. Die Party beginnt in lockerer Atmosphäre. Jeder kann sich in der Küche des Restaurants mit hessischer Hausmannskost selbst bedienen. Fritz entspannt sich zusehends. Kurz vor neun hält er die Rede doch:

»Ich habe keine Manieren. Ich komme aus sehr einfachen Verhältnissen. Ich wurde sehr früh auf eigene Beine gestellt, ernähr' mich seit meinem sechzehnten Lebensjahr, hab' alles erreicht, was ich mir erträumt hab', aber ich hatte nie Manieren.

Man kann vieles erreichen mit Rücksicht auf die Würde der anderen Menschen und ohne zu brüllen, aber es gibt Momente, da geht's mit mir durch. Einer unserer jüngsten Mitarbeiter hat mir einmal ein Kompliment gemacht, das mir hilft, über diese Tatsache hinwegzukommen. Ich fragte ihn: Wie haltet ihr das nur aus, wenn ich schreie? Er antwortete: Sie schreien ja argumentativ. Und das

11

werde ich auch beibehalten. Das heißt, wenn ich laut werde, möchte ich niemanden niedermachen, sondern ich möchte den Fehlern auf den Grund gehen, damit sie sich nicht wiederholen...«
Irgendwo klingelt irgend etwas. Rau brüllt: Doris, Telefon! Lacher bei den Mitarbeitern. Das ist der typisch Rau'sche Büroton.

»...Und ich freue mich, daß man bei Lippmann + Rau entweder in den ersten Tagen oder Wochen voller Entsetzen abhaut und sagt: Ich bin doch nicht verrückt, mit diesem Verrückten zu arbeiten; oder daß man sehr lange bleibt. Mit Mike Scheller arbeite ich seit 1962 zusammen, mit Hermjo Klein seit 1964. Die Partnerschaft zwischen Horst Lippmann und mir dauert über drei Jahrzehnte, und auch *das Plus zwischen Lippmann und Rau,* nämlich unser Plakatkünstler Günther Kieser, ist mir ähnlich lange verbunden, auch wenn er den faux pas begangen hat, sich zum Professor machen zu lassen.

Höchstwahrscheinlich habe ich sehr vielen Menschen Unrecht getan. Ich habe unserem Chief Accountant Frau Jung, dem stärksten Mann bei Lippmann + Rau, wenn's um Finanzverhandlun-

Der Geburtstag
1985

12

gen geht, mehr Unrecht getan als denjenigen, die weniger arbeiten. Ich habe der Doris Link, die mich seit acht Jahren funktionsfähig macht und anderen gegenüber das hält, was Rau verspricht, mehr Unrecht getan als denen, die ein Zimmer weiter weg sind. Ich habe meinen wenigen Freunden mehr Unrecht getan als meinen Mitarbeitern. Ich habe meinen Kindern mehr Unrecht getan als meinen Freunden, und ich habe einer Frau, der Hildegard Rau, mehr Unrecht getan als jedem anderen Menschen. Aber ich habe einem am meisten Unrecht getan. Wenn ich einen ausgebeutet habe, dann war ich's selber, und das möchte ich nach dreißig Jahren Arbeit im Alter von fünfundfünfzig feststellen: Ich habe meine Schulden bezahlt, ich habe von niemandem auch nur annähernd soviel verlangt wie von mir selbst...«

Applaus bei den Mitarbeitern; Zwischenrufe: Das stimmt.

»... und ich zahle dafür mit Einsamkeit, und ich nehme das in Kauf. Ich weiß, daß alles seinen Preis hat. Und ich möchte mich bei allen denen bedanken, die mein Verhalten verstehen und die wissen, daß wir mit jeder Tournee eine ungeheure Verantwortung tragen. Wir machen rund achthundert Konzerte im Jahr. Große Stars wie die *Rolling Stones* oder Stevie Wonder haben uns ihr Vertrauen gegeben. Wir bauen neue Leute auf, halten sie an der Spitze, *wir* sind in der Verantwortung. Denn wenn *wir* Fehler machen und die Karriere eines Künstlers beeinträchtigen, gibt es immer wieder einen anderen Künstler, der uns ernährt. Aber der Künstler hat nur seine eigene Karriere. Dafür müssen wir hundertprozentige Arbeit leisten, da dürfen wir keine Fehler machen.

Drum möcht' ich sagen, daß man vieles mit weniger Lautstärke machen kann, auch diese Rede hier. Aber ich habe einen niedrigen Blutdruck und muß mich hochpeitschen, um verstanden zu werden. Und ich möcht' mich entschuldigen für die nächsten zehn Jahre und nochmal allen danken, die an meiner Seite aushalten.

Ich bin ein glücklicher Mensch. Denn glücklich kann nur der sein, der nicht zu viele seiner Träume unverwirklicht läßt, der nicht zu viele Entschuldigungen in sein Leben einfließen läßt, wenn er etwas erreichen kann. Ich bin kein Genie. Ich habe nicht viele Ideen. Ich habe nicht viele jener Pläne entwickelt, wie ich sie an den Stammtischen von Hamburg bis München, von New York bis Moskau gehört habe. Aber ich habe einen verdammt hohen Prozentsatz meiner eigenen Gedanken und Pläne verwirklicht, und das hätte ich nicht tun können ohne die Leute, die heute mit ihren Frauen, ihren Freunden hier sitzen. Dafür bin ich dankbar, und jetzt hoffe ich, daß wir weiterhin einen ungestörten Abend miteinander verleben.«

Es wurde ein schönes Geburtstagsfest.

2. Kapitel: Ittersbach

Der große, schwere Mann geht den Flur des Kreiskrankenhauses Pforzheim seit Stunden auf und ab. Er hat seine Schritte gezählt, vierunddreißig vor, vierunddreißig zurück. Zwischendurch blickt er immer wieder auf die Zeiger der Uhr, die über dem Eingang zum Kreißsaal hängt, und die sich so mühsam von Minute zu Minute schleppen wie seine Gedanken.

Er hat Angst, daß sie nicht durchkommt, seine Marie. Schließlich ist sie schon einundvierzig, und es ist ihr erstes Kind. Die Meldungen zwischendurch, die vom Arzt und der Hebamme kommen, klingen alles andere als beruhigend. Seit einer Stunde weiß er, daß sie das Kind mit der Zange holen werden.

Für August Rau, den Dorfschmied aus Ittersbach, der sich seine Frau nicht wie üblich aus den dörflichen Kreisen, sondern weit hinter der Landeshauptstadt Karlsruhe, mehr als sechzig Kilometer entfernt, geholt hat, ist die Marie der Mittelpunkt seines Lebens. Sie hat aus ihm einen Eisenwarenhändler und schließlich sogar den Bürgermeister seines Dorfes gemacht. Sie ist sein Antrieb, sein Partner, der einzige Mensch, dem er vertraut. Er liebt sie, obwohl das Kind nicht von ihm ist. Aber das hat er der Marie längst verziehen. Er will, daß sie am Leben bleibt. Das Kind, das seit Beginn der Schwangerschaft soviel Schwierigkeiten macht, daß die Ärzte sogar eine Abtreibung forderten, schließt er ganz selbstverständlich mit ein. Die Marie hatte das Kind trotz medizinischer Indikation unbedingt gewollt, also wollte er es auch.

Es ist der 9. März 1930, als sich kurz nach zehn Uhr morgens die Tür zum Kreißsaal wieder öffnet und August Rau erstarrt. »Herzlichen Glückwunsch, Herr Rau«, sagt der Arzt, »Sie haben einen Sohn.« Als er neben der Marie am Bett steht, sieht er den kleinen Fritz zum ersten Mal. Er ist winzig, die Druckstellen der Zange an

14

August Rau

seinem kleinen Kopf sind deutlich sichtbar, aber er lebt. Und die Marie auch.

In den dreißiger Jahren ist Ittersbach eine kleine Gemeinde mit ungefähr hundertfünfzig Häusern und etwa tausend Einwohnern. Es liegt im nördlichen Schwarzwald, im Albtal, zwischen Karlsruhe und Baden-Baden, ist eigentlich schon Bestandteil des Pfinztales; die Pfinz ist ein Fluß, der Baden und Württemberg trennt.

Der Anblick, von Langensteinbach kommend, hinunter auf das Pfinztal, in das sich Ittersbach bis auf den heutigen Tag so romantisch einfügt, inspirierte einen Lehrer aus der Gegend zu einem Volkslied, das jedes deutsche Schulkind kennt: »Im schönsten Wiesengrunde.« Doch nicht der Wiesengrund, sondern die Albtalbahn, die von Karlsruhe über Ettlingen und Reichenbach bei Ittersbach endet, wird zum zentralen Erlebnis des kleinen Fritz, der in einem Haus gegenüber des Bahnhofs aufwächst. Seine Phantasien und Spielfelder kreisen um diesen Ort.

Er ist ein schwächliches, rachitisches Kind. Die ängstliche Fürsorge der Mutter ist ihm überall und jederzeit im Wege. Sie ist eine starke, dominante Frau. Kräftig und dick scheint sie nicht auf der Erde zu stehen – sie ist in ihr verwurzelt. An ihr kommt er nicht vorbei. Wenn sie in der Tür steht, ist sie die Türfüllung. Sie wickelt Hülle um Hülle um ihn herum, um ihn vor Kälte, Ansteckung und direkten Berührungen mit der Realität zu schützen. Sie macht einen Kokon aus ihm, dabei will er Schmetterling sein und fliegen. Sein Fluchtraum ist der Himmel. Im Gras am Bahndamm liegend, kann er stundenlang in den Himmel starren und aus den Wolkenformationen geheimnisvolle Gestalten lesen, Armeen bilden, deren heldenhafter Anführer er ist: unabhängig, kräftig und frei.

Meine Mutter war die alles bestimmende Figur für mich. Sie hat mich ungeheuer verzärtelt und verwöhnt. Prompt hatte ich alle Kinderkrankheiten. Meine Spielkameraden hat sie bestochen, damit sie mit mir spielten. Ich war der einzige, der in ganz jungen Kinderjahren einen echten Lederfußball bekam. Das war schon Reichtum, da alle anderen nur mit Ersatzfußbällen spielten. Deshalb fanden sich dann die Kinder auch auf unserem Hof ein, einem kleinen eingezäunten Hof, der ein sehr schönes Spielfeld abgegeben hat. Aber wenn dann die zwei Mannschaften gebildet wurden, blieb ich immer übrig, weil alle ja wußten: Wo der Schwächling mitspielt, läuft was schief. Und ins Tor konnten sie mich auch nicht stellen, weil ich immer alle Bälle durchgelassen habe.

Die Marie, die alles vom Küchenfenster aus beobachtete, griff zu einer weiteren strategischen List. Sie schmierte dicke Butterbrote, reine Kostbarkeiten. Die meisten Kinder kannten nur Bauernbrote mit Marmelade drauf. Prompt wurde der kleine, schwache Fritz Linksaußen oder Mittelstürmer. Aber oft rächte er sich für diese erzwungene Vorzugsstellung, in dem er sich mitten im Spiel den Ball griff und unauffindbar im Wald verschwand. Dort blieb er dann stundenlang und träumte davon, der Jakob zu sein, ein damals berühmter Torwart vom Fußballverein Jahn Regensburg, oder ein Nationalspieler oder schlicht und einfach der beste Fußballspieler der Welt.

Ich hab' in meiner Jugend so heftig geträumt, daß das bis an die Grenze der Lebenstüchtigkeit ging. Ich hab' sehr früh angefangen, historische Bücher zu lesen und war dann in meinen Träumen Kriegsheld und Friedensheld. Ich war Siegfried und Jesus, ich hab' einfach alles, was mir imponierte, in meine Träume als Wahrheit um meine Person gepflanzt. Ich bin wahrscheinlich das einzige Kind gewesen, das gerne ins Bett ging; denn dort konnte ich auf

16

*meine Reisen gehen – ungestört, aber nur, wenn das Licht brannte.
Im Dunklen litt ich Höllenqualen und schrie solange, bis meine
Eltern wieder das Licht anmachten. Oft ließen sie mich dann in
der Küche einschlafen oder im Wohnzimmer, das war das Herr-
lichste. Ich hörte das Stimmengemurmel der Erwachsenen, genoß
die Wärme der Menschen um mich herum. Aber entgegen meinen
Traumvisionen war ich in der Wirklichkeit total hilflos. Ich konnte
mich noch als größerer Junge morgens nicht allein anziehen, habe
sogar bis zu meinem achten Lebensjahr einen Schnuller gehabt.*

Liebe nannte Marie das, was sie so fest um ihren Jungen zurrte,
ihm aber die Luft zum Atmen nahm. Seine Seele rächte sich später
in einer symbolischen Tat. Drei Jahre nach ihrem Tod, er ist elf,
pinnt er ein Foto mit dem Bild seiner Mutter an die Wand, holt sich
ein Luftgewehr und feuert zwölf Schüsse auf sie ab. Hintereinander weg: peng, peng, bis ihr Gesicht nur noch in Fetzen von der
Wand hängt.

*Ich weiß, daß ich immer den Wunsch hatte, eine jüngere Mutter
zu haben. Aber ich weiß auch, daß diese Frau mich mehr geliebt
hat als ihr Leben. Eigentlich war ich der ganze Inhalt ihrer Liebe,
aber Zärtlichkeiten gab es nie zwischen uns. Nachts bin ich
manchmal ins Bett zu meinem Vater gekrochen, nie zu ihr. Wie das
Verhältnis zu ihrem Mann war, weiß ich nicht, aber ich glaube, daß
es eine große Liebe war, und daß ich eher ein »Fehltritt« war als
eine Abwendung vom August Rau.
Im Alter von sechzehn Jahren erst habe ich durch eine nahe
Verwandte erfahren, daß ich außerehelich gezeugt wurde. Das war
für mich so ein Schock, daß ich für zwei Tage und Nächte im Wald
verschwand. Plötzlich stand meine Mutter in einem ganz anderen
Licht vor mir. Da wurde mir erst klar, daß der wirkliche Held
meiner Familiengeschichte der August Rau war, dessen Namen
ich gerne trage, weil er sich zu seiner Marie bekannt hat. Er hat die
Hörner auf seinem Haupt getragen oder übersehen oder wegge-
worfen, und er hat sich auch vor mich gestellt.*

Das letzte Zusammensein mit der Mutter hat tragische Größe.
Als der Junge acht ist, stirbt sie nach langjähriger Bettlägrigkeit an
Krebs. Aber selbst in ihrer Todesstunde ist sie noch stark, dreht
sich noch immer alles um den geliebten Sohn. Sie holt ihn sich an
ihr Bett und läßt ihn schwören, daß er eines Tages studieren wird.
Sie, die Tochter eines Forstwarts und Frau eines Schmieds, will ihn
in einer anderen Gesellschaftsschicht ansiedeln, die in ihrer Vorstellung nur Wesen einer höheren Ordnung vorbehalten ist. Er soll
einer von denen, er soll ein Studierter werden.

Die Szene im Schlafzimmer der Mutter verwirrt den ängstlichen Achtjährigen zutiefst, gräbt sich aber unauslöschlich in sein Bewußtsein ein. Er tut, was sie will, er schwört. Doch er transponiert die Situation in seine eigene abgehobene Bilderwelt, wo Legenden realer sind als die Wirklichkeit. Der letzte Wunsch der

Marie Rau mit Fritz und dem Sohn seiner Halbschwester Lotte

Mutter und sein Schwur ziehen sich wie ein roter Faden durch sein Erwachsenendasein. Er hat daraus ein Märchen gemacht, erzählt es Fremden und Freunden immer wieder. An ihm hält er fest und fundamentiert damit das Märchen seines Lebens:

Bei uns zuhause gab es in den dreißiger Jahren noch Hexen, weise Frauen. Diese Dorfhexen wurden auf seltsame Weise geachtet und bewundert und zugleich mißtrauisch beäugt. Aber sie wurden auf alle Fälle gebraucht. Wenn das Vieh krank war, wurde es besprochen, und nicht selten holte man die Hexe auch, wenn die Kinder krank waren. Jedes Dorf hatte seine eigene Hexe, und ich hab' die Hexe von Ittersbach ganz deutlich vor meinem geistigen Auge.

Meine Mutter, die der August Rau ja von weit entfernt in unser Dorf gebracht hatte, war und blieb zeitlebens in Ittersbach immer die Fremde, der die Leute genauso mißtrauisch begegneten wie der Dorfhexe, auch mit genausoviel Respekt. Man wußte ja, die Marie war der wirkliche Boß vom August Rau. Und wer wirklich etwas vom Bürgermeister erreichen wollte, besuchte tags zuvor die Marie. Denn zwischen diesem Besuch und der weisen Entscheidung des Bürgermeisters am nächsten Tag lag die Nacht mit dem August, und die gehörte der Marie. Kein Wunder, daß sich recht bald zwischen der etablierten Dorfhexe und der Fremden eine gestandene Feindschaft entwickelte, die genauso stumm wie unerbittlich war.

Als die Marie nun nach einundvierzig Lebensjahren ihr erstes Kind bekam, das noch dazu schwach, rachitisch und kränklich war, tuschelten die Leute im Dorf: Jetzt hat es die Fremde dem August besorgt. Dieses Kind wird nie ein Bauer oder gar ein Schmied und erst recht kein Bürgermeister. Dieses Kind wird immer schwach und hilflos bleiben. Aber die starke Marie drehte den Spieß um und sagte es allen laut und deutlich: Mein Fritz wird kein Bauer und auch kein Schmied. Er wird ein Doktor werden! Das bedeutete damals viel, denn ein Studierter war ein Mensch höherer Ordnung, ein Herr.

Die Hexe hatte die Prophezeiung der Marie gehört und nahm sich vor, ihr einen Denkzettel zu verpassen. Eines Tages, der kleine Fritz lag im Kinderwagen, der im Hof des Elternhauses stand, schlich sich die Hexe in den Hof, um das Kind zu besprechen: »Du wirst kein Doktor«, sagte sie, »du wirst ein . . .« In diesem Moment erschien die Marie in der Haustür, und als sie die Hexe vor ihrem kleinen Fritz stehen sah, schrie sie: »Raus!« Doch die Hexe konnte ihre Verwünschung noch mit dem Schrei: ». . . du wirst ein Buchhalter werden«, beenden.

19

Schule und
Kirche in
Ittersbach

Unsere Dorfhexen waren damals kluge Frauen, die ihre Verwün-
schungen der Realität anpaßten. Aber die Hexe wußte auch, daß
die Marie alles tun würde, damit ihr Sohn Fritz nicht mit seiner
Hände Arbeit, sondern am Schreibtisch sein Brot verdienen
könnte.

Märchen haben in der Regel ein gutes Ende. Dieses hat noch
keins. Denn der Held der Geschichte kennt noch immer nicht die
Antwort auf die Frage, wer am Ende siegen wird: die Mutter Marie
oder die Dorfhexe aus Ittersbach. Vielleicht beide?

Ein heißer Augustmorgen im kleinen Dorf, das Jahr 1939. Aufregung auf den Dorfstraßen, gedämpfter Jubel. Fritz wird sehr früh
wach und ruft nach dem Vater. Er kann sich die Aufregung, die
durch die Wände dringt, nicht erklären. Als August Rau ins Schlafzimmer kommt, um den Kleinen wie üblich anzuziehen, sieht der,
daß der Vater weint. Erschrocken fragt er: »Warum weinst du?«
Der große runde Mann, der selten seine Gefühle zeigt, setzt sich
aufs Bett und nimmt den Jungen auf den Schoß: »Krieg ist etwas
Schreckliches«, sagt der Teilnehmer des ersten Weltkrieges und
versucht dem Kind zu erklären, was ein Krieg ist. Das, was früher
die Marie für ihn war, ist jetzt der kleine Fritz – ein Gesprächspart-

ner. Denn seit die Mutter tot ist, kann der Junge seltsamerweise zusammenhängend reden. August Rau nimmt ihn überallhin mit, läßt ihn, wenn er mit dem Auto über Land fährt, auf seinem Schoß sitzen und das Steuerrad bedienen.

In der Schule ist der Junge meist geistig abwesend, starrt aus dem Fenster, hängt seinen Phantastereien nach. Freunde hat er keine. Denn seit die Marie nicht mehr da ist, gibt es auch keine Butterbrote mehr, um andere Kinder anzulocken. Wieviel August Rau vom Innenleben des Jungen weiß, läßt sich nur ahnen, aber aus Beobachtungen zieht er seine Schlüsse. Als er wieder einmal ein neues Auto kauft, läßt er das alte im Hof stehen, wohl wissend, daß es für einen phantasievollen Jungen kaum ein besseres Spielobjekt gibt, um Ausflüge ins Irgendwo zu machen.

Und eines Tages bringen ihm die vielen Fragen des Jungen: »Wohin fahren eigentlich die Züge, Papa? Was haben die Leute in ihren Koffern? Kann man in einem Zug um die ganze Welt fahren? Ist unser Bahnhof der schönste oder gibt es noch schönere?« auf eine Idee. August Rau, der vor der Ehe mit der Marie schon einmal verheiratet war, hat einen erwachsenen Sohn in Berlin, Walter Rau. Der hat wiederum einen Sohn Hans, nur zwei Jahre jünger als Fritz. Dorthin werden sie fahren.

Das Elternhaus in Ittersbach

Das war eine tolle Reise. Wir fuhren die ganze Nacht, und der August Rau saß mir gegenüber. Ich hab' natürlich kein Auge zugetan, draußen flogen die Landschaften und Städte vorbei. Neben dem Vater saß eine fremde Frau, die hat mir eine Orange geschenkt und mich dabei angelächelt. Ein unglaubliches Glücksgefühl. Ich hatte eine ganze Nacht lang keine Angst mehr, denn das Licht ging nie aus, und mein Vater war bei mir – ein wunderbares Gefühl von Sicherheit. Zwischendurch bin ich immer mal wieder auf seinen Schoß gerutscht, hab' meine Beine an seine und meinen Kopf an seinen dicken Bauch gelegt, so daß ich die ganze Zeit seine Wärme gespürt hab'. Und ich konnte zuhören, was er mit den anderen Leuten gesprochen hat. Als es dann hell wurde, sind wir am Anhalter Bahnhof in Berlin ausgestiegen, und ich hatte fast einen Schock. Diese vielen Menschen, doppelstöckige Busse und der Lärm. Aber immer war da dieser Mann, mein Vater, der mich fest an seiner Hand hielt und mir alle Angst nahm.

Als sie wieder zurück in Ittersbach sind, haben die Gedankenreisen des kleinen Fritz konkretere Orte und Bilder, an denen sie sich festmachen können. Doch ihm bleibt nicht mehr viel Zeit für Träume. Als er zehn ist, hat ihn die Wirklichkeit auf grausame Weise eingeholt. Das erste Zeichen setzt ein Lehrer der Dorfschule, der einzige, dem Fritz seine volle Zuneigung schenkte. Eines Tages findet man ihn erhängt im Wald von Ittersbach.

Ich hab' den Lehrer nicht gesehen, der da irgendwo in der Nähe des Jacobsbrunnens im Wald an einem Baum hing. Aber durch den Tod meiner Mutter wußte ich schon, wie ein toter Mensch aussieht, man hatte mir ja ihre Leiche gezeigt. Der tote Lehrer hat mich erschreckt und fasziniert zugleich. Ich hab' jede Schilderung über ihn begierig aufgesaugt. Aber vielleicht nur deshalb, weil ich nun zum ersten Mal erkannte, welche Entscheidung man treffen kann, wenn man selbst nicht mehr weiter weiß.

Als Fritz zehn ist, stirbt auch der Vater.

Der Tod meiner Mutter war eine Art Befreiung, der Beginn meiner Gesundung. Aber der Tod meines Vaters hat mich eigentlich mehr getroffen und bewegt als der meiner Mutter. Nun wußte ich, ich bin endgültig allein.

22

3. Kapitel: Kriegsjahre

»Stimmt das, Fritz?« Die Stimme von Walter Rau klingt drohend, als er jetzt über den Abendbrottisch hinweg den Elfjährigen anstarrt: »Hast du die Butterbrotpapiere unter dem Bett versteckt und heimlich die Marmelade aufgegessen?« Stille im Wohnzimmer. Die Mutter wiederholt, was sie eben schon einmal gesagt hat: »Aber natürlich, Walter, ich hab's ja unter seinem Bett gefunden. Hans war es jedenfalls nicht.«

Fritz starrt trotzig auf seine Beine, seine Hände zupfen nervös an der Tischdecke. Walter Rau wiederholt seine Frage: »Ich möchte es von dir hören, Fritz, warst du es oder nicht?« Als der Junge noch immer nicht antwortet, langt der Stiefvater über den Tisch, hebt den Kopf des Jungen hoch, so daß dieser gezwungen ist, ihm in die Augen zu sehen: »Nein, ich war's nicht, weiß auch nicht, wie das Papier unter's Bett gekommen ist, und von der Marmelade weiß ich sowieso nichts!«

Sein kleiner Stiefbruder springt auf und zeigt mit dem Finger auf ihn: »Er lügt, er lügt!« Ein Stuhl poltert, Fritz rennt aus dem Zimmer, über einen langen Flur, zur Haustür und auf die Straße. Dort läuft er solange um Häuserecken, bis er zu einem kleinen Wäldchen kommt und sich zwischen den Bäumen verstecken kann. Auf dem Waldboden streckt er sich aus und starrt in den Himmel. Sein ehemaliger Lehrer aus Ittersbach fällt ihm ein, den man tot aufgefunden hat. Wäre das nicht die Lösung? Sich aufhängen, tot sein, endlich diesen inneren Druck loswerden, für immer. Er wühlt in seinen Hosentaschen. Aber da findet er nichts, mit dem man sich an einem Baum aufhängen kann.

Als es dunkel wird, geht er wieder zurück in das schöne Haus seines Stiefvaters, in dem alles seine Ordnung hat und in dem es immer genug zu essen gibt. Da ist es doch wirklich absurd, heimlich in der Speisekammer Himbeermarmelade in sich hineinzufressen.

Die Reise des August Rau mit seinem Sohn Fritz in der Eisenbahn von Ittersbach über Karlsruhe nach Berlin knapp zwei Jahre zuvor scheint im Nachhinein prophetischen Charakter zu haben. Ahnte August Rau damals womöglich, daß er bald sterben würde; und wußte er, daß sein Sohn Walter der einzige in der Familie war, der dem kleinen Fritz ein angemessenes Zuhause und Familienleben bieten konnte? Walter Rau und seine Frau Ida zögerten jedenfalls keine Sekunde, den Jungen nach dem Tod seines Vaters zu sich zu nehmen. Walter Rau ging es wirtschaftlich gut. Er war Inhaber einer Bekleidungsfabrik, und die Idee, zum eigenen Sohn einen nur zwei Jahre älteren Stiefsohn zu haben, erschien ihm als praktische Möglichkeit, ein erzieherisches Gleichgewicht in seiner Familie herzustellen.

Sie haben sich wirklich bemüht, mich wie einen Sohn zu behandeln. Aber diese Umstellung von dem Dorf nach Berlin, das war gewaltig. Ich wurde ja schlagartig mit gänzlich anderen Dingen konfrontiert. Immerhin war Berlin im Jahre 1940 in einem gelinden Größenwahn. Der Frankreichfeldzug war gerade erfolgreich beendet. Inmitten großstädtischen Verkehrslärms, der Urbanität und Schnelligkeit meiner Mitschüler, die meinen Dorfdialekt am Anfang überhaupt nicht verstanden und sich darüber lustig machten, einem ungewohnten großbürgerlichen Haushalt und meiner inneren Zerrissenheit mußte ich mich erst einmal zurechtfinden.

In der Schule macht er bei seinem ersten Diktat noch vierundachtzig Fehler. Man hatte ihn zunächst in die letzte Klasse einer Volksschule in Berlin-Lichterfelde gesteckt, um ihm den Übergang zu erleichtern. Aber als er danach gleich in das Realgymnasium eingeschult wird, gibt es erneut Schreckensbilder.

Der Turnunterricht war grausam. Ich wurde mit diesen entsetzlichen Geräten konfrontiert, Reck, Bock, Pferd und Barren. Ich hab' große Angst gehabt, fiel immer wieder runter und habe mir mehrmals das Steißbein angestoßen. Und dann auch noch dieser Zeichenunterricht! Ich hatte so etwas niemals zuvor gehabt und brachte überhaupt nichts zuwege. Die Disziplin, die mir am ehesten den Anschluß gab, war die Mathematik, das konnte ich. Aber ich wurde mit allem ins kalte Wasser geschmissen, weil jetzt ja niemand mehr da war, der Rücksicht auf mich nahm: kein August Rau, keine Marie, die über mich wachten.

Und wieder geschieht etwas Seltsames. Wie schon nach dem Tod der Mutter plötzlich alle Krankheiten von ihm abfallen, wird er auch nach dem Tod des Vaters und der harten Konfrontation mit dem Leben, in dem keine Entschuldigungen mehr für ihn gesucht werden, stärker. Sein Körper strafft sich. Die dünnen Arme und Beine, der rachitisch immer etwas vorgewölbte Bauch füllen sich unter dem Gewebe mit Muskeln. Der Junge nimmt den Kampf auf. Der gerade Nacken, der stark und fest ohne Übergang in den Kopf mündet, immer etwas zu weit vorgestreckt, zeigt von jetzt an schon das Profil eines Menschen, der nach vorne prescht und gerade dann, wenn es schwierig wird, erst recht mit dem Kopf durch die Wand will.

Plötzlich hab' ich entdeckt, daß die Schule etwas Wunderbares ist, wo man lernen darf, nicht muß, und einem die Fenster zur Welt geöffnet werden. Der Unterricht war keine Qual mehr, sondern er war für mich wie für einen gläubigen Christen die Kirche. Ich erfuhr auf den verschiedensten Gebieten Fakten und entdeckte aufregende Wahrheiten: Mathematik, Physik, Chemie. Ich bin in die Schule gegangen wie zu einem Fest.

Er wird ein guter Schüler. Aber nicht nur in den wissenschaftlichen Fächern, auch im Sport holt er auf. Er lernt Korbball spielen und hat keine Probleme mehr, in einer Fußballmannschaft aufgestellt zu werden.

Nur die Seele wächst nicht im gleichen Maße. Da gibt es immer noch zuviel Unausgesprochenes, Angstmachendes. Über seine inneren Zustände kann er niemandem Mitteilung machen. Der Pflegevater ist zwar gerecht, aber streng, mißt den Dorfbuben Fritz immer an seinem Großstadtjungen Hans.

Hans war eigentlich das Musterbild eines deutschen Jungen. Er war hervorragend in der Schule, hatte überhaupt keine Komplexe, ein selbstbewußter Berliner Junge. Ich war auch hier trotz allem der Außenseiter. In Ittersbach war ich es vor allem körperlich, in Berlin mehr seelisch.

Die Strafgerichte am Abendbrottisch werden in der Erinnerung des Jungen zu Tribunalen.

Walter Rau hatte eine ungeheure Karriere gemacht. Er war ein Selfmademan, ließ kaum Entschuldigungen gelten, hatte wenig Zeit für die Familie. Nur abends war dafür Platz. Von seiner Frau ließ er sich immer in unserem Beisein erzählen, was wir tagsüber angestellt hatten, und dann kam es zu den Verhören. Davor hatte ich eine ungeheure Angst, weil die meisten Delikte auf mein Konto gingen. Ich hatte also immer ein schlechtes Gewissen. Meine Reaktionen darauf waren oft zwangsneurotisch. Plötzlich mußte ich dann sinnlos lachen. Jedes Mal, wenn das Essen kam, hab' ich gelacht. Ich hab' so gelacht, daß mir die Suppe aus dem Mund sprang. Eine besondere Spezialität war, so zu essen, daß regelmäßig der Teller umkippte. Die größte Strafe war dann, in die Küche verbannt zu werden. Also hab' ich immer wieder den Familiendepp gespielt, mich dermaßen blödsinnig benommen, daß ich in die Küche mußte. Und das war die Erlösung. Denn da fühlte ich mich am wohlsten.

Von Berlin-Lichterfelde Ost zieht die Familie bald in ein vornehmes Haus in Kleinmachnow um. Das Grundstück liegt am Teltowkanal, die Nachbarn sind Schauspieler, Komponisten und reiche Berliner. Es gibt ein Souterrain, die Küche hat einen Aufzug zum Eß- und Arbeitszimmer. Im zweiten Stock sind die Schlafräume und auch ein großes Kinderzimmer, das Fritz mit Hans teilen muß. Aber dort fühlt er sich nicht wirklich zuhause. Der liebste Raum ist ihm auch hier die Küche, wo es gut riecht, die Dienstmädchen eine einfache, gerade Sprache sprechen und er sich für kurze Zeit wieder einmal beschützt fühlen kann. Und dann gibt es auch wieder Bäume und Wald um ihn herum, die Märkische Heide, ein See und im Garten einen großen Sandkasten, in dem er stundenlang wühlt, schwitzt und wieder einmal träumt.

Alles, was er an Büchern zu fassen kriegt, schlingt er in sich hinein, schlägt sich Seite an Seite mit Old Shatterhand für die Indianer und folgt Odysseus auf den Reisen über die Weltmeere. Weihnachten, Ostern oder Familienfeste sind ihm ein Greuel. Es sind die Tage, an denen ihm immer wieder klar wird, daß er nur geduldet ist.

Auch heute noch habe ich mit Weihnachten und Geburtstagen ungeheure Schwierigkeiten. Ich kann noch immer keine Geschenke machen. Vielleicht liegt es an der Zeit damals, in der ich immer nur beschenkt wurde, statt schenken zu können. Ganz besonders Weihnachten hab' ich gespürt, daß ich nicht dazugehöre.

In Berlin entdeckt er aber auch die Welt der laufenden Bilder. Das Kino wird zeitweise Mutter- und Vaterersatz. Fasziniert sieht der Junge, wie die Helden seiner Träume lebendig werden, wenn auch nur auf Zelluloid. Sein ganzes Taschengeld verwendet er dafür. Kino ist Lebensmittel für ihn und neben den Büchern eine weitere Sucht. Das Wort ›Ende‹ nach einem Film haßt er, denn das bedeutet wieder zurück in die andere Wirklichkeit, deren Drehbuch nicht nach seinen Bedürfnissen geschrieben worden ist.

26

Mein Pflegevater war ein sehr aktiver und prominenter Anhänger des Dritten Reiches, er war auch Wehrwirtschaftsführer, Freund des badischen Landsmanns Speer und hatte die deutsche Bekleidungsindustrie in Fragen der Kriegsrüstung zu beraten. Darum ging es in diesem Haus äußerst zackig zu, und ich war eigentlich nicht das, was man sich unter einem deutschen Jungen – zäh wie Leder, hart wie Kruppstahl, schnell wie ein Windhund – vorstellte.

Die erste diesbezügliche Auseinandersetzung gibt es in Kleinmachnow. Als der Stiefbruder Hans im richtigen Alter für das Jungvolk ist, merkt Walter Rau, daß Fritz nicht dazugehört. Der überbeschäftigte Mann hatte sich nicht darum gekümmert und tobt, als er merkt, daß sich ihm Fritz widersetzt.

Dabei hatte ich damals noch gar nichts gegen die Nazis. Im Gegenteil, ich hab' das als kleiner Junge noch ganz positiv empfunden, wie die deutsche Wehrmacht stolz ein Land nach dem anderen besetzt. Und einmal hab' ich sogar in Berlin Hitler vorbeifahren sehen; das fand ich ganz eindrucksvoll. Links und rechts standen die Leute und jubelten ihrem Führer zu. Ich hab' mich nur gewundert, wie der solange seinen Arm rausstrecken und in der Luft halten konnte.

Als aktiven Gegner sieht sich der Junge nicht. Es ist mehr die Angst vor der dynamischen Gruppe, in der man sofort auf seine Qualitäten als Führerpersönlichkeit abgeschätzt wurde, und das war der kleine Fritz zu diesem Zeitpunkt beileibe nicht. Walter Rau sorgt nach einer intensiven Auseinandersetzung dafür, daß sein Stiefsohn ebenfalls Mitglied des Jungvolks wird. Aber bei dem Jungen bleibt Unbehagen.

Ich hatte einen jüdischen Klassenkameraden, mit dem ich befreundet war. Eines Tages war er weg. Ich kann mich auch erinnern, daß ich mal am Anhalter Bahnhof eine Gruppe von Häftlingen gesehen hab', die aneinandergekettet waren, und als man mir erklärte, daß das Staatsfeinde seien, konnte ich das nicht glauben. Ich war einfach zu sensibel. Ich hab' ja auch keine Tiere gequält, und wenn's um eine Keilerei ging, war ich immer eher dafür zu sagen: laß uns darüber reden. Doch bevor ich den Satz aussprechen konnte, hatte ich meistens schon eine in der Fresse. Ich war also entweder immer auf der Flucht oder hab' eine poliert bekommen. Ich haßte schon damals körperliche Gewalt mehr als alles andere.

1943 ändert sich das Leben wieder einmal radikal. In Berlin, wie überall, tobt der Krieg. Zerbombte Häuser, Luftschutzalarm, Tote. Walter Rau und seine Frau, die zwei Dienstmädchen, die Kinder Hans und Fritz sitzen im Keller, als sie ein kurzes Pfeifen hören. Der Mörtel bröckelt von der Decke, dann fällt das halbe Haus über ihnen zusammen. Eine Luftmine, die eigentlich die Listwerke, einen Rüstungsbetrieb in der Nähe, zerstören sollte, hatte sich nach Kleinmachnow verirrt. Es dauert Stunden, bis die Nachbarn die Familie ausbuddeln können. In den Nächten, die sie im Keller zubringen müssen, beschließt Walter Rau, die Großstadt Berlin zu verlassen. Doch ausgerechnet in diesen Nächten, in denen die Familie gemeinsam Angst um's Überleben hat, entsteht zum ersten Mal eine Art Gemeinschaftsgefühl.

Ich hab' da merkwürdigerweise die ganze Zeit über die Nerven behalten. Da gab's keine Hysterie. Da hab' ich mich geduckt und mich dann über die Sonne gefreut, als ich wieder raus kam. Obwohl doch ringsherum Zerstörung herrschte und ziemliches Elend, denn viele Leute hatten ja in diesen Tagen alles verloren.

Zum ersten Mal nun spielt das Schicksal Fritz eine Karte zu. Walter Rau macht seinen Entschluß wahr, Berlin zu verlassen. Doch er sucht sich keine andere Großstadt aus, sondern ein Dorf im Albtal, Langensteinbach, nur fünf Kilometer von Ittersbach entfernt. Fritz kann aufatmen.

In Berlin war ich eigentlich immer ein Fremdling geblieben, und so kam ich noch rechtzeitig aus dieser Stadt heraus, ehe ich ein angepaßter Stadtmensch geworden war. Im Grunde hatten die drei Jahre in Berlin nicht ausgereicht, mich zu einem Berliner zu machen. Ich hab' halt nur mal städtische Erfahrungen gesammelt. Und dann saß ich endlich wieder in meinem geliebten Zug zurück in die Heimat. Als wir in Langensteinbach ausgestiegen sind, hab' ich einmal tief Luft geholt und »jetzt wird alles viel leichter« gedacht.

Zwar hat auch da der Krieg seine Spuren hinterlassen. Lebensmittel sind rationiert, und Walter Rau in seiner Staatsdisziplin lehnt es ab, zu hamstern. Er will in der ihm eigenen Ethik nicht besser essen als ärmere Leute. Aber Fritz kennt die Gegend und weiß, wo man zur Not Äpfel klauen, wo man Kartoffeln ausgraben kann. Doch auch Walter Rau findet Möglichkeiten, die seinem guten Gewissen nicht im Wege stehen, Nahrungsmittel zu beschaffen. Er schickt die Kinder zu den Bauern.

*Ich kam mir immer vor wie ein Bettler, wenn ich Milch und
Mehl geholt hab'. Es war ein ganz merkwürdiges Gefühl von
Peinlichkeit, weil ich nichts bezahlte für die Sachen. Das wurde
irgendwie verrechnet mit einem Stoff oder einem Mantel. Ich war
nur der Bote. Ich kam mir dabei minderwertig vor. Besonders,
wenn der Bauer mal mürrisch war oder mich warten ließ.*

Ansonsten ändert sich am Lebensstil der Familie wenig. Walter
Rau macht dörfliche Produktionsstätten auf. In einer davon wird
eine Wohnung für alle eingerichtet. Sogar die beiden Dienstmädchen sind mit dabei. Walter Rau ist auch hier wieder der Chef.
Wegen eines Herzfehlers war er vom Kriegsdienst freigestellt worden, obwohl er sich gleich zu Beginn als Freiwilliger gemeldet
hatte. Der Stiefvater, ein den Zeitläufen sehr angepaßter Mann, ist
bald in Langensteinbach so angesehen wie in Berlin.

Für Fritz bleibt er die alles überlagernde Gestalt, die ihn zwar
einerseits in seiner seelischen Entwicklung behindert, andererseits
aber sein Verlangen stärkt, eines Tages so gut wie er und endlich
frei zu sein. Doch vorläufig braucht er als Ausgleich für den Druck
von oben nach wie vor Fluchtmöglichkeiten. Und die sehen nicht
anders aus als in Ittersbach und Berlin. Er träumt und liest. Und
wenn er liest, dann lebt er diese Bücher. Aber er ist inzwischen
dreizehn und hat aus seinen Erfahrungen Konsequenzen gezogen.
Er hat gelernt, daß er nicht weiterkommt, wenn er sich von der
Umwelt abkapselt und den Kontakt verliert. Irgendwo tief in seinem Innern weiß er, daß er seine seelische Not nur in den Griff
bekommen wird, wenn er äußerliche Erfolge dagegensetzen kann.

*Plötzlich habe ich mir auch innerhalb des Jungvolks meine
Stellung erobert. Ich wurde befördert, trug stolz eine rot-weiße,
später eine grüne Schnur – etwas, das mich auszeichnete, und
1944 war ich schließlich zum erstenmal ein Sieger. Es gab da
alljährliche Sportwettkämpfe der Hitlerjugend, und ich gewann
beim Dreikampf. Auf einmal war ich einer der Besten, trug eine
Siegernadel und war der tolle Kerl, der aus Berlin kam und auch
gelernt hatte, die Schnauze ein wenig mehr aufzumachen. Innerhalb des Jungvolks war es mir nun doch gelungen, eine kleine
Führerposition einzunehmen.*

Das Realgymnasium, in das er jetzt täglich mit der Albtalbahn
fährt, ist in Ettlingen. Es ist die Schule, die sich die Mutter Marie
früher für ihren Jungen erträumt hatte.

*Ich bin da mit ungeheuer positiven Erwartungen hingefahren!
Ich fühlte, was ich am Anfang in Berlin durchlitten hatte, machte
mich nun stärker, und dann kam ich in die Klasse und hatte vom*

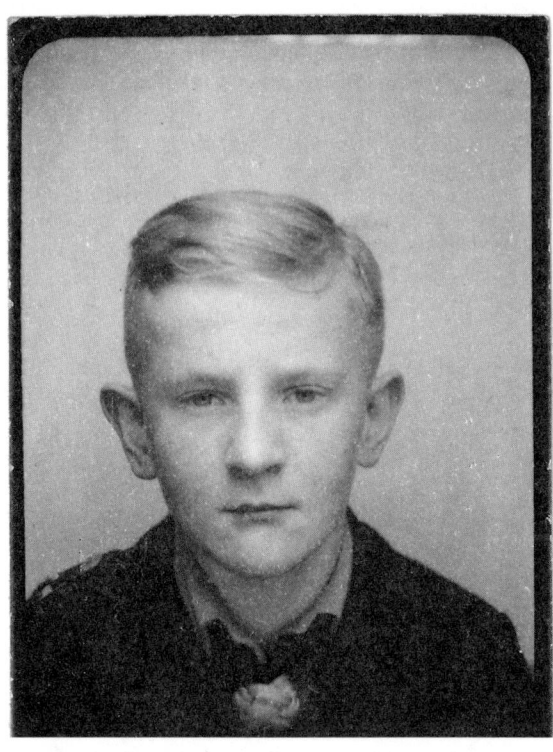

Fritz in Uniform,
Jungvolk 1942

ersten Tag an eine respektierte Position. Ich war ganz schnell einer
aus der Clique, auch auf sportlichem Gebiet.

Zuhause ändert sich die Situation nicht, da herrscht der einge-
schworene Nationalsozialist Walter Rau. Also beginnt Fritz seine
wirkliche Heimat mehr und mehr in der Schule zu sehen. Doch
das Kriegsende naht, im Hause Rau wird eine Flakeinheit eingerichtet. Die Pferde der SA-Standarte werden nach Langensteinbach verlagert, und in einem Behelfsstall bekommen die Stiefbrü-
der Hans und Fritz zum erstenmal Reitunterricht. Franzosen und
Amerikaner rücken immer näher, schließlich werden auch die
Kinder in kriegsdienstliche Aufgaben verwickelt – Fritz und Hans
als Meldereiter. Die Schule tritt in den Hintergrund. Plötzlich
findet sich Fritz in einer Uniform wieder und muß mit der Kampf-
einheit bis nach Rankweil in Vorarlberg ziehen. Mit Abenteuer hat
das für ihn allerdings wenig zu tun.

Es kam meinen Heldenvorstellungen überhaupt nicht nahe. Ich
hatte Angst vor den Pferden. Ich war auch kein guter Reiter.
Einmal war ein Teil unserer Einheit eingeschlossen, und da muß-

30

ten wir, Hans und ich, nachts durch die Kampflinien reiten. Wir haben dem Leutnant gemeldet, er solle sich schleunigst zurückziehen, der Kontakt sei verloren. Anscheinend war das eine kleine Heldentat. Für mich nicht, denn ich hatte mehr Angst vor den Pferden als vor den Franzosen.

Ende April, Anfang Mai, kurz vor der Kapitulation, löst sich die Einheit auf. Der dreizehnjährige Hans und der fünfzehnjährige Fritz sehen sich plötzlich in Rankweil fast allein. Die Franzosen können den kleinen Ort kampflos besetzen. Die Kinder stecken die Uniformen einfach in eine Mülltonne. Mitleidige Bauern nehmen sie bei sich auf und geben ihnen ein paar Sachen anzuziehen. Da kommt die Nachricht von Hitlers Tod. Offiziere und Unteroffiziere sind plötzlich verschwunden.

Da hab' ich am vitalsten die Diskrepanz zwischen den großen Worten von Vaterland, Kämpfen und Endsieg und Bedrohung und dem gemerkt, was die größten Schreier nachher für persönliche Konsequenzen gezogen haben. Jeder rettete bloß noch die eigene Haut.

Die Kinder bleiben etwa drei Wochen in Rankweil und schaffen es dann, zurück nach Langensteinbach zu kommen. Der Vater ist gebrochen. Sein Führer ist tot, sein Glaube an das Tausendjährige Reich und die Weltherrschaft der Nazis in sich zusammengefallen. Walter Rau wird von den Amerikanern abgeholt und für zwei Jahre nach Ludwigsburg in ein Internierungslager gesteckt.

Der große Übervater versteht die Welt nicht mehr. Der kleine Fritz versteht sie immer besser.

4. Kapitel: Schulzeit

Der Zusammenbruch des deutschen Reiches teilte die Menschen, wie immer in Krisenzeiten, in zwei Kategorien ein: die Optimisten und die Pessimisten. Bei den Optimisten erwacht der unbändige Wille und die Hoffnung, noch einmal von vorn anfangen zu können, es diesmal besser zu machen.

Verwundert erlebt der fünfzehnjährige Fritz, wie die Herren von Gestern reagieren. Als Ende August 1945 in Ettlingen wieder der normale Schulbetrieb läuft, erlebt er, daß sich der gleiche Oberkirchenrat, der die Schüler im Frühjahr noch für den Sieg des Führers beten ließ, im September als Antifaschist deklarierte.

Der Neubeginn wird für ihn zur Vitaminspritze. Er hat das Gefühl, für sich selbst verantwortlich zu sein und über sein eigenes Schicksal bestimmen zu dürfen. Hilfe von außen kann er nun annehmen, ohne sich selbst dabei schlecht zu fühlen.

Eine Frau kommt ins Bild, die bisher kaum eine Rolle gespielt hat. Sie heißt Lotte, ist die jüngere Schwester von Walter Rau und scheint ganz anders gestrickt zu sein als ihr Bruder. Sie ist großherzig und liberal. Sie wohnt nicht weit entfernt in Rüppur und bietet Fritz ein neues Zuhause, in dem er sich frei und unabhängig entwickeln kann. Es sind nur ein paar Monate, die er bei ihr verbringt, aber in dieser kurzen Zeit fällt er eine für ihn wichtige, wenn auch merkwürdige, widersprüchliche Entscheidung.

Ich hab' mich in der Schule zum Konfirmandenunterricht angemeldet. Ich wurde plötzlich extrovertierter, mir war es nicht mehr genug, mein Leben, meine Erfolgssurrogate zu erträumen, sondern ich hab' in die Hände gespuckt, in dem ich Anschluß suchte an die christlich-religiöse Gemeinschaft. Religion war für mich nichts anderes als Geschichte. Der alte Mann, der im Alten Testament

32

durch die Wüste geht, der Mann, der das Rote Meer teilt, der
Exodus oder auch das Neue Testament kamen meinen Träumen
am nächsten: Gutes tun und dafür belohnt werden. Bei Walter Rau
ging man ja nicht mehr zur Kirche.

Der Junge geht zum Pfarrer und erklärt, daß er sich nun, nach
Ende des Krieges konfirmieren lassen will. Es ist seine Alternative,
die er dem Untergang des Antichristentums entgegensetzen will.
Doch ihm wird bald klar, daß es nicht mehr ist als eine Protesthal-
tung, wenn auch immerhin seine erste eigenmächtige Entscheidung.

Beim Konfirmandenunterricht kamen mir schon die ersten
Bedenken, weil alle meine Fragen nach der Rolle der Kirche im
Dritten Reich vom Religionslehrer beharrlich abgeschmettert wur-
den. Fürs erste hab' ich das zwar akzeptiert, weil ich die Angst
deutlich spürte. Einige Lehrer wurden vorübergehend vom Dienst
suspendiert, die vorher irgendeine kleinere Funktion als Block-
wart hatten. Im Pfarrer aber sah ich doch immer noch etwas
Heiliges, Ehrlicheres, und als der auch ausgewichen ist, hat mir
das eigentlich das Erlebnis des Unterrichts vermasselt.

Als der Tag der Konfirmation kommt, drückt er seinen inneren
Zwiespalt auf seine eigene Weise aus, da die Frau Walter Raus,
deren Sohn Hans, ein paar Nachbarn und Freunde versuchten,
den Tag festlich zu gestalten – mit den wenigen Mitteln, die damals
zur Verfügung standen. Nach der Kirchenfeier gehen alle nach
Hause. Doch dort angekommen, fehlt der Hauptdarsteller: Fritz.
Er bleibt für die nächsten Stunden unauffindbar. An diesem Nachmittag findet ein wichtiges Handballspiel statt, und er will dieses
Spiel auf keinen Fall versäumen. Außerhalb der Reichweite Walter
Raus hat er neben seiner plötzlichen Liebe zur Religion auch noch
die zum Handball entdeckt. Noch bevor er sich zum Konfirmandenunterricht anmeldete, trat er dem örtlichen Sportverein bei
und wird innerhalb kurzer Zeit zum geachteten Spieler. Und am
Tag seiner Konfirmation soll er zum ersten Mal als B-Jugend-
Spieler in einer A-Jugend-Mannschaft agieren, als Mittelläufer, auf
den es ankommt. Es gibt keinen besseren Anlaß für ihn, sich vor
der gehaßten Familienfeier zu drücken. Familienzusammenkünfte
sind ihm zeitlebens ein Greuel.

Bei den Verwandten hinterläßt sein Verhalten nachhaltigen
Eindruck. Wieder einmal ist vom Ratzelschen Blut die Rede.
Davon wird immer gesprochen, wenn sich der Junge ungezogen
benimmt. Es betrifft die Marie, die eine geborene Ratzel war, die
fremde, eigenwillige Frau, die nicht aus dem Albtal stammte, die so

anders war als die anderen Frauen und die Unglück über die Familie Rau gebracht hat. Auch Lotte ist vom Verhalten des Jungen tief getroffen, sie will nun die Verantwortung für Fritz nicht länger übernehmen.

Bei einer Auseinandersetzung am nächsten Tag ist sie es auch, die ihm zum erstenmal vom Fehltritt der Marie erzählt, daß der August Rau ja gar nicht sein richtiger Vater sei. Nun wird Fritz endlich klar, was der Vorwurf des Ratzelschen Bluts eigentlich bedeutet. Im Hause des Walter Rau war es immer das Ende aller Vorwürfe, wenn Fritz wieder einmal gelogen, wieder einmal etwas verbrochen hatte. Jetzt weiß er, daß es verantwortlich ist für alles, was gegen bürgerliche Norm und Ordnung verstößt.

Bei der Familie Rau haben sich die Verhältnisse ebenfalls geändert. Walter Rau ist noch immer in Haft. Seine Frau rächt sich für die jahrelangen Demütigungen durch ihren Mann und wendet sich einem Besatzungsoffizier zu. Hans, der Stiefbruder, steht plötzlich ziemlich allein und verlassen da. Zum erstenmal kommt zwischen den beiden Jungen eine Art Verständnis füreinander auf.

Und wieder erscheint eine Frau, die helfend eingreift. Sie heißt Resi Bauer und wohnt in Busenbach. Walter Rau hatte sie als junges Mädchen entdeckt, ein Verhältnis mit ihr begonnen und sie in seinem Betrieb untergebracht – eine handfeste, tüchtige Person, die es sehr bald zur Betriebsleiterin brachte. Sie nimmt die beiden Jungen bei sich auf. Etwas beengt wohnen sie beieinander. Immerhin, es ist eine Art Zuhause. Aber Fritz orientiert sich mehr und mehr nach außen. Die Schule, der Sport und ein kleines Radiogerät spielen die großen Rollen in seinem Leben.

Der Volksempfänger wandert überallhin mit, und Fritz empfindet ihn als die Universität seines Lebens. Er meint damit besonders den amerikanischen Soldatensender AFN. Da hört er zum erstenmal die Glenn-Miller-Band, Swing- und Jazzmusik. Hingerissen sitzt der pubertäre Junge vor dem Gerät und kann alle seine Ängste und Sehnsüchte kanalisieren. In seiner Phantasie dirigiert er die Bigband, spielt die Trompete, das Saxophon, das Schlagzeug. Später sieht er den Film »Adoptiertes Glück« mit Sonja Henie. Zwanzigmal geht er in die Vorstellung, nur um die Glenn-Miller-Band leibhaftig zu sehen und »In The Mood« zu hören. Swing wird zum Schlüsselerlebnis. Er fühlt es in seinem Körper. So muß Musik sein, die Seele muß mitschwingen.

Aber auch die deutschen Stationen faszinieren ihn. Erwin Lehn und sein Südfunk-Orchester, die Nachkriegssänger Bully Buhlan und Rita Paul. Trotz der äußeren Umstände wird sein Leben reicher. Er hat die Schule, er hat Lehrer, die ihn fördern, den Sportverein, die Musik, und er lernt in Busenbach die Familie Rabold kennen, die endlich einmal das Ideal eines Familienverbandes für ihn ist. Die Sehnsucht danach wird er zeitlebens nicht aufgeben, auch wenn er selbst kein großes Talent für Familie zu haben scheint.

Die Rabolds haben mehrere Söhne. Der Älteste, Fred, ist Berufsmusiker, Saxophonist, und für Fritz ein Idol, weil er bereits Chef einer eigenen Band ist. Er hat in Frankreich Musik gemacht, ist in Amiclubs aufgetreten. Mit dem zweitjüngsten Sohn, der ebenfalls Fritz heißt, freundet er sich ganz besonders an. Er ist im selben Alter wie er und spielt Trompete.

In dieser Familie durfte ich auch manchmal übernachten. Dort fand ich die Nestwärme, die ich so nie gefunden hatte, außerdem konnte ich dort über alles sprechen. Von ihnen habe ich viel über den Jazz, die Musik und das Musizieren erfahren. Diese Familie Rabold war ein ausgesprochener Glücksfall für mich.

Die Zeit ist für Fritz voller Aktivitäten und Selbstentdeckung. Da Geld knapp ist, er inzwischen aber ein ausgezeichneter Schüler, gibt er Nachhilfestunden und verdient damit Geld. Er wird immer selbstbewußter und ist davon überzeugt, daß man Erkenntnisse auch in die Tat umsetzen muß. Eines Tages kommt es beim Religionsunterricht in der Klasse zu einer Konfrontation. Auf die wiederholten Fragen des Schülers, warum die Kirche sich während der Nazizeit so angepaßt verhalten hat und keinen offenen Widerstand leistete, antwortet der Pfarrer wie üblich ausweichend.

Fritz reißt es vom Sitz. Er kann nicht anders, er brüllt: »Ich hab' jetzt endgültig die Schnauze voll. Ich lasse mich nicht mehr länger belügen. Ich möchte wissen, wieso ein Pfarrer sich nicht gegen die Nazis gewehrt hat. Ich möchte wissen, wieso die Kirche die Waffen gesegnet hat, mit denen ein ganzes Volk in diese sinnlosen Vernichtungsfeldzüge geschickt wurde. Ich möchte endlich ein Schuldbekenntnis haben! Selbst ich habe meine Probleme damit!«

Der Geistliche reagiert: »Raus!« Fritz verläßt die Klasse und geht unverzüglich zum Direktor. »Ich will aus dem Religionsunterricht austreten«, sagt er und tritt damit die Flucht nach vorn an. Direktor Bissinger beruhigt ihn, ist aber selbst in der Klemme. Der Oberkirchenrat hat zu dieser Zeit bereits den Antrag gestellt, den aufmüpfigen Fritz Rau von der Schule zu weisen. Doch der Direktor beruft eine Lehrerkonferenz ein, die entscheiden soll. Und die Entscheidung fällt zugunsten des aufgeweckten, intelligenten Jungen. Er wird nicht von der Schule verwiesen.

Das Ereignis gestaltet sich zum Glücksfall für Fritz. Abermals ist es eine Frau, die schützend die Hände über ihn hält. Fräulein

Sebastian ist seine Mathematik-, Physik- und Chemielehrerin, und Fritz ist ihr bester Schüler. Freiwillig legt sie ihre freien Stunden auf die, in denen Fritz sonst zum Religionsunterricht hätte gehen müssen und gibt ihm Philosophieunterricht. Er lernt Platon kennen, die kritischen Schriften von Kant. Und Fritz stellt fest, daß die freche Tat ihn nicht umgebracht, sondern im Gegenteil seine Position positiv verändert hat.

Dabei war es ja nie Mut, sondern eher die Verzweiflung, die mich zu meinen jähzornigen Ausbrüchen verleitete.

Walter Rau, der ständigen Kontakt zur Resi hält, erfährt natürlich, wie sich die Kinder Hans und Fritz entwickeln. Sein Handlungsspielraum ist zwar begrenzt, außerdem ist Resi eine Frau, die sich durchaus nicht von ihm in die Enge drängen läßt, die ihre eigene, sehr menschliche Vorstellung vom Leben hat. Aber sie gibt die Wünsche des Vaters an die Kinder weiter. Walter Rau möchte, daß Hans und Fritz die Schule verlassen und einen Beruf erlernen.

Er, der seinen Weg auch nur als Volksschüler und Autodidakt gemacht hatte, hält es für anmaßend, daß jemand, der kein Geld hat, die höhere Schule besuchen will. Hans fügt sich seinem Wunsch, Fritz aber marschiert erneut zu seinem Direktor: »Ich kann nicht von der Schule abgehen. Sie bedeutet alles für mich. Bitte helfen Sie mir!« Der Direktor zeigt auch hier wieder Verständnis. »Ich brauche einen neuen Vormund«, sagt Fritz. Direktor Bissinger, und das ist einer seiner vielen Glücksfälle, ist dann tatsächlich mit ihm zum Vormundschaftsgericht gegangen und hat dort plausibel gemacht, daß es schade wäre, wenn dieser Junge kein Abitur machen könne.

Das Wunder geschieht; Fritz bekommt einen neuen Vormund. Ein weiteres Wunder: Walter Rau lehnt sich nicht mehr dagegen auf. Bei seinem eigenen Sohn allerdings bleibt er bei der einmal gefaßten Meinung. Hans verläßt die Schule nach der mittleren Reife und geht in eine Kaufmannslehre.

Was ich dem Walter Rau hoch anrechne, ist, daß er nach 1945 auch seinen Lernprozeß durchgemacht und plötzlich daran gezweifelt hat, daß er immer weiß, was gut für mich ist.

Fritz ist glücklich. Alles entwickelt sich zu seinen Gunsten. Er verdient Geld für sein Essen und die Kleidung mit Nachhilfeunterricht und Arbeit bei Bauern. Er hat ausgezeichnete Schulnoten. Er hat Freunde. Die Resi läßt ihn zuhause gewähren, ohne sich allzuviel einzumischen.

Zu der Resi hatte ich eine große Zuneigung, auch zu ihren
Eltern. Es waren einfache Arbeiter. Sie lebten alle in einem kleinen
Haus mit vier Räumen – fünf Geschwister, und dann kamen wir
noch dazu. Zum Waschen hatten wir in der Küche nur einen
Wasserhahn. Zu essen gab es oft nicht mehr als Haferflockenbrei.
Und obwohl die Resi nur acht Jahre älter war als ich, empfand ich
sie als außerordentlich souverän und warmherzig. Sie hat ja auch
den Walter Rau ganz anders behandelt. Während seiner Internie-
rung heiratete sie ihn und gründete die ›Resi Rau Bekleidung‹, so
daß er nach der Haftentlassung wieder sein eigenes Werk vorfin-
den konnte. Sie war wirklich eine ebenbürtige Frau an seiner Seite,
hat viel dazu beigetragen, daß der Mann immer menschlichere
Züge annahm, und sie war es auch, die ihm in seiner Sturköpfig-
keit klarmachte, daß meine Entscheidung, auf der Schule zu blei-
ben, die richtige war.

1947 wird Walter Rau aus dem Internierungslager entlassen und kommt nach Busenbach zurück. Nun platzt das Haus aus allen Nähten, und für die Kinder Hans und Fritz wird ein Zimmer am Ende des Dorfes gemietet. Der Freiraum in Fritz' Leben wird immer größer. Er ist inzwischen Klassensprecher. Seine eigenwilligen Handlungen imponieren den Mitschülern. Ganz unbewußt arbeitet er so seine Minderwertigkeitskomplexe aus der Kinderzeit auf. Er, dem man als Jungen jegliche Führungsqualitäten abgesprochen hatte, setzt als Heranwachsender eigene Vorstellungen dagegen, wie er Führung verstehen möchte.

Wir hatten da einen Hauptmann a. D. als Musiklehrer in Ettlin-
gen. Der hat ganz sturen Unterricht gemacht. Er hat die Wirkung
seiner ganzen Offizierseigenschaften mit eingebracht, versuchte
uns penetrant mit klassischer Musik zu konfrontieren. Richard
Wagner war natürlich sein Lieblingskomponist. Na ja, da kam ich
dann eines Tages mit dem Plattenspieler der Familie Rabold und
einer Gershwin-Platte an: »Rhapsody In Blue«. – »Lassen Sie uns
mal darüber diskutieren«, hab' ich gesagt. Ich kam mir sehr schlau
vor, weil ich ja nicht direkt mit 'ner Jazzplatte ankam, sondern die
Brücke über die symphonische Dichtung von Gershwin schlagen
wollte. »Mit diesem Zeug will ich nichts zu tun haben«, hat der
mich glatt abgeschmettert.

Eine ähnliche Konfrontation versucht er bei seinem Deutschlehrer. Er legt ihm Wolfgang Borcherts Buch »Draußen vor der Tür« auf den Tisch. »Wir Schüler möchten das mit Ihnen diskutieren. Dies hier ist zeitgenössische Literatur, das betrifft uns alle. Was sollen wir mit Emilia Galotti oder Torquato Tasso?« Auch dieser Lehrer lehnt kategorisch ab: »Wir haben ein Pensum durchzusprechen. Wolfgang Borchert gehört nicht dazu!« In der Unterprima wählt man Fritz zum Schulsprecher. Nun kann er erstmalig sein ganzes Organisationstalent entfalten:

Meine erste Begegnung mit angewandter Demokratie. Ich habe ein richtiggehendes Parlament aller Klassensprecher gegründet, das sich regelmäßig traf, um anstehende Schulprobleme zu besprechen. Ich habe dafür gesorgt, daß der Speicher der Schule ausgebaut wurde, als Schülerheim. Wir haben große Schulfeste arrangiert und Theateraufführungen auf die Beine gestellt, die dann in der Ettlinger Stadthalle gezeigt wurden. Wir haben sogar eine Schülerzeitung herausgegeben.

Was ihm die Schule nicht gestattet, holt er privat nach. Er gründet Arbeitsgemeinschaften, dort endlich wird gemeinsam Wolfgang Borchert gelesen, Jazz gehört. Aber er geht noch einen Schritt weiter. Er lädt Offiziere ein, die über ihre Kriegserlebnisse sprechen, bittet auch prominente Politiker verschiedener Fraktionen zu politischen Diskussionen mit den Schülern.

Und dann habe ich auch eine Satzung der Schülerselbstverwaltung entwickelt, die wir dann allerdings auf eine Schülermitverwaltung reduzieren mußten. Ich hatte schon immer einen Hang dazu, die Dinge praktisch und machbar zu sehen, ohne Illusionen. Also Schülermitverwaltung, immerhin ein gewaltiger Schritt nach vorn. Es war das erste Schülerparlament Baden-Württembergs. Die Lehrer sahen diese Entwicklung mit gemischten Gefühlen. Ich glaube sogar, daß mein verehrter Direktor durch mich einen regelrechten Zauberlehrlingskomplex bekommen hat.

Am Ende des Dorfes in Busenbach, in jenem kleinen Zimmer, in dem ein Schrank, zwei Betten, ein Tisch, ein Stuhl und ein kleines Radio das einzige Mobiliar sind, klingelt jeden Wochentag um sechs Uhr morgens pünktlich der Wecker. Hans und Fritz stehen auf und beginnen ihren Tag.

Ein Bad gab es natürlich nicht, wieder nur einen Wasserhahn. Also habe ich mich notdürftig gewaschen und bin dann ungefähr eine halbe Stunde durchs Dorf ins Albtal gelaufen bis zur kleinen Bahnstation. Kurz vor sieben war ich dann schon in Ettlingen und hatte genau noch eine Stunde Zeit bis Schulbeginn. Zwischen der Schule und der Hauptstraße von Ettlingen gab es damals schon eine Art Fußgängerbereich mit Sträuchern und einigen Bänken. Manchmal bin ich dann zum Bäcker gegangen, hab' mir eine Brezel geholt, mich auf eine Bank gesetzt und letzte Schularbeiten

gemacht. In dieser Stunde hab' ich mich meistens sauwohl gefühlt.
Ettlingen war für mich ein glückliches Erlebnis, weil ich das
Dorf doch als Enge empfunden hab', sicher auch bestimmt durch
den Verlust der Heimat, durch die Vertreibung aus dem Elternhaus
in Ittersbach, als man mich nach dem Tod des August Rau da
schmerzhaft herausgerissen hat. All diese Erinnerungen an die
Tuscheleien der Dorfbewohner, der Haß auf meine Mutter, daß da
jeder von jedem alles wußte und sich immer einmischen konnte.
Diesen dörflichen Eierkuchen hab' ich einfach hassen gelernt.
Andererseits kann ich auf nachbarschaftliche Freundlichkeiten
schlecht verzichten. Aber in Ettlingen war die Mischung gerade
richtig und Distanzierung möglich.

Alle Städte, in denen er sich später niederläßt, haben eine ähnliche Struktur. Daß die in aller Welt geachtete Konzertagentur Lippmann + Rau nicht in München, Hamburg oder Berlin, sondern in Bad Homburg residiert, hat möglicherweise einen ursächlichen Zusammenhang mit den Erlebnissen der Kindheit und den Vorstellungen von menschlicher Behaglichkeit des Fritz Rau, daß sich nämlich wirkliche Kreativität nur da entfalten kann, wo man sich nicht allzuweit von seinen Wurzeln entfernt.

Während der Schulzeit denkt Fritz merkwürdigerweise nie darüber nach, welchen Beruf er einmal ergreifen wird, er ist nur vom Naheliegenden fasziniert. Oder hat die Hexe aus Ittersbach etwa die Hand im Spiel, wenn der Oberschüler eine außergewöhnliche Beziehung zu mathematischen Zahlen entwickelt?

Mathematik war für mich gleichbedeutend mit Schönheit.
Mathematische Reihen und Lösungen zu entwickeln war immer
ein reiner Genuß. Ich hab' darin gelebt wie früher in meinen
Träumen. Ich hatte eine starke Beziehung zu den Begriffen Unend-
lich und Null. Ich hab' sehr schnell kapiert, daß Null das Univer-
sum ist. Und diese Parallelen, die ihren Schnittpunkt im Unendli-
chen haben, waren die reine Poesie. Mit Mathematik hängt auch
mein erstes Erfolgserlebnis zusammen. Nach meinem gewalt-
samen Umzug von Ittersbach nach Berlin war es die Mathematik,
mit der ich in der Schule beeindrucken konnte, alles andere war ja
nur kläglich.

Kurz vor dem Abitur hat Fritz noch immer keine Berufsvorstellung. Auf seinem Zeugnis steht überall die Note eins. Trotzdem hat er eine tiefgehende Existenzangst.

Ich konnte inzwischen meine elementaren Probleme bestens
meistern, aber ich hatte nie das Gefühl, daß ich aus dem, was ich
bisher erreicht hatte, etwas Berufliches machen konnte. Für mich

Festpräsident in
Ittersbach:
Walter Rau

gab es nur die Schule, und die war für mich eine grüne Wiese, die
ich nie mehr verlassen wollte. Unter dem Dach der schulischen
Organisation und Ordnung fühlte ich mich beschützt. Vor allem
anderen hatte ich einen Mordsbammel.

Im Frühjahr 1950 ist klar, daß die Tage auf der grünen Wiese ihr
Ende haben werden. Das Abitur beginnt und damit die nächtlichen Alpträume. Nun kann er die Frage nicht mehr vor sich
herschieben, was aus ihm werden soll. Fräulein Sebastian sieht
seine Zukunft klar vor sich. »Du wirst Mathematik und Physik
studieren«, sagt sie. So geht er in seine erste schriftliche Prüfung.
Das Fach ist Deutsch, und er wählt sich ein ungewöhnliches
Thema: »Die Wahrheit richtet sich nicht nach uns, wir müssen uns
nach der Wahrheit richten.« Er funktioniert es zum Grundthema
seines Lebens um und macht eine antiklerikale Philippika daraus:
»Nicht wir müssen uns nach einer Wahrheit richten, sondern
müssen die Wahrheit suchen und finden, damit uns niemand in
der Welt seine Wahrheit aufzwingen kann.«

Am Abend dieses ersten Abiturtages trifft er sich mit Walter Rau.
Das Verhältnis ist mittlerweile abgekühlt und entspannt. Trotzdem
fällt es Fritz sehr schwer, den Mann zu fragen, ob er ihn unterstützen könne, wenn er nun doch mit dem Studium beginnen wird.
Walter Rau schüttelt den Kopf. Nein, damit kann er auf keinen Fall
rechnen. Was er seinem eigenen Sohn verweigert, muß auch für

40

Fritz gelten. Er soll einen realistischen Beruf ergreifen, einen, der seiner sozialen Stellung entspricht.

Nach diesem Gespräch geht Fritz in eine Kneipe und ertränkt seine Enttäuschung im Alkohol. Das ist ein Tiefschlag, der direkt von der Ittersbacher Hexe zu kommen scheint. Verkatert steht er den nächsten Tag durch. Doch der Schwur der Marie sorgt für Nachschub an Adrenalin. Das Ergebnis ist ein Abiturzeugnis mit der Note 1,2 und ein Preis als bester Abiturient des Jahrgangs.

Das Geschenk der Schule, das Fräulein Sebastian mit dem Direktor besprochen hat, ist ein teures Physiklehrbuch für die Technische Hochschule in Karlsruhe, auf der ihn beide demnächst sehen wollen. Sie sind es auch, die ihn der Studienstiftung des Deutschen Volkes vorschlagen – was bedeutet, keine Universitätsgelder zahlen zu müssen und zusätzlich hundertachtzig Mark monatlich fürs Leben zu erhalten.

Der Tag der Abiturfeier wird für Fritz zum Triumph. Er hält eine Rede, die später sogar in der Zeitung abgedruckt wird. Als die Lehrer und Mitschüler ihm applaudieren, kommt er sich vor wie einer, der ohne Flügel fliegen kann.

Der zweite Triumph folgt am Abend. Walter Rau, dem der Alleingang des Stiefsohnes großen Respekt abgewonnen hat, lädt ihn zu einem Festdiner in den »Erbprinzen« ein, das feinste Hotel und Restaurant der Gegend, vor dem sich Fritz jahrelang die Nase plattgedrückt und insgeheim davon geträumt hatte, einmal als Gast darin zu sitzen. Doch als er schließlich an dem feingedeckten Tisch sitzt, in einem unmöglichen Anzug, immerhin aber mit tadellos gebundener Krawatte, fühlt er sich leer.

Ich war maßlos enttäuscht von dem Gefühl, das ich hatte. Nun bist du also ein Mensch höherer Ordnung, hab' ich gedacht, genau das, was sich die Marie immer gewünscht hatte. Aber mir kam alles hohl und banal vor. Richtig deutlich ist mir von diesem Abend nur der etwas säuerliche Geruch in Erinnerung geblieben, den ich ausströmte, weil ich mich ja zu dieser Zeit nie richtig waschen konnte.

5. Kapitel: Jahrgang 1930

*Swing kam ganz plötzlich und ganz massiv aus dem Radio. Das hat
meine Gefühle in Taumel versetzt, meine Gedanken umhergeris-
sen und läßt mich bis heute nicht los. Jazz war für mich keine
Negermusik, überhaupt keine rassisch definierte Musik. Jazz symbolisierte vielmehr die Aufhebung der Rassenunterschiede, und
das konnten wir 1945 in Deutschland sehr gut gebrauchen. Deshalb bin ich bis heute kein fanatischer Anhänger schwarzer Musik.
Die Schwarzen Louis Armstrong und Coleman Hawkins sind für
mich genauso wichtig wie die Weißen Benny Goodman und
Woody Herman sowie umgekehrt. Jazz macht farbenblind. Das ist
bei mir auch im Rock so geblieben. Eric Clapton ist für mich
genauso wichtig wie Muddy Waters und B. B. King. Gewiß, es gäbe
Claptons Musik nicht ohne diese beiden, aber der weiße Eric
Clapton hat den Blues zu einer Weltmusik gemacht.*

*Für viele war der für uns neue Jazz damals – je nach politischer
Couleur – Nigger- oder (positiv) Negermusik. Man darf nicht
vergessen, daß sogar der Gründer des legendären Hot Club de
France in Paris, Hughues Panassier, in den dreißiger Jahren die
Parole ausgegeben hatte, nur Schwarze könnten den Jazz richtig
empfinden und dementsprechend spielen. Für mich ist Jazz die
größte Hoffnung auf eine neue Menschlichkeit. Dies ließ mich
meine Verzweiflung überwinden über die Ereignisse bis 1945, die
ich nun intensiv aus Zeitungen, aus Rundfunksendungen und
Wochenschauen erfuhr und bei deren Marschmusik ich im gleichen Schritt und Tritt mitgestolpert war.*

*Swing war für mich eine Musik, die die Blinden sehend und die
Lahmen gehend macht. Durch Marschmusik waren die Lahmen
noch lahmer und die Kraftprotze noch protziger geworden. Durch
Jazz und Swing wurden auch die Schwachen stark, und die Star-*

ken mußten sich sagen: Hoppla, Junge, entweder du swingst, oder du bist ein Arsch. Das alles hatte etwas mit meiner ganz persönlichen Geschichte und mit der Geschichte des Jahrgangs 1930 zu tun.

Denn ich fühle mich privilegiert, im Jahr 1930 geboren worden zu sein – zu jung, um in die ungeheuerliche Versuchung zu kommen, ein Glied der faschistischen Vernichtungsmaschinerie zu werden, aber alt genug, das klägliche Ende dieses auf tausend Jahre angelegten Wahnsinns bewußt mitzuerleben. Das sogenannte Dritte Reich war eine Vernichtungsmaschinerie nicht nur im Ausrotten von Menschen, sondern auch im Zerstören von Seelen, wie sich an der Haltlosigkeit vieler überzeugter Nazis wie auch von Mitläufern nach dem Selbstmord ihres vergötterten Führers leicht ablesen ließ. Deshalb kann ich einem Nazi des Jahrgangs 1907, der 1945 in die Knie geht und sagt: Um Himmelswillen, was haben wir gemacht?, nicht böse sein. Auch dem Nazi-Jahrgang 1912, der heute wieder sein Maul aufreißt, fahre ich nicht darüber, sondern sage mir: Der wird bald sterben. Aber einen Nazi vom Jahrgang 1958, der nichts miterlebt hat und nicht lernfähig ist – den nehme ich ernst, sehr ernst.

Die Nachgeborenen sind für die Vergötterung von Helden, für markige und martialische Gesten wieder empfänglich, ihnen imponiert die zackige Organisation, die Choreographie der Massen, der bombastische Baustil, den die Nazis in den dreißiger Jahren auf die Beine stellten. Ich bin zusammengezuckt, als mir David Bowie nach einem Konzert in Frankfurt einmal seine Bewunderung für Leni Riefenstahl, für Albert Speer und die Olympiade von 1936 bekundete. Ich hab' ihm gesagt, daß mir dabei unheimlich wird und hab' ihn angeguckt wie einen Herrn vom anderen Stern. Ich habe ja großen Respekt vor Leuten seines Formats. Vielleicht hat ihm der Abend etwas zum Nachdenken verholfen. Ich habe ihn nicht überredet, und wir haben uns nicht geeinigt.

Wir waren von den Alliierten besetzt, und es war zunächst eine herbe Situation für alle deutschen Staatsbürger. Es gab viele Verbote. Fraternisation war für die Alliierten verboten, jeglichen Umgang mit Deutschen. Aber es gab Soldaten, die sich darüber hinwegsetzten. Es gab Ausgangssperre, später Ausgangsbeschränkungen, Verkehrsbehinderungen. In den Schulen gab es keine Lehrmittel, beispielsweise für den Naturkunde-Unterricht. Es gab nichts zu essen. Man hat sich an den Tisch gesetzt und ging ungesättigt wieder weg. Es entstand Hunger, aber ein Hunger, der weit über das hinausging, was man durch's Maul in sich hineinbringt.

*Trotzdem war es die Zeit, in der ich aufgewacht bin. Statt unter
dem objektiv vorhandenen Druck in die Knie oder nach innen zu
gehen, habe ich merkwürdigerweise eine ungeheure Erleichterung
empfunden. Wir hatten zwar eine Besatzungsmacht, aber die ging
sehr schnell über zu Re-education, zur Umerziehung, die für viele
ganz Junge zunächst einmal Education war: Einübung einer
neuen, demokratischen Umgangsform. Die Youth Activities, die
pädagogische Jugendarbeit der Amerikaner, führte dazu, daß
Horst Lippmann in Verbindung mit amerikanischen Stellen schon
in den späten vierziger Jahren in Frankfurt Jazzkonzerte veranstalten konnte.*

*Jahrgang 1930: Das prägt einen Menschen wie seine Erbanlagen
oder vielleicht sein Horoskop. Wer wie wir die Chance hatte, in
einer Phase allgemeinen Umbruchs und Aufbruchs mit dem ganzen Sensorium der Spätpubertät neue Maßstäbe zu erleben und im
bescheidenen häuslichen Kreis mitzuentwickeln, wird diese Maßstäbe auch als Erwachsener instinktiv anwenden bei allen wichtigen Dingen, die er tut. Man mag sich unbedacht auf eine Sache
einlassen, eine von vielen, one of those things. Aber dann erlebt
man die Situation, die sich aus dem eigenen Mittun ergibt, und der
Jahrgang 1930 holt sich wieder sein Recht.*

*1978 habe ich die englische Teenbeat-Erfolgsgruppe Bay City
Rollers nach Deutschland gebracht. Ich hatte damals noch Treue-
verhältnisse mit Londoner Agenturen, und man sagte mir: Fritz,
wenn du die crème de la crème haben willst, mußt du auch die
anderen Acts abnehmen, die momentan erfolgreich sind. Hinterher habe ich mich geschämt. In der Frankfurter Festhalle waren
Dutzende von Kindern, die bei dieser Poppermusik ohnmächtig
wurden. Also, eine Rockmusik, die leistungsminimiert und quali-
tätsminimiert auf eine Rezession, eine seelische Abkoche von ganz
jungen Leuten ausgerichtet ist, kann ich nicht mehr anbieten.*

*Ich habe die australische Hard-Rock-Formation AC/DC in
Deutschland mit aufgebaut. Wir haben mit dieser Gruppe in Clubs
und in der Hamburger Markthalle bei Null begonnen, und mit
jedem Gig wurde sie größer. Plötzlich habe ich mir über ihren Titel
»Highway to Hell« Gedanken machen müssen, nachdem wir die
Kontrollen an den Konzertpforten immer mehr verschärfen mußten. Es wurden Dutzende von Schlagringen gefunden, nahezu
hundert feststehende Messer, einmal eine geladene Pistole. Überall begegnete mir Gewalt. In einem AC/DC-Konzert wurde einem
Fan der Finger abgebissen.*

*Es war eine gute Band, aber sie verherrlichten die Gewalt. Da
wurde die Frustration von jungen Leuten zur Erzielung von kommerziellen Erfolgen in Kanäle gelenkt, die nicht dem Menschen*

dienen, die die jungen Leute nicht stärker, sondern noch unglück-
licher machen. Heavy Metal Rock habe ich im Angebot von Lippmann + Rau danach abgeschafft. Der Begriff hat keinen musikalischen Sinn, er ist nur ein Verkaufsetikett. Der Jahrgang 1930 muß
auch den Mut haben, sich an optimalen Erfolgen nicht zu betei-
ligen.

Daß ich solche Entscheidungen allein treffe, mag man despo-
tisch oder autoritär nennen. Es gibt absolutistische und aufge-
klärte Despoten. Ich glaube, die Qualität eines Menschen, insbesondere eines Arbeitgebers, ergibt sich aus dem Maß, wie er seine
Macht gebraucht oder mißbraucht. Als Vater war ich der Ernährer
meiner Familie. Wenn ich kein Geld geschickt hätte, wäre der
Familie sehr schnell die Luft ausgegangen. Aber der Boss zu Hause
war zurecht meine Frau Hildegard. Es gibt eine Autorität, die aus
der Liebe zur Sache notwendig ist. Es gibt keine antiautoritäre
Erziehung, es gibt nur Erziehung durch Eltern, die Autorität haben
und vorleben. Aber das muß eine Autorität sein, die dem Kind
klarmacht: Du mußt dir nicht erst die Hand verbrennen, um zu
begreifen, daß hier eine glühende Herdplatte ist. Das setzt Einfüh-
lungsvermögen voraus, aber natürlich auch die Erfahrung.

Ich gebrauche Autorität äußerst verantwortungsbewußt. Als ich
Bob Dylan 1978 auf dem Nürnberger Reichsparteitagsgelände
präsentierte, kam es mir nicht darauf an, über die achtzigtausend
Besucher Macht zu gewinnen. Es kam darauf an, einem auser-
wählten Künstler aus Los Angeles in Deutschland einen Ölberg zu
bauen, von dem aus er achtzigtausend Leute sättigt, das heißt stark
und zärtlich macht. Dasselbe geschah 1983 mit meinem Engagement für die Grüne Raupe, als ich durchsetzte, daß bei der Veranstaltung in Dortmund vor elftausend Leuten die Musiker keine
Garnierung der Redner sein dürfen, sondern daß jeder die Zeit
seines Auftritts nach den Bedürfnissen eines optimalen Pro-
grammablaufs zugewiesen bekommt.

Die antiautoritäre Bewegung hat einen fatalen Denkfehler
begangen, indem sie jede Autorität zurückwies, auch die im Sachverstand begründete. Jeder Regisseur, der ein Fernsehspiel oder
einen Film macht, muß zwangsläufig autoritär arbeiten, oder er
bringt nichts zustande. Jede Szene, jeder Regieeinfall, die an der
Basis diskutiert werden, werden zerredet und sind von vornherein
zum Scheitern verurteilt. Es muß einer da sein, der vom Team
anerkannt wird und entscheidet, wobei auch der Sachverstand des
Teams jederzeit anerkannt werden muß. Autorität ist für das
Gelingen eines Vorhabens vielleicht die wichtigste Funktion. Ich
kann in diesem Begriff nichts Negatives sehen. Allerdings ist er in
Deutschland durch Kaiser Wilhelm und die Nazis entwertet, per-

vertiert, negativ besetzt worden, ebenso übrigens wie der Begriff Heimat.

Es war von 1945 an meines Erachtens nach ein großer Fehler der Linken und Liberalen, den Rechten neben dem Begriff Autorität

Festpräsident in Ittersbach: Fritz Rau

von vornherein drei große, emotional besetzte Bereiche zu überlassen, nämlich das Festzelt, die Volksmusik und das Heimatgefühl. *Im Leben der Menschen, vor allem in ländlichen Gebieten, spielen die Heimatfeste, die Volksmusikfeste eine sehr große Rolle. Ich bin 1980 eingeladen worden, Festpräsident zum 75. Jubiläum des Musikvereins Ittersbach zu werden und habe das angenommen – trotz all der Probleme, die ich in dieser alten Heimat hatte. Jedes Dorf im Albtal hat seinen Musikverein, was ich für sehr wichtig halte, denn junge Leute werden hier wirklich zum aktiven Musizieren gebracht. Aber diese Vereine sind natürlich von alters her konservativ.*

In Ittersbach gab es nun neben einem Wettbewerb der besten lokalen Blasmusikorchester zum erstenmal einen Rockabend im Festzelt mit der Gruppe Lake *und dem Sänger und Komponisten* Edo Zanki. *Außerdem gab es einen Unterhaltungsabend mit unserem Künstler* Costa Cordalis *und dem Gitarristen* Ricky King *alias* Linnenfelder, *der wie ich aus diesem Dorf stammt. Das hat so eingeschlagen, daß der Pfarrer, der ja eine wichtige integrierende Figur für alle Richtungen ist, beim Gottesdienst von einem bemerkenswerten Fest gesprochen hat.*

In Hessen wurden in den letzten Jahren die Festzelte zunehmend von einer Gruppe junger Musikanten bespielt, die alles andere als rechts stehen, sondern sich beispielsweise sehr in Umweltfragen engagieren: den Rodgau Monotones. *Sie haben in dörflichen Zelten oft mehr als dreitausend Besucher, die sonst nur zu Veranstaltungen konservativer Musikvereine und Gesangvereine gegangen waren. Man muß sich die Bedeutung dieser Vereine für die Wehrertüchtigung und Kriegsbereitschaft in der Geschichte unseres Landes in die Erinnerung zurückrufen, um zu begreifen, worum es bei diesen Heimat- und Musikfesten auch geht.*

Ich finde, wir müssen uns das Gefühl für die Heimat erlauben dürfen oder es wiederentdecken. Aber wir müssen verdammt präzise überlegen, was wir damit meinen. Es gibt keine deutsche Heimat, weil es keine großdeutsche Heimat gibt, die alle Menschen deutscher Zunge vereinigt. Die großdeutsche Lösung ist 1866 nach Königgrätz zugunsten der kleindeutschen Bismarcklösung aufgegeben worden. Die Österreicher sind keine Deutschen, also ist auch Schlesien kein Teil von Deutschland mehr. Meine Heimat ist nicht das Vaterland Deutschland, meine Heimat ist mein Mutterland, das alemannische Baden.

Vaterland ist die Wurzel allen Übels. Es entsteht durch Kriege, durch Eroberungen, durch Annexion, in glücklichen Fällen auch durch Heirat. Was ist des Deutschen Vaterland? Wir haben damit ja ganz besondere Probleme. Man überlege nur, wie schnell wir die DDR hingenommen haben. Für mich als fanatischen Sportfan ist eine Goldmedaille für die DDR doch keine Medaille mehr, die mich betrifft. Viel wichtiger als der Fetisch Vaterland ist für das Leben der Menschen das Mutterland, das sich aus der gleichen Sprache (sprich: Dialekt), der gleichen Küche, den gleichen Traditionen definiert. Nicht von ungefähr liegt die Kulturhoheit in der Bundesrepublik bei den Ländern. Ein Bayer ist nun mal ein anderer Typ Mensch als ein Schleswig-Holsteiner. Für mich gehört das Elsaß nicht zu Frankreich, aber auch nicht zu Deutschland. Es gehört zu Baden, zur Nordschweiz, zu einer alemannischen Mutterprovinz im Rahmen eines vereinigten Europa.

In meiner näheren Heimat gibt es die Gruppe Zupfgeigenhansel, hochintelligente Musiker, die eine Entnazifizierung des Volksliedes vornehmen. Musikalisch entschlacken sie das Pathos, indem ein Jazzbassist in der Gruppe spielt und das »Muß i denn zum Städtele hinaus« einfach swingt. Den Inhalt aktualisieren sie und machen ihn weniger martialisch, indem sie die Texte ändern. Nicht mehr: »Kein schöner Land in dieser Zeit als hier das unsere«, sondern: »Ein schönes Land in dieser Zeit ist hier das unsere weit und breit«. Das eine paßt, gemütvoll ausgeformt, in die Richtung »Denn heute gehört uns Deutschland und morgen die ganze Welt«, das andere ist die Einbettung unserer Heimat in eine politische Landschaft, in der alle anderen Heimat- und Mutterländer genauso wichtig sind.

Solche Überlegungen gehen im Ansatz auf die Jahre nach 1945 zurück, als ich den Religionsunterricht verlassen hatte und meine Lehrerin, dieses Fräulein Sebastian, mich in die Kantsche Philosophie einweihte. Das ist einerseits für meine Vorstellung von der Preußischen Staatsidee wie andererseits für den Anarchismus in mir sehr wichtig gewesen.

Vielleicht war der Aufbruch nach 1945 auch so stark, weil ich ja ein gläubiger Hitlerjunge gewesen war, der aber nicht den allgemeinen Vorstellungen entsprach. Von diesem Idealbild des deutschen Jungen war ich so weit entfernt, daß man mir bescheinigte, ich hätte keine Führerqualitäten. Die wollte ich aber haben, und so wurde dies zur Quelle für den Minderwertigkeitskomplex, an dem ich vielleicht heute noch leide, zur Quelle für das mangelnde Selbstwertgefühl.

Und dann plötzlich 1945 die Erlösung und die ganze Schönheit dieser Welt in einem Klang aus dem Radio: Swing.

6. Kapitel: Heidelberg

An einem Samstag im August 1950 steht Fritz auf der Landstraße vom Bahnhof Busenbach, Richtung Ittersbach, nach Reichenbach. Die Straße soll geteert werden, und er ist für den Transport eingeteilt . Die Straßenbauarbeiten ziehen sich in die Länge, und in der dösigen Mittagshitze hat er genug Zeit nachzudenken. Seit sechs Wochen ist er Straßenarbeiter mit einem Stundenlohn von einer Mark. Er braucht das Geld, weil er sich entschieden hat, in Heidelberg zu studieren. Aber nicht als Mathematikstudent hat er sich fürs Wintersemester 1950/51 eingeschrieben, sondern er hat kurzfristig umdisponiert.

Er will Jura studieren. Er will mit Menschen zu tun haben, etwas bewegen können, der Gerechtigkeit dienen. Mit Mathematik kann man gesellschaftlich nichts bewegen. Doch nun, hier unter der Mittagshitze, läuft er langsam neben der Dampfwalze her, um im rechten Augenblick einen Block vor die Räder zu werfen, falls die Walze ins Rutschen kommt. Eigentlich weiß er nicht, wie es weitergehen soll in seinem Leben. Geld hat er nicht, ob ihn die Studienstiftung des Deutschen Volkes je für würdig befinden wird, auf Staatskosten zu studieren, steht noch lange nicht fest. Die Chancen stehen eins zu zwanzigtausend. Nur etwa neunhundert Studenten werden 1950 dazu auserwählt. Ob er je dazu gehören wird, ist völlig offen.

Fritz trottet neben der Dampfwalze her und ist dem Chef des Unternehmens dankbar, daß er nicht die schweren Arbeiten machen muß. Er hat Turnschuhe an und muß aufpassen, daß sie nicht im frischen Teer kleben bleiben. Er unterhält sich mit dem Fahrer. Der legt einen noch niedrigeren Gang ein, weil sie kurz vor einer Kurve angekommen sind – als ein Auto plötzlich auf sie zurast und Fritz noch dichter an die Walze muß.

Von da an weiß Fritz nichts mehr. Erst nach der Operation im Krankenhaus erfährt er die Wahrheit. Beide Füße wurden überfahren. Drei Zehen des rechten Fußes sind wegoperiert. Doch er hat noch Glück gehabt. Der Arzt hat ihm die Füße erhalten können. Als er nach sechs Wochen wieder aufstehen kann, beginnt schon bald das erste Semester in Heidelberg. Er geht nun auf Krücken, und es kommt ihm vor, als wäre der wichtigste Teil seines Lebens schon vorbei, bevor es richtig begonnen hat.

Der Unfall hat bei mir zuerst unheimliches Selbstmitleid ausgelöst, einen regelrechten Krüppelkomplex. Ich hab' dann jahrelang kein Sportereignis mehr besucht und fing natürlich auch an, etwas großzügiger mit Alkohol umzugehen, obwohl ich zuvor intensiv Leistungssport betrieben hatte. Den konnte ich nun in den Wind schreiben. Als ich bei der Nachuntersuchung in der orthopädischen Klinik mit tieftraurigem Gesicht auf den Orthopädie-Professor zuhumpelte, lachte der mich jedoch einfach aus: Schmeißen Sie die Krücken weg, junger Mann, und sehen Sie in Zukunft Ihren Sport darin, so zu laufen, daß Ihnen kein Mensch etwas anmerkt! Das hat mich spontan geheilt. Ich hab' die Dinger weggelegt, und plötzlich ging's.

Der Unfall hat, wie sich herausstellt, durchaus auch eine positive Seite. Fritz ist als Bau-Hilfsarbeiter zu vierzig Prozent berufsunfähig und hat Anspruch auf eine Rente. Damit löst sich fürs erste das Problem, wie er sein Studium finanzieren kann. Er läßt die Rente kapitalisieren und gesteht sich hundert Mark pro Monat für seinen Lebensunterhalt zu. Die Welt und die Zukunft haben wieder ein Gesicht. Das Faszinierende daran: Fritz ist jetzt Student. Eine Utopie nimmt Gestalt an. Und Heidelberg ist eine Stadt nach seinem Zuschnitt.

Im Spätherbst stieg ich wieder mal in meine geliebte Albtalbahn, aber dann, im wahrsten Sinne des Wortes, stieg ich um auf den Fernverkehr, in den Schnellzug von Karlsruhe nach Heidelberg. Eine sehr schizophrene Stadt, eine Touristenstadt mit einem Altstadtkern. Aber schon die Universität war geteilt zwischen einer alten und einer neuen. Die alte Uni mit der Aura ehrwürdiger Geister, die da in den letzten Jahrhunderten gewirkt und gewaltet haben, der spiritus loci überall spürbar. Ich muß gestehen, daß mich da schon ein Schauer erfaßte. Dagegen stand die neue Uni, die mit amerikanischen Mitteln gebaut worden war – sehr modernistisch.«

Als Fritz in Heidelberg ankommt, hat er von Bekannten eine Adresse für die Zimmersuche in der Tasche.

50

Es ist dunkel, ein Novemberabend, und ich setz' mich in die
Straßenbahn, die zur Bergheimerstraße fährt. Ich frage mich
zurecht und stehe vor einem häßlichen Mietshaus. Ich gehe drei
Treppen hoch und klingele. Eine nette Frau um die Dreißig öffnet,
sie stellt mir gleich ihren Mann und ihre Tochter vor. Es sind
einfache Leute, und ich fühl' mich sofort wohl bei ihnen. Sie
führen mich ins Wohnzimmer und bieten mir zu trinken an.
»Nein, einen Studenten haben wir noch nicht gehabt«, sagen sie
und lächeln mich an. »Und wo ist nun mein Zimmer?« frage ich.
»Das ist es, unser Wohnzimmer, dreißig Mark im Monat mit Früh-
stück!« Ich hab' da jahrelang gewohnt, mich richtig angefreundet
mit der Familie. Oft haben sie mir abends noch Bratkartoffeln
übriggelassen, wenn ich hungrig nach Hause kam – weil sie wuß-
ten, daß ich die so gerne esse.

Es ist wirklich zum Lachen. Fritz gelingt es einfach nicht, ein
eigenes Reich für sich zu haben. Endlich ist er frei und erwachsen,
auch befreit vom Bruder Hans, mit dem er ewig alles teilen mußte,
und nun wohnt er – in einem fremden Wohnzimmer.

Es verursachte mir immer Hemmungen. Ich hatte da zwar mein
Bett und konnte auch meine Bücher auspacken, aber ich war halt
nie für mich allein.

Sein wirkliches Zuhause sind wieder offizielle Plätze und Räume.

Ich mußte früh morgens zur Universität, konnte mich also mit-
tags nie hinlegen. Ich hab' mich in Bibliotheken und Seminare
geflüchtet, aber das machte mir nicht allzuviel aus. Vorherrschend
war das Gefühl der Privilegiertheit, studieren zu dürfen. Ein weite-
rer Schritt ins Paradies.

Nach dem ersten Semester muß sich Fritz drei Professoren stellen und wieder Prüfungen ablegen, die über sein weiteres Schicksal entscheiden werden. Danach ist klar, daß er zu den Auserwähl-
ten gehört. Die Studienstiftung des Deutschen Volkes nimmt ihn
auf. Er bekommt Lehrmittelfreiheit und zusätzlich hundertachtzig
Mark im Monat. Von da an kann er richtig studieren, braucht sich
fürs erste keine Sorgen mehr um die Zukunft zu machen. Eigentlich könnte er jetzt aus dem Wohnzimmer ausziehen und sich
endlich eine eigene Bude suchen. Aber Fritz bleibt, wo er ist: Der
Anarchist im Herzen hat eben auch eine sehr konservative Seite.

Diese Leute waren mir vertraut. Sie waren Menschen, die mir
viel Wärme gegeben haben. Außerdem hab' ich da auch eine
gewisse Hilflosigkeit, meine Umgebung so zu gestalten, daß ich
mich wohlfühle. Ich brauche dazu immer die Hilfe von Dritten.

Richtig ist sicher auch, daß er die Rolle des *lonesome cowboy,* der nirgendwo wirklich zuhause ist, sehr genießt. Überall knüpft er Fäden zwischenmenschlicher Gemeinsamkeit, läßt sie aber immer wieder schleifen, wenn die Gefahr besteht, daß sie zur Fessel werden könnten. Kurzfristig durchlebte Nähe befriedigt ihn mehr, das Filmtheater wird in Heidelberg erneut ein starker Ort für solche Gefühle.

Das Kino hat mir, so komisch das klingt, oft die Mutter ersetzt. Immer, wenn ich einsam war, Depressionen hatte, bin ich da hinmarschiert. »Kinder des Olymp«, »Orphée«, »Fahrraddiebe«, aber auch Trivial-, Agenten- und Cowboyfilme habe ich mir angesehen, manche von ihnen mehrmals. Ich hab' mich dann an den starken, faszinierenden Männern aufgegeilt, die dem Guten zum Sieg verhalfen. Habe Marlene Dietrich im Arm gehalten, bin mit James Stewart gestorben, hab' auch geheult und gelacht mit ihnen. Ich erinnere mich, daß ich fast täglich im Kino war.

Und wie früher beim Lesen ist das Ergebnis mal wieder ein starker Realitätsverlust. Aber Fritz geht auch ins Kino, um der feinen Gesellschaft auf die Finger zu schauen.

Ich hab' im Kino gelernt, wie man mit Messer und Gabel ißt, weil ich ja bei meinen gelegentlichen Gastspielen in gesellschaftlichem Rahmen oft furchtbar aufgefallen bin. In meinem Benehmen war ich immer eine Mischung aus hochinteressant und absolut lächerlich.

Fritz arbeitet in der Uni wie ein Besessener. Er will sich der Stiftung und seinem eigenen Ehrgeiz würdig erweisen. Dabei ist schon damals das Studium durch den Überandrang der Studenten beschwert.

Man mußte sich praktisch anstellen, um einen Platz zur Vorlesung zu kriegen. Man stand irgendwo an der Wand oder saß im günstigsten Fall zusammengepfercht im Vorlesungssaal. In der Mensa war es noch schlimmer. Da mußte man schon ein schneller Suppenlöffler sein, um nicht aufzufallen. Denn hinter dir stand schon immer eine Schlange, die ebenfalls an die Suppe wollte.

Kontakte zu Mitstudenten gibt es am Anfang kaum. Die anderen sind entweder noch hilfloser als er selbst oder leben in einer Welt, die nicht die seine ist. Darum konzentriert er sich noch mehr auf das Pensum und seine Innenwelt. Seinen ersten kleinen BGB-Schein macht er bei einem berühmten Zivilrechtler, bei Professor Ullmer.

Der kommt eines Morgens mit den dreihundert Klausur-Arbei-
ten der Studenten, die den gleichen Schein machen mußten wie
ich in die Vorlesung, knallt die Arbeiten auf den Tisch und läßt
eine Schimpfkanonade los: »Ich hab die Arbeiten zur Kenntnis
genommen und muß sagen, daß für die meisten von Ihnen doch
auch eine nichtakademische Tätigkeit, vielleicht die eines Stra-
ßenarbeiters, durchaus ehrenvoll sein könnte.« Ich war völlig
erschossen, weil ich dachte, der meint bestimmt dich, und hab
mich gleich geduckt. Doch dann zieht er zwei Arbeiten aus dem
Stapel: »Es gibt hier nur zwei Ausnahmen, einen Herrn Müller
und einen Herrn Reu. Bitte mal aufstehen, meine Herren!« Ich
hab' den Herrn Reu natürlich nicht auf mich bezogen, aber mein
Nachbar stupst mich plötzlich an, als sich kein Herr Reu meldet
und fragt, ob nicht vielleicht ich damit gemeint sei. So war's dann
auch.

Plötzlich war ich eine Art Star unter diesen angehenden Juri-
sten. Nach der Vorlesung sprach mich ein Kommilitone an, Udo
Giulini, ob ich nicht mal Lust hätte, mit ihm zu einem Treffen des
sogenannten Heidelberger Kreises zu kommen. Ein sehr elitärer
Verein, wie sich später rausstellte. Er hatte sich aus dem früheren
Corps Saxo Borussia entwickelt, einer farbentragenden Verbin-
dung.

Das war mir zunächst suspekt. Aber als ich merkte, daß diese
Herren durchaus mit einer anderen Gesinnung auftraten. Sie ver-
langten keine Mensur, dafür den Nachweis einer Fabrikarbeitertä-
tigkeit, den Grundschein der Deutschen Lebensrettungsgesell-
schaft sowie einen Juniorenvortrag über ein fachfremdes Thema.
Dies gefiel mir da schon viel besser. Das waren durchaus gescheite
Leute, die sich auf jungen begabten und förderungswürdigen
Nachwuchs stürzten – nicht nur auf Söhne aus reichen Häusern,
sondern auch auf solche, die aus ganz einfachen Verhältnissen
kamen.

Seinen Juniorenvortrag hält Fritz über Jazz, untermalt durch
Platten von Lionel Hampton, Louis Armstrong, Ella Fitzgerald.
Die Informationen dazu stammten überwiegend aus dem Radio,
denn noch gibt es keine Jazzliteratur in Deutschland.

Ich wollte den Leuten klarmachen, was da in Amerika für eine
tolle Musik entstanden ist. Doch da haben einige schon recht
seltsam geguckt. Später stellte sich heraus, daß dieser Heidelber-
ger Kreis doch sehr konservativ war und sich mehr und mehr als
Kaderschule für die Industrie erwies. Es gab Abspaltungen, und
plötzlich wurden die Farben wieder eingeführt, zwar nicht protzig
am Band sondern sehr diskret im Knopfloch.

53

Am Anfang ist Fritz noch ganz froh, dazu zu gehören. Er genießt den Stammtisch im »Schnookeloch«, einem Restaurant in Heidelberg, wo man sich nicht mehr um die Suppe schlagen muß, sondern gemütlich mittagessen kann. Aber mehr und mehr bricht wieder der Anarchist in ihm durch. Auf Festen benimmt er sich auffallend unmöglich, tanzt Boogie Woogie und spielt den Wilden, den Motzer. Auch in der Kleidung hebt er sich deutlich ab.

Ich hab' mich unglücklich gekleidet, um nicht zu sagen geschmacksarm. Und da ich ja immer noch im Wohnzimmer nicht die idealen Waschgelegenheiten hatte, war ich hygienisch stets an der Grenze der Tolerierbarkeit. Ich hab' aus unbewußtem Protest dauernd den Trottel gespielt. Beim Essen hab' ich immer gesprochen. Dabei lief mir die Suppe auf die Kleider, die ich dann auch nicht richtig gereinigt habe. Manchmal kam einer und sagte: »Fritz, dein Hosenschlitz ist offen.« Einmal bin ich in die Uni gegangen mit einem braunen und einem schwarzen Schuh. Ich war geistig dauernd unterwegs, und mein Äußeres hat mich einen Scheißdreck interessiert.

Obwohl Fritz zwei Semester lang sogar im Vorstand des »Kreises« ist, mißfällt ihm das Gehabe der anderen doch zunehmend. Es bildet sich eine andere Clique, die gemeinsam arbeitet und sich scherzhaft »Der große Strafsenat« nennt. Da gelten anscheinend keine Regeln, man kann aussehen und sich benehmen wie man will, ohne daß einer die Nase rümpft. Trotzdem gibt er den Kontakt zu einigen Freunden nicht auf. Udo Giulini gehört dazu. Sein Vater ist Besitzer der Giulini-Werke in Ludwigshafen. Die Familie wohnt in einem herrschaftlichen Anwesen am Neckar, in das Fritz manchmal eingeladen wird.

Die großbürgerliche Liberalität, die ihm dort begegnet, tut ihm wohl, macht ihm aber auch wieder deutlich, daß er sich immer noch als Bauernbub fühlt, der froh ist, wenn der Freitagabend kommt. Dann setzt er sich regelmäßig in den Zug und fährt nach Busenbach zurück. Dort trifft er die alten Kumpane, ist Gast bei der Familie Rabold und tobt sich in den Gastwirtschaften aus. Zurück in Heidelberg wird das Unbehagen immer größer. Fritz kann seine Augen nicht mehr vor dem verschließen, was Anfang der fünfziger Jahre politisch geschieht.

Im Radio hört er die Diskussionen um die Bundeswehr. In den Bundestagsdebatten profiliert sich ein junger Franz Josef Strauß, der früher sehr eindrucksvoll davon gesprochen hatte, daß ihm die Hand abfallen solle, wenn er je wieder ein Gewehr in die Hand nimmt. Fritz sieht immer deutlicher, wohin der Wind im »Heidelberger Kreis« weht: in eine restaurativ konservative Richtung. Als er sich nun mit geschärftem Bewußtsein bei seinem »Großen Strafsenat« umsieht, wird ihm klar, daß auch da nur Karrieredenken und Streben nach gesellschaftlicher Anerkennung, Angepaßtheit herrschen.

Nach all dem, was Fritz unbewußt oder bewußt nach 1945 erlebt hat, weiß er nun ganz sicher, daß er in erster Linie Pazifist ist, daß er auf all Fälle kein Duckmäuser sein darf und daß man Zeichen rechtzeitig erkennen muß. Als seine Wiederwahl in den Vorstand des »Heidelberger Kreises« ansteht, kandidiert er nicht mehr.

Er sucht seine Freunde jetzt mehr und mehr unter den Leuten, die Jazzplatten sammeln und anderes im Kopf haben, als nur über ihre Karriere nachzudenken. Er liest Jean Paul Sartre, Albert Camus, entdeckt die französischen Schriftstellerphilosophen, begreift die Idee des Existenzialismus und findet sich in den Schriften dieser Leute wieder. Er stellt fest, daß er schon längst Hunger auf diese geistige Nahrung hatte. Nun kann er seinen Widerwillen und Ekel endlich formulieren, der ihn mehr und mehr beim Anblick der jungen Kommilitonen überkommt, die schon wieder verkrusten und verkalken, bevor sie überhaupt jemals den Aufstand geprobt haben.

Zur rechten Zeit trifft er wieder den rechten Mann: Heiner Braun, Agitator und Initiator des Filmclubs in Heidelberg. Der zeigt in Spätvorstellungen alle die Filme zu den Büchern, die Fritz interessieren. Anschließend wird diskutiert. Nächte schlägt er sich bei Livio um die Ohren, einer italienischen Kneipe, die dem gleichnamigen Besitzer gehört und die allmählich zur subversiven Zelle der jungen Intellektuellen in Heidelberg wird. Auch äußerlich wird seine Veränderung sichtbar.

Ich zog mir einen schwarzen Pullover an und endlich den alten Konfirmationsanzug aus, dessen Ärmel eh zu kurz waren. Der Pullover war zwar bald ebenso verschmiert wie früher die Hemden und Krawatten, aber das hat ja gepaßt. Den Anzug hab' ich das letzte Mal beim Rektoratsball der Universität angehabt. Da waren sie alle versammelt, die Haute-volée von Heidelberg, die Studienstiftler, und ich wurde noch als der vielversprechende junge Jurist vorgestellt.

Fritz wird Mitglied des Filmclubs und lebt mehr und mehr auf in dieser Welt, in der Musik und Märchen die große Rolle spielen. Eines Tages kommt Vittorio de Sica als Gast in den Filmclub, der inzwischen schon über Heidelberg hinaus eine gewisse Berühmtheit hat. Nach der Vorführung seines Films »Das Wunder von Mailand« spricht de Sica mit den Zuschauern.

*Ich saß vier Meter von ihm weg und hab' ihn angeguckt, diesen
wunderschönen Mann, so wie ich heute schöne Frauen angucke.
Ich hab' geglotzt und auf den Sound gehört, der aus seinem Mund
kam, das war einfach toll. Da ist mir das Herz aufgegangen und
mein eigener Mund blieb offen vor Staunen und Bewunderung.*

Dennoch macht Fritz bei Professor Kunkel seinen großen BGB-
Schein mit der Note »Sehr gut«. Doch Anfang 1954 – das Examen
steht bevor – trifft er eine Entscheidung, die sein Leben radikal
verändert. Er hat sich jetzt einen Bart wachsen lassen, und die
Farbe, die nicht mit seinem Haupthaar übereinstimmt, überrascht
nicht nur ihn. Der Bart wird rot. Wie ein Feuerzeichen symbolisiert
er den vorläufig letzten Akt einer Handlung, die unter den Studenten der Heidelberger Universität betroffene Zuschauer zurück-
läßt. Fritz gibt sein Studium auf.

7. Kapitel: Cave 54

Die Frühlingssonne fällt schräg durch das Fenster mitten auf den Spaghettiberg, den sich Fritz hungrig hereinschaufelt. Livio, der dicke Italiener, hat ihm heute besonders viel aufgetan. Die Nacht war wieder mal lang. Livio sieht das auf den ersten Blick und richtet seine Portionen nach der Stimmungslage seiner Jungs. In der Musikbox hat einer schon zum dritten Mal das *Modern Jazz Quartet* gedrückt.

Fritz ist melancholisch. In der letzten Zeit hat er wenig geschlafen und viele Alpträume gehabt. Walter Rau ist in seinen Träumen vorgekommen. Examensängste spielen eine Rolle, obwohl er doch überhaupt kein Examen mehr machen muß. Die Uni existiert nicht mehr für ihn. Ein paarmal sind noch Freunde gekommen, die es einfach nicht fassen können, daß er alles hingeworfen hat. Ein paarmal haben sie noch versucht, ihn zu überreden, aber Fritz hat einen harten Schädel. Ihn holt jetzt niemand mehr zurück. Dieser Entschluß schützt ihn dennoch nicht vor Alpträumen.

Irgendwie fühlte ich mich als politischer Bankrotteur. Meine Hoffnung, daß wir in diesem Land etwas gelernt haben, daß es gewisse Dinge nicht mehr geben könne, war dahin. Ich sah plötzlich, wie die alten Machtinhaber, von Thyssen, Krupp bis Flick, alle wieder fröhlich an ihrem Wirtschaftswunder strickten, die Konservativen wieder mehr und mehr das Sagen hatten. Da begann auch mein Haß auf Adenauer, dessen Sprache so dürftig war wie geraspeltes Holz und der mit seinen achthundert Wörtern schon wieder ganz Deutschland manipulierte, das immer noch Krokodilstränen über die deutsche Einheit weinte.

Und was für ein Aufbruch in Deutschland! Es gab wieder alles zu kaufen. Die Freß- und Reisewelle rollte, einige kauften sich

bereits die ersten Häuser auf Mallorca, nur ich hatte eine vielver-
sprechende Karriere aufgegeben. Ich hing zwar noch immer an der
Juristerei, aber der Ekel überwog. Ich hatte die Schnauze voll, ich
war zum Zyniker geworden.

Dieser Donnerstag im April läßt sich nicht gut an. Fritz bestellt
sich noch ein Bier, schiebt sich gerade die letzten Nudeln rein, als
die Tür aufgeht und drei würdige junge Herren hereinkommen.
Anzug, Krawatte, tadelloses Aussehen, eine Delegation des »Heidelberger Kreises«. Als sie am Tisch angekommen sind, blickt der
Längste von ihnen etwas angeekelt umher. »Wir müssen mit dir
sprechen«, sagt er.

Fritz macht eine lässige Handbewegung: »Hockt euch da hin.«
Seine schlechte Laune ist plötzlich verflogen. Er grinst die drei
Delegierten an, die immer verlegener in dieser für sie ungewohn-
ten Umgebung wirken. »Du hast aber heute einen katastrophal
niedrigen Umgang«, ruft vom Nebentisch einer. Fritz genießt die
Situation sichtlich. Er steht auf und drückt eine neue Platte in die
Box.

Clifford Browns Trompete bläst für einen Moment die
Gesprächsfetzen durcheinander, treibt Fritz zurück an seinen
Tisch. »Ein Heiliger«, sagt er, und als einer der Drei irritiert
zurückfragt: »Wer?« hält ihm Fritz einen längeren Vortrag über
die Genialität Clifford Browns und die Session, die er mit Sarah
Vaughan in Chicago gemacht hat. An den Gesichtern sieht er, daß
er die Drei damit noch mehr in die Enge treibt. Es ist genau das,
was er will.

»Fritz, wir wollen keine großen Worte machen«, fängt einer von
ihnen dann endlich an, »aber dein Lebenswandel zeigt uns doch,
daß du kein Interesse mehr an uns hast.« Fritz nimmt einen großen
Schluck, setzt das Bier hart auf den Tisch. »So ist es«, sagt er
freundlich und fragt dann mit gleichbleibendem Gesichtsaus-
druck: »Warum habt ihr eigentlich keine Pistole mitgebracht?«

»Hör auf, deine blöden Witze zu machen!« Endlich werden sie
wütend: »Wir möchten dich bitten, den Austritt zu erklären.«

»Schmeißt mich doch einfach raus!«

»Nein, wir möchten, daß du austrittst. Du warst immerhin
Juniorenvater und im Vorstand – und wir haben große Hoffnungen in dich gesetzt. Einen wie dich schmeißt man nicht einfach
hinaus. Wir verstehen dich nicht mehr, Fritz.«

Fritz wird jetzt ungeduldig: »Also gut, gebt den Wisch her, ich
unterschreibe euch meinen Austritt. Ihr habt das doch sicher alles
schon vorbereitet.« Einer zieht tatsächlich ein Papier aus der
Tasche. Fritz braucht nur noch seinen Namen darunter zu setzen.

Die steife Förmlichkeit, mit der hier der Schlußstrich unter einen wichtigen Lebensabschnitt gezogen wird, bestärkt ihn in diesem Moment nur noch mehr darin, daß er mit Institutionen wie dem »Heidelberger Kreis« wirklich nichts mehr im Sinn hat. Als die Drei sich verabschieden, sagt einer von ihnen noch: »Und dafür gibst du eine Karriere auf. Du hättest Staatsanwalt werden können, und was bist du jetzt? Türsteher im Cave!«

Es stimmt. Fritz ist jetzt Türsteher und Kartenverkäufer. Aber diese Tür führt ihn direkt ins Paradies, und die Karten sind der Eintritt in die lebendige Welt der Live-Musik. Ganz logisch hatte sich aus dem Filmclub um Heiner Braun eines Tages die Sehnsucht entwickelt, die Pariser Existenzialisten-Szene nun vollständig nachzuspielen, und da gehörte der Jazz unabdingbar dazu. Ein fertiger Anwalt, Dr. Klaus Preis, und ein Gerichtsreferendar namens Robert Brecht treiben gemeinsam mit Heiner Braun ein Darlehen von fünftausend Mark auf, um in der Krämergasse einen Keller zu mieten und ihn bescheiden zu möblieren.

Im Juli 1954 wird das »Cave 54« eröffnet, für die Jungen eine Sensation, für die Stadtväter ein Ärgernis. Es ist ziemlich klar, daß sich hier bald unter den Intellektuellen eine konspirative Zelle bilden wird, die den bürgerlichen Ordnungsprinzipien einer konservativen Universitätsstadt entgegenwirkt. Am Anfang ist es ein Club mit schwarzen Mitgliedsausweisen, die in Heidelberg als eine Art existenzialistischer Adelsbriefe gewertet werden. Gäste ohne Ausweis müssen zwei Mark entrichten, die man als Gastspende in tägliche Listen einträgt.

Die Krämergasse ist eine dunkle kleine Nebenstraße, die bei der Heiliggeistkirche von der Heidelberger Hauptstraße in Richtung Schloß abzweigt. Etwa in der Mitte der Gasse signalisiert eine schwarze Tür den Eingang ins »Cave«. Hinter der Pforte ein kleiner Vorraum, in dem auch die Garderobe untergebracht ist, mit einem schmalen Kasten, der Kasse. Dahinter rechts eine Wendeltreppe, die einmal nach unten in den Keller, zum anderen nach oben auf eine Ballustrade führt, an deren Ende sich ein winziges Vorstandszimmer befindet.

Unten tobt Nacht für Nacht eine kleine Jazzhölle, oben oft auch eine, allerdings von anderer Art. Da finden regelrechte Verhöre mit den armen Studenten statt, die sich um einen Mitgliedsausweis bewerben. Für würdig befunden oder nicht, ist hier die Frage, ein gnadenloses Auswahlverfahren. Für einige wenige wandert dann auch manchmal der Schlüssel für das Vorstandszimmer von Hand zu Hand. Da drinnen liegen drei schmale Matratzen, die sich als Sitzgelegenheit für intellektuelle Gespräche, aber auch liegend zur Aufnahme zwischenmenschlicher Beziehungen verwenden lassen.

Fritz bekommt einen schwarzen Ausweis, doch am Anfang ist er noch nicht im inneren Zirkel. Das ändert sich erst, als er dem Vorstand vorschlägt, die Einnahmen zu überwachen. Ihm ist nämlich aufgefallen, daß der Laden zwar jeden Abend bis an die Grenze der Kapazität voll ist, die wirtschaftliche Situation sich aber diametral entgegengesetzt entwickelt. Das »Cave« laviert an der Grenze der Pleite.

Kaum kümmert sich Fritz darum, steigen plötzlich die Einnahmen von vierzehnhundert auf bis zu sechstausend Mark im Monat. Dabei tut er nichts anderes, als brav aufzuschreiben, was in die Kasse kommt. Zum erstenmal arbeitet er, wie es ihm die Ittersbacher Hexe prophezeit hat, als Buchhalter und hat Erfolg damit. Als Heiner Braun ein Jahr nach der »Cave«-Eröffnung als freier Filmproduzent nach München geht, wird Fritz in den Vorstand gewählt.

Zu diesem Zeitpunkt hat er bereits radikal alle Brücken zur Vergangenheit abgebrochen. In einer Art Selbstreinigungsprozeß hat er sich von Walter Rau und der Familie losgesagt, macht keine Wochenendfahrten mehr nach Busenbach und Ettlingen, und das Wohnzimmer in der Bergheimerstraße ist ihm nun endgültig zu eng geworden. Er zieht in eine Studentenbude, verkauft seine Lehrbücher, auch den Abiturpreis und ebenso seine persönliche Habe.

Die Bannmeile, in der er sich nun bewegt, ist nicht viel größer als ein Quadratkilometer. Was zählt, ist das Bett, in dem er schläft, das »Cave« in der Krämergasse, Livio, der Italiener, und das Kino, in dem er die Nachmittagsstunden vor dem Abend verbringt. Das Ratzelsche Blut ist mal wieder in Bewegung geraten, beschleunigt seinen Kreislauf, und wenn ihn die Turbulenzen mal aus der Kurve tragen, wirft er sich Preludin ein, um die wachen Nächte ins Endlose zu verlängern.

Jam Sessions gab es im Cave praktisch jede Nacht. Wolfgang Lauth aus Ludwigshafen war unser fester Pianist; Bassisten, Schlagzeuger und Bläser fanden sich immer ein. Lauth ist mit seinem Quartett dann eine zeitlang in Deutschland recht erfolgreich gewesen, weil er als erster Barockformeln in den Jazz brachte – noch vor dem Modern Jazz Quartet oder Jacques Loussier. Der Kritiker Joachim Ernst Berendt hat ihn sehr gefördert: Er holte ihn sich zu einer Vortragstournee über »Jazz und Alte Musik«. Mit Lauth jazzte im »Cave« von Anfang an ein blutjunger, siebzehnjähriger Vibraphonist, ein gebürtiger Heidelberger namens Fritz Hartschuh, dessen Chorusse die Decke zum Einsturz bringen konnten, und der im Lauth-Quartett später Wolfgangs professioneller Partner wurde.

60

*Besonders bei den Musikern in den Rundfunk-Orchestern
sprach sich schnell herum, daß man im »Cave« nach des Tages
Plackerei den Jazzvogel fliegen lassen konnte. Der Weg von Stutt-
gart oder von Baden Baden war ihnen nie zu weit. Von der Erwin-
Lehn-Band im Südfunk kam regelmäßig ein vielversprechender
Pianist, mit dem ich mich angefreundet habe: Horst Jankowski.
Auch der Drummer Hermann Mutschler war häufig da. Vom Kurt-
Edelhagen-Orchester im Südwestfunk war der Altsaxophonist
Franz von Klenck Woche für Woche unser Stammgast. Er war
genialisch, musikbesessen, verbrannte sich in seinen kühlen Soli
und ist sehr früh gestorben.*

*Und es gab die amerikanische Seventh Army Band, die auf ihre
Art die Tradition des Glenn-Miller-Orchesters fortführte, indem
Soldaten, die Musiker waren, auch in Uniform spielen konnten.
Der Unterschied war nur: Das waren Bebopper, die für betulichen
Swing nicht mehr viel übrig hatten, die kotzten ihre Seele aus. Ein
paar von ihnen haben sich später einen festen Platz in der Jazz-
History gesichert, Trompeter Don Ellis zum Beispiel, Pianist Cedar
Walton oder der Schlagzeuger Lex Humphries. Stets dauerten
diese Sessions bis zum frühen Morgen, mit dem Erfolg, daß es
unablässig Anzeigen wegen nächtlicher Ruhestörung gab. Wir
haben auch immer wieder Versuche der Lärmdämmung unter-
nommen, indem wir Eierkartons an die Wände nagelten – aber
ohne großes Resultat.*

Das »Cave 54« nennt sich frech im Untertitel »Club zur Pflege
studentischer Geselligkeit«. Dabei ist klar, daß »Cave« für linkes
Ideengut und Underground-Feeling steht. An der Universität gibt
es bald zwei »Cave«-Lager bei Professoren und Studenten. Die
einen, die im Keller in der Krämergasse eine Brutstätte des Anarchismus sehen, und die anderen, die bloß dazugehören wollen. An
manchen Abenden wird mit Zwanzig-Mark-Scheinen am Eingang
gewunken, um Zutritt zu bekommen. Doch dort gestattet man sich
die Freiheit, abzuwinken, wenn einem die Nase gerade nicht gefällt.

Die Cavianer entwickeln neben dem Jazz noch eine andere
Form studentischer Geselligkeit, die manchen Leuten in der Stadt-
verwaltung absolut nicht gefällt. Man lädt Ex-Generäle in den
Keller ein, diskutiert mit Ex-Obersten über die Wiederbewaffnung,
beginnt dort mit der geistigen Aufarbeitung von Rassenverfolgung
und Konzentrationslagern, bietet prominenten Amerikanern
Gelegenheit, ihre Version der politischen Vorgänge vor 1945 zu
schildern. Fritz hilft organisieren, kümmert sich um die Musiker
und läßt sogar Briefpapier drucken. Auf dem Briefkopf setzt er

Fritz Rau am Baß, Musiker nach Mitternacht im Cave 54

unter das Signet »Sound Cave 54« stolz seinen Namen. Er ist zum
Macher geworden, und als er Dave Brubecks Platte »Jazz goes to
College« in die Hand bekommt, läßt ihn der Gedanke nicht los,
selbst ein Konzert zu veranstalten.

Seit er 1953 im Mannheimer »Rosengarten« Lionel Hampton
live erlebt hat – das Konzert hat ihn so begeistert, daß er in seiner
Raserei aus Versehen drei Stühle zu Bruch trat und von Ordnern
aus dem Saal entfernt wurde –, möchte er noch viel mehr Menschen mit Jazz konfrontieren, als es in einem kleinen Keller möglich ist, in den nur rund hundertfünfzig Leute passen. Zu dieser
Zeit lebt er von knapp dreihundert Mark im Monat, hat sein
Untermietszimmer, die spärliche Existentialistenkluft, die aus
zwei schwarzen Pullovern, drei Oberhemden, zwei Hosen, ein
wenig Unterwäsche und drei paar Strümpfen besteht. Und er hat
einen Plattenspieler. Auf dem liegt Tag für Tag die Brunswick-
Platte »Come Back To Sorrento« der Hans Koller Combo – mit
Hans Koller, Tenorsaxophon, Jutta Hipp am Piano, Shorty Roeder
am Baß, Rudi Sehring am Schlagzeug und Albert Mangelsdorff an
der Posaune.

*Diese Posaune hat mich um den Verstand gebracht. Ich hab'
mich in den Mann und sein Instrument verliebt, wie man sich
sonst nur in eine Frau verknallt. Der Gedanke, mit diesem Mann
ein Konzert zu machen, hat mich nicht mehr losgelassen.*

Fritz erkundigt sich, wo dieser Mann lebt. Er erfährt, daß Mangelsdorff dritter Posaunist im Orchester Willy Berking am Hessischen Rundfunk ist. Im »Cave« hatte sich inzwischen eine *Sound Cave Combo* entwickelt, und nun sieht Fritz sein Ziel darin, diese Combo auf eine große Bühne zu bringen, im zweiten Teil dann die *Frankfurt All Stars,* zu denen der Altsaxophonist Emil Mangelsdorff, der Tenorsaxophonist Joki Freund und eben Albert gehören. Er fragt bei der Heidelberger Stadthalle an, wieviel ein Konzert an Saalmiete kosten würde, kalkuliert, was er dazu noch braucht, und kommt auf den damals für ihn astronomischen Betrag von fünftausend Mark. Er erzählt jedem davon, und eines abends im Frühjahr 1955 kommt Willi Olef, ein Kinobesitzer ins »Cave«, den Fritz gleich als potentielles Opfer betrachtet.

Der hatte ein sympathisches Gesicht, und ich hab' den armen Mann den ganzen Abend belabert, bis wir beide im Vollrausch waren und er schließlich sagte: »Okay, Junge, du kriegst das Geld.« Ich hab' ihn gleich am nächsten Morgen besucht und einen Vertrag mit ihm gemacht, daß er, wenn er das Risiko eingeht, den gesamten Überschuß bekommen soll.«

Nun besorgt sich Fritz die Adresse von Albert Mangelsdorff und fährt per Anhalter nach Frankfurt.

Ich mußte den Mann ja erst mal sehen, ihn anfassen. Ich konnte mir eigentlich gar nicht vorstellen, daß er wirklich existiert. Ich hab' dann erfahren, daß er mit seiner Frau bei den Eltern wohnt, in einem Arbeiter-Reihenhaus in Praunheim. Als ich ankam, war nur seine Mutter da, und die sagte, ich solle mal ins Praunheimer Wäldchen gehen, da gehe der Albert mit seinem Hund spazieren. Ich war so nervös, diesen Giganten gleich wirklich und leibhaftig zu treffen, daß ich erstmal drei ältere Herren und sogar eine Frau angeredet habe, ob sie der Albert Mangelsdorff seien. Mein Seelenzustand war unbeschreiblich.
Plötzlich sehe ich einen langen, hageren Mann mit einem Zwergpudel. »Entschuldigen Sie«, hab' ich gestottert, »sind Sie der Albert Mangelsdorff?« Da hat er mich mit seinen klugen Augen angelächelt und ganz freundlich »ja« gesagt. Ich hab' bis zu diesem Augenblick immer noch nicht geglaubt, daß es diesen Menschen wirklich gibt. Und dann hab' ich ihm vom »Cave« erzählt und von der Combo und von meinem Traum-Konzert. Und er hat wieder nur »ja« gesagt: »Wenn Sie meinen, daß das geht, dann machen wir's so!«

Ein glücklicher Fritz Rau fährt nach Heidelberg zurück und entwickelt von nun an eine fieberhafte Tätigkeit. Die Strategie muß er selbst entwickeln. Es gibt niemanden, den er fragen kann, und niemand in seinem Umfeld glaubt an die Realisierbarkeit dieses Konzerts.

Ich hatte monatelang darüber nachgedacht, wie ich am klügsten vorgehe. Mir war klar, daß ich das Konzert nicht zu Beginn des Semesters machen konnte, da ich die ersten sechs Wochen zur Werbung brauchen würde. Mit Willi Olef hatte ich besprochen, daß wir sechs Mark für die Karten verlangen. In die Stadthalle gingen vierzehnhundert Leute. Ich ließ also Karten drucken und gab sie an die Vorverkaufsstellen. Dann ging ich zum ASTA, doch der weigerte sich, meine Karten abzunehmen. Ich hatte Plakate drucken lassen und überall aufgehängt, bei jedem Metzger, Bäkker, überall, wo ich jemanden dazu überreden konnte.
Nach einer Woche fragte ich die Vorverkaufsstellen ab. Nichts war passiert. Ich habe ihnen also einen Teil der Karten wieder abgenommen und sie in meine Jackentasche gesteckt. Dann ging ich nach langer Zeit wieder in die Uni, hab' mich dort in der Mensa festgesetzt, geredet wie ein Buch und etwa sechshundert Karten aus meiner Jackentasche verkauft. Manche haben mir das Geld dafür in die Hand gedrückt, nur um mich endlich loszuwerden. Ich hab' sie ja überall belämmert, auf der Straße, im Kino und natürlich abends im ›Cave‹.

Und das große Wunder geschieht. Eines Tages sind alle Karten verkauft. Fritz ruft Albert Mangelsdorff in Frankfurt an und erzählt ihm ganz stolz davon. Albert ist sprachlos. Bis zu diesem Augenblick hatte auch er Fritz nur für einen liebenswerten Spinner gehalten. Nun ist er baff. Allmählich spricht sich in Frankfurter Jazz-Kreisen herum, daß es in Heidelberg einen Verrückten gibt, der tausendvierhundert Leute mobil machen kann für ein Jazzkonzert. Solche Gerüchte sind auch zum Süddeutschen Rundfunk in Stuttgart gedrungen.

Wolfram Röhrig, der hoffnungsvolle neue Abteilungsleiter der Hörfunk-Unterhaltung, ruft nachts im ›Cave‹ an und möchte Fritz sprechen. Ob er das Konzert mitschneiden und dafür tausend Mark bezahlen dürfe, fragt er höflich. Fritz besäuft sich in dieser Nacht und ist davon überzeugt, daß er nun der berühmteste Mensch der Welt sei. Am Morgen des Konzerts, es ist der 2. Dezember 1955, leiht sich Fritz ein paar Schuhe von einem Freund. In seiner Aufregung fragt er nicht nach der Größe. Sie sind zwei Nummern zu klein.

Der Nachmittag war erst mal eine große Scheiße. Ich war zum Soundcheck pünktlich da, die Cave-Combo auch, aber die Frank-

furt All Stars *und Albert Mangelsdorff nicht. Das Konzert sollte um acht Uhr beginnen, um sieben waren die Frankfurter immer noch nicht da. Ich bin bald durchgedreht. Um halb acht schließlich kommt Albert an. Ich hab' ihn angebrüllt, getobt, geschrien, nach Luft geschnappt. Albert hat mich nur ganz sanft angeguckt und gesagt:* »*Was haste denn, wir sind doch da.*« *Später hat er mir gestanden, daß er noch nie in seinem Leben so einen Geschaftlhuber gesehen hätte.*

Pünktlich um acht geht das Saallicht in der Heidelberger Stadthalle aus und das Bühnenlicht an. Doch was die Leute zu sehen bekommen ist zunächst einmal eine komische Nummer. Fritz torkelt auf die Bühne. Seit Stunden läuft er mit blutenden Füßen in viel zu kleinen Schuhen herum. Die Schmerzen sind mittlerweile unerträglich. Aber zu all seinen anderen fixen Ideen muß er sich ja auch noch jene verwirklichen, die für ihn unabdingbar zu diesem Traum gehört: Er muß das Konzert ansagen. Als er vor dem Mikrofon steht, ist er total verwirrt. Es ist schon für den Altsaxophonisten eingerichtet, befindet sich also etwa in Bauchhöhe. Auf die Idee, es hochzustellen, kommt er einfach nicht. Also bückt er sich nach unten und sagt in dieser Stellung, krumm wie ein Fragezeichen, das Konzert an.

Ich hab' einen Käse erzählt, der unvorstellbar war, und in der zweiten Halbzeit wurde es sogar noch schlimmer. Da war ich bereits mit den Nerven so runter, daß ich grundsätzlich den Emil als Albert Mangelsdorff ansagte. Das Wort Emil kam mir einfach nicht über die Lippen. Den Joki Freund hab' ich ans Schlagzeug gesetzt, obwohl er Tenorsaxophon spielte. Es war höllisch.

Das Konzert wird ein Riesenerfolg. Die Leute im Saal toben, verlangen immer wieder Zugaben, sind total aus dem Häuschen. Aber Fritz ist verzweifelt.

Ich stand souverän unter allem, hatte überhaupt nicht mehr das Gefühl, ein Teil dieses Konzerts zu sein. Ich hatte den Überblick verloren und Albert und Emil, auch Horst Lippmann und Carlo Bohländer, die extra zu diesem Konzert gekommen waren, haben mich ständig beruhigt, festgehalten und gestreichelt. Ich war einfach völlig chaotisch und mit den Nerven am Ende.

In der Nacht nach dem Konzert ist das »Cave« total überfüllt – so sehr, daß weder die Stars des Abends noch der Fritz hineinkommen. Mangelsdorff und die anderen fahren noch in derselben Nacht nach Frankfurt zurück und ein total deprimierter Fritz kriecht mit letzter Kraft in sein Bett. Was für ihn von dem rauschenden Erfolg übrigbleibt, ist eine Niederlage. Sein Traum, einmal auf der Bühne zu stehen und eine brillante Ansage für seine geliebten Musiker zu machen, hat sich für ihn ins Gegenteil verkehrt. Er fühlt sich wieder am Rande der Lächerlichkeit. Was er in den nächsten Tagen in den Zeitungen liest, sind nicht die blendenden Kritiken über das Konzert. Er liest nur, daß da ein unmöglicher Ansager auf der Bühne stand.

In der Nacht nach diesem Konzert hätte er sich am liebsten umgebracht, dabei beginnt in dieser Nacht seine wirkliche Karriere.

8. Kapitel Horst Lippmann

*Horst Lippmann gehörte schon mit sehr jungen Jahren zu den
Jazzpionieren in Deutschland. 1927 in Eisenach geboren, wuchs
er von frühester Kindheit an in Frankfurt auf. Er ist der einzige
Sohn einer begüterten Familie, der das Hotel Continental gegenüber dem Frankfurter Hauptbahnhof gehört. 1941 hatte er zusammen mit dem Trompeter Carlo Bohländer und dem Klarinettisten
und Saxophonisten Emil Mangelsdorff den damals illegalen »Hot
Club Frankfurt« gegründet.*

*Sein Vater hatte in den dreißiger Jahren in Amerika gelebt und
von dort eine stattliche Sammlung von Jazzplatten mitgebracht,
die bei den Zusammenkünften des Clubs immer und immer wieder
gehört wurden. Während des Krieges war er in Gestapo-Haft, weil
er eine hektographierte Jazz-Zeitung mit den Swing-Sendezeiten
von BBC und Radio Stockholm herausgegeben hatte. Damals
stand auf das Hören von Feindsendern immerhin die Todesstrafe.*

*Es war ein regelrechter kultureller Untergrund, der sich da in
den geheimen Jazz-Zirkeln versammelte. Die Jazzer im Dritten
Reich waren merkwürdig unpolitisch. Sie hatten sich weder mit
der Nazi-Ideologie und »Mein Kampf« auseinandergesetzt, noch
wußten sie viel über die politischen Verfolgungen. Ihnen war
Hitler und das markige Gebaren der Hitlerjugend einfach zuwider.*

*Es gab solche Zirkel neben Frankfurt auch in anderen deut-
schen Großstädten wie zum Beispiel Leipzig und natürlich Berlin.
Man war nicht zackig, sondern lässig, man trug aus Protest lange
Haare. Von der offiziellen Staatsjugend wurden diese jungen
Leute »Stenze« genannt. Ich habe später irgendwo gelesen, das
komme von »He stands« und bedeute Eckensteher, aber vielfach
hießen sie auch »Swingheinis«.*

Man macht sich heute oft nicht klar, wie stark die Swingmusik in den dreißiger und vierziger Jahren bereits in Deutschland heimisch war. Bei der Olympiade 1936 in Berlin wurde fast ausschließlich nach Swing getanzt. Noch während des Krieges gab es zahlreiche Gastarbeiter-Bands mit belgischen oder holländischen Musikern, die bekannte Swingstücke spielten und ihnen einfach deutsche Titel gaben. Da hieß dann der »Tiger Rag« schlicht »Schwarzer Panther«. Auch im Frankfurter Hot Club wurde während des Krieges Live-Musik gemacht. In Lippmanns Restaurationsbetrieben gab es gelegentlich nächtliche Jam Sessions, und Horst saß am Schlagzeug.

Nach dem Krieg hat er dann mit verschiedenen Bands in Ami-Clubs weitergetrommelt und mit vielen damals namhaften Musikern zusammengespielt: Frank von Klenck (Altsaxophon), Paul Martin (Tenorsax), Carlo Bohländer (Trompete), Paul Kuhn (Klavier) und so fort. Er war ein ganz hervorragender Drummer aus der Baby-Dodds-Schule und gehörte dann bis 1958 zu den Frankfurter Two Beat Stompers, der musikalischsten Old Time Band, die es in Deutschland gab. Horst Lippmann ist für mich eine der ganz wenigen geglückten Kombinationen von Macher und Musiker.

Als ich ihn später kennenlernte, imponierte er mir auf Anhieb, denn er war ein ganz cooler Typ. Er war ein Bürgersohn, fuhr einen tollen Wagen und hatte drei Semester Volkswirtschaft studiert. Wir waren beide vom Jazz besessen, aber ich war ein nervöser Fanatiker und er war souverän. Es gab bei ihm keine Brüche. Er war aus der weltoffenen, liberalen Tradition seines Elternhauses und der Swing-Tradition der dreißiger Jahre ohne Probleme in die Nachkriegszeit hineingewachsen.

Er hatte nicht den Schock des Jahres 1945 erlebt, als uns die Augen geöffnet wurden, als wir kapierten: Man hat uns aufs Kreuz gelegt. Ganz im Gegenteil. Das Jahr 1945 brachte für ihn die Beendigung eines Zustands, unter dem er und seine Familie gelitten hatten. Für mich war der Jazz gewissermaßen eine Entnazifizierung an Körper und Seele, für ihn eine Selbstverständlichkeit, die jetzt bloß legalisiert wurde. Denn er war ja ein Stenz, ein Swingheini.

Er hatte schon während des Krieges aus dem Untergrund heraus Verbindungen zur französischen Jazz-Szene angeknüpft und war gleich nach dem Krieg nach Paris gefahren, was damals für Deutsche sehr schwierig war. Er wurde respektiert als einer der Deutschen, die sich gegen die Nazis gestellt hatten. Das führte noch vor der Währungsreform 1948 zu Horst Lippmanns erster Veranstalter-Tätigkeit. Charles Delaunay, Sohn des Impressionisten und zu dieser Zeit Präsident des Hot Club de France, rief ihn an und bat

um Vermittlung eines Jazzkonzerts mit dem amerikanischen Saxo-
phon-Star Coleman Hawkins und seiner Band an einen deutschen
Veranstalter. Zum erstenmal wollten US-Jazz-Musiker im gebeu-
telten Deutschland musizieren. Lippmann hörte sich bei den ein-
geführten Konzertagenturen um und bekam überall die gleiche
Antwort: Negermusik, Urwaldmusik, nicht interessiert! Da
beschloß er, das Konzert selbst zu veranstalten.

Die frühen fünfziger Jahre standen im Adenauer-Deutschland
im Zeichen der Restauration. Lippmann empfand in Frankfurt
ähnlich wie ich in Heidelberg und zahlreiche andere Linksliberale
in anderen Städten, daß die Jazzer, von der Musik ausgehend, zur
kleinen Gruppe derjenigen gehörten, die wirklich demokratisch
dachten. Es wurde in jener Zeit zwar viel von Demokratie geredet,
aber sie wurde zu wenig praktiziert. Viele Träger von Amt und
Würden trugen die zackige Haltung des deutschen Offiziers weiter, selbstverständlich unter ganz anderen politischen Vorzeichen.
Lippmann bezog diesen restaurativen Typen gegenüber wiederum
eine oppositionelle Position. Der offiziellen Kultur setzte er Kultur
aus einem neuen Untergrund entgegen.

Er förderte bildende Künstler, die heute hoch gepriesen werden,
damals aber am Hungertuch nagten, wie Bernard Schultze, Otto
Greis, Heinz Kreutz und Karl Otto Götz. Vernissagen. Jazz und
moderne Kunst. Lippmann spielte sorgsam ausgewählte Schall-
plattenmusik, Götz demonstrierte unter dem Musikeinfluß, wie
ein Bild entsteht. Lippmann schlug in Frankfurt die Brücke zum
Theater und veranstaltete Ballettabende mit Jazz. Schließlich war
er es, der den Anstoß zu einer Revolutionierung der Plakatkunst in
Deutschland gab. Bereits 1953/54 warb er für Jazzkonzerte mit
tachistischen Plakaten; der Tachismus war zu dieser Zeit als
Kunstrichtung noch nicht einmal offiziell anerkannt.

Nach seiner Überzeugung mußte die Musik, die im Konzert
erklingen sollte, optisch plakativ umgesetzt werden, um auch bei
den Kartenkäufern, denen die Namen auf dem Plakat nichts sag-
ten, das richtige Feeling zu erwecken. Er fand dafür zwei Grafiker
mit ausgeprägtem Musikgefühl, die einen eigenständigen Plakat-
stil entwickelten und heute beide als Professoren lehren: Hans
Michel und Günther Kieser. Kieser ist immer noch der Chef-
Grafiker von Lippmann + Rau. Jahrelang weigerten sich die konservativen, an die häßlichen Schriftplakate der klassischen Musik
gewöhnten Konzertagenturen, die abstrakten Kunst-Poster für
Lippmanns Jazzkonzerte auszuhängen. Auseinandersetzungen
dieser Art mit den alten Herren der etablierten Konzertdirektio-
nen zogen sich oft über Wochen hin. Aber Lippmann setzte sich
durch.

*Die deutschen Jazzmusiker befanden sich Anfang der fünfziger
Jahre in einer Außenseiter-Situation an der Grenze des Existenzminimums. Einige arbeiteten in Tanzorchestern, einige in Rund-
funkorchestern. Das war schon die finanziell abgesicherte Elite.
Aber die meisten muckten in Nachtlokalen wie der »Tabu«-Kette,
wie den »Bohème«-Betrieben. Einige Gruppen hatten eine Art
Stamm-Nachtclub, der sie immer wieder verpflichtete: das Johan-
nes-Rediske-Quintett die Berliner »Badewanne« oder das
Michael-Naura Quintett das Hamburger »Barett«. Das alles waren
Musikbars, in die saturierte Nachkriegsgewinnler mit ihren Tussis
gingen, Spesenritter oder Vertreter auf nächtlicher Brautschau.
Für die Musiker waren es Bergwerke, in denen sechs bis acht
Stunden pro Nacht malocht werden mußte – und zwar so lange,
wie zahlende Kundschaft da war. Aber in diesen Clubs wurde
kreativ gearbeitet. Da entstand ein neuer und origineller Jazz –
made in Germany.*

*Lippmann ging durch die Clubs, auch durch die Ami-Clubs. Er
kannte die Szene. Und er schaffte es wirklich, schon 1951 in
Frankfurt ein Jazzfest auf die Beine zu stellen, das dann ein Jahr
später in Zusammenarbeit mit dem Hessischen Rundfunk, dem
sich andere Sender anschlossen, zur Institution wurde: das Deutsche Jazz Festival. Da wurde nun wirklich der deutsche Jazz aus
den Nachtlokalen zum erstenmal überregional im Konzertsaal
präsentiert und die Mitschnitte im Rundfunk ausgestrahlt. Das
war eine gewaltige Anregung auch für die Musiker. Damit wurde
die deutsche Jazzszene eigentlich erst geschaffen.*

*Es gab zu dieser Zeit bereits um die dreißig Jazzclubs in West-
deutschland, die sich theoretisch und praktisch mit dieser Musik
beschäftigten. Sie veranstalteten Vortragsabende, Plattenabende,
auch schon mal ein Konzert. Und als Dachverband wurde 1953
anläßlich des Frankfurter Festivals die »Deutsche Jazz Föderation e. V.« gegründet.*

*Wenn ich heute daran zurückdenke, erinnern mich viele der
damaligen Streitereien und Eifersüchteleien an die internen Intri-
gen eines Kaninchenzüchterverbandes. Hier wie dort wurde um
Satzungsfragen, um Mitgliedsbeiträge gerungen, aber dahinter
ging es immer wesentlich um Einfluß und Eitelkeiten. Im Grunde
lief der Konflikt in der Föderation in späteren Jahren auf eine
Nord-Süd-Problematik hinaus. Frankfurt beanspruchte die Priori-
tät und wurde dabei von den meisten süddeutschen Clubs unterstützt. Der »Hot Club Dortmund« mit einem höchst eloquenten
Staatsanwalt namens Dr. Heuser als Sprecher versuchte den Aufstand des Nordens und bekam Rückendeckung vom einflußrei-
chen Jazzreferenten des NDR, Hans Gertberg.*

Lippmann erwies sich auch in diesen Auseinandersetzungen als cooler Typ. Er hat sich nie in die Rolle einer Galionsfigur gedrängt. Er war der Macher, der hinter den Kulissen die Geschicke bestimmte, deshalb blieb er ewig der Zweite Vorsitzende. Der erste Präsident – und ich fand es lustig, daß man den Namen Präsident gewählt hatte – kam aus Stuttgart und hieß Dieter Zimmerle. Er machte Jazzsendungen beim Süddeutschen Rundfunk, und ich verdanke ihm viel, da der SDR während meiner Schulzeit in Busenbach/Ettlingen mein Haussender war.

Zimmerle ist ein liebenswürdiger abendländischer Herr, aber zugleich auch ein typischer Schwabe. Er hat sein »Jazz-Podium«, das einzig beständige deutschsprachige Jazz-Periodikum, mehr als dreißig Jahre am Leben erhalten, aber er hat nie etwas Großes daraus gemacht. Mit der wissenschaftlichen Akribie, der weltmännischen Weitsicht, der sprachlichen Eleganz und dem Esprit der französischen Jazz-Magazine oder den journalistischen Meisterleistungen des auf Zeitungspapier gedruckten britischen »Melody Maker«, der sich nächst dem Jazz sehr bald allen Bereichen der populären Musik öffnete, konnte sich das »Podium« niemals vergleichen, wenn es auch immer wieder ohne Honorar aufschlußreiche Beiträge von renommierten Autoren abgedruckt hat.

Bei der Jahresversammlung der »Deutschen Jazz Föderation e. V.« Pfingsten 1956 wurde Dieter Zimmerle als Präsident von Olaf Hudtwalcker abgelöst. Damit kamen die Frankfurter endgültig ans Ruder. Joachim Ernst Berendt, Jazzreferent des Südwestfunks in Baden Baden, war der geistige Guru. Er hatte die Funktion des Pressereferenten inne und pflegte als solcher vor allem für sich selbst den publizistischen Markt. Lippmann blieb Zweiter Vorsitzender und hielt zusätzlich aufgrund seiner Erfahrungen noch die wichtige Position des Konzertreferenten. Unverändert war er der eigentliche Motor.

Nun also Olaf Hudtwalcker als Präsident. Wenn Zimmerle ein Provinz-Grandseigneur war, Lippmann Sproß einer städtischen Bürgerfamilie, dann erinnerte mich Hudtwalcker immer an die Buddenbrocks. Er war Kunsthändler, hochgebildet und Abkömmling einer vornehmen Hamburger Familie, nach der heute noch eine Straße benannt ist. Er hatte ein Beinleiden, zog den rechten Fuß etwas nach, trug einen Stock. Aber auch das unterstützte sein Image eines müden, blasierten europäischen Intellektuellen. Seine Stimme und seine Art, im Funk Jazz zu präsentieren, waren von jener gepflegten Monotonie getragen, die zum Abschalten verführt. Seine Sendung kam eh immer sehr spät in der Nacht.

Stellt euch Olaf Hudtwalcker als einen Tonio Buddenbrock vor, einen Mann, der selber nicht spielen kann, der auch nicht malen kann, der aber soviel Geschmack und Wissen entwickelt hat, daß er sehr wohl weiß, was gut ist, und der dadurch ja auch als Kunsthändler Erfolg hatte. Er wurde zur neuen Galionsfigur, aber Horst Lippmann war der Mann, der Türen aufriß, durch die noch keiner gegangen war.

Er hat zum Beispiel bei rund siebzig Sendungen der SWF-Fernsehreihe »Jazz – gehört und gesehen« ganz hervorragende Regie geführt, obgleich er das nie gelernt hatte. Er brachte Günther Kieser als Bühnenbildner mit ein, und dessen TV-Dekorationen wurden wegen ihrer Stiltreue allenthalben gelobt. Vielleicht kann man es so formulieren: Von Joachim Ernst Berendt habe ich gelernt, über Jazz zu reden. Von Carlo Bohländer, einem der wichtigsten Jazztheoretiker, habe ich gelernt, Jazz zu verstehen. Aber von Horst Lippmann habe ich gelernt, Jazz zu spüren, zu fühlen und damit von innen heraus zu begreifen.

Das erste Mal bin ich ihm Pfingsten 1955 beim Festival im Frankfurter Althoffbau begegnet. Wir waren von Heidelberg per Anhalter nach Frankfurt gekommen, aber das Konzert war ausverkauft. Drinnen spielte das Orchester Erwin Lehn und unser Freund Hermann Mutschler trommelte die Band vor sich her. Für den zweiten Teil war Caterina Valente mit dem Orchester Kurt Edelhagen vorgesehen. Ich wollte unbedingt rein, aber anstatt mich richtig reinzuschleichen, bin ich mit meinen zusammengesparten zehn Mark in der Hand einfach reinmarschiert. Prompt hat mich einer erwischt und rausgeworfen.

Ich sagte: »Ich bin extra von Heidelberg hergetrampt, laß mich doch irgendwo an der Seite stehen.« Und er sagte: »Tut mir leid, hier hat keiner mehr Platz.« Da hab' ich ihn angebrüllt: »Was bist du denn eigentlich für ein Arschloch, was hast du hier zu sagen?« – »Ich bin Horst Lippmann, der Veranstalter.« Und er schmiß mich tatsächlich raus. Da dachte ich: »Du Scheißkerl, wir treffen uns noch...«

9. Kapitel: Konzertreferat Inland

Die Melodie eines fahrenden Zuges ist Monotonie, die meisten Menschen schlafen davon ein. Doch an diesem Nachmittag im Frühjahr 1956 hält Fritz das gleichbleibende Rattern der Räder hellwach. Er ist auf dem Wege nach Frankfurt zu Horst Lippmann, er will ihm die *Sound Cave Combo* für das Jazz-Festival anbieten. Auf dem kleinen Klapptisch unter dem Zugfenster vor ihm notiert er sich in einem Schulheft seine Einfälle – mit einer ordentlichen Schrift, die die Argumente den Einfällen geometrisch zuordnet, übersichtlich und einleuchtend.

Ab und zu wirft er einen Blick nach draußen, registriert Blumen, Bäume und frisches Grün auf den Feldern. Er ist noch nicht sicher, wie er es schaffen wird, aber irgend etwas in seinem Dasein muß sich wieder einmal ändern. Das Leben in Heidelberg ist fast schon so geworden wie das Geräusch dieses Zuges: monoton. Schlafen, essen, Livio, Kino, Cave, reden, essen, schlafen.

Seit dem Erfolg seines ersten Konzertes in der Stadthalle Heidelberg sind inzwischen drei Monate vergangen. Danach gab es zuerst die Erschöpfung, doch dann hat sich langsam die Lust entwickelt, mehr davon in Bewegung zu setzen, mehr ins Konzertgeschehen eingreifen zu können, Herausforderungen anzunehmen. Die Reaktion von Horst Lippmann und den Musikern hatte ihm Mut gemacht.

Es ist später Nachmittag, als er sich an der Konstabler Wache in Frankfurt zur Stiftstraße durchfragt. Dort liegt das »Storyville«, ein neuer Jazzladen, den Horst Lippmann eröffnet hat. Als Fritz die Tür zu diesem Lokal öffnet, ist er zunächst erschlagen. Im Geist sieht er Bessie Smith vor sich, wie sie in den feinsten Plüsch-Bordellen der frühen zwanziger Jahre in New Orleans auftritt. Damals hat sie ihrem Publikum Blues-Delikatessen serviert, die späteren Generationen, die nur ihre Platten kennen, noch immer das Wasser im Munde zusammenlaufen lassen. Günther Kieser, der künstlerische Partner und Freund von Horst Lippmann, hat hier mit seiner Dekoration die Illusion perfekt gemacht.

Der Raum ist schwach beleuchtet, Horst sitzt an einem der Tische. Fritz setzt sich ihm gegenüber und redet eine Stunde auf ihn ein, entkräftet schon im Vorhinein alle Gegenargumente, die Horst haben könnte. Doch der hört diesem engagierten Verrückten gelassen zu, ohne ihn zu unterbrechen.

Ich hab' ihm die Sound Cave Combo *in den glühendsten Farben geschildert, ihm die Bedeutung der Musiker erklärt. Als ich einmal eine Atempause mache, sagt Horst:* »Was redest du eigentlich soviel, ich hab' die Musiker doch bei deinem Konzert gesehen. Die hab' ich sowieso schon auf dem Plan.« *Da saß ich nun mit meinem hochroten Kopf, war unglaublich ins Geschirr gelaufen, und der Lippmann, total souverän, hatte längst die Tür offen. So war das immer zwischen uns. Er war die Verkörperung dessen, was man gelassen nennt, hat so gesprochen, wie Lester Young Saxophon spielt, und ich hatte immer das volle Bebop-Tempo drauf.*

Als Fritz zurück in Heidelberg ist, wird ihm Nacht für Nacht klarer, daß hier eine Ära für ihn zu Ende geht – zumal man im »Cave« seinen Konzertaktivitäten sehr distanziert gegenübersteht.

Die Vorstandskollegen wollten auf keinen Fall, daß der Laden jetzt eine Veranstaltungsinstitution wird. Im Gegenteil. Unsere Jakobiner hatten das Gelübde der Armut abgelegt, und mit dem Jazz Geld zu erwirtschaften ging gegen das Gebot. Wir hatten massive Auseinandersetzungen darüber, aus denen ich nur sauber hervorging, weil bei dem Konzert in der Stadthalle der Kinobesitzer Willi Olef Geld verdient hatte und nicht ich. Denn der übrige Vorstand hatte sich ja auch strikt geweigert, daß das Wort »Cave« *im Zusammenhang mit dem Konzert auftaucht. Ich galt mehr und mehr als der Jazz-Dödel, der auf der falschen Spur tigert.*

Im Frühsommer 1956 klingelt nachts im »Cave« das Telefon. Horst Lippmann ist am Apparat und will Fritz sprechen: »Norman Granz kommt wieder mit ›Jazz at the Philharmonic (JATP)‹ nach Deutschland und braucht einen Hilfswilligen, eine Art Bandboy. Hast du Lust?« Fritz läßt fast den Hörer fallen. Er sagt sofort zu. Er weiß zwar, daß es nur ein kurzer Job von zehn Tagen ist, aber er vertraut darauf, daß mehr daraus werden kann, wenn er es nur richtig anstellt.

Die Tour geht durch alle großen deutschen Städte, und Fritz

macht alles, was der amerikanische Tourneeleiter Pete Cavello von ihm verlangt. Er trägt das Schlagzeug von Gene Krupa vom Hotel ins Taxi, vom Taxi auf die Bühne, baut es dort zusammen, nimmt es auseinander, wieder ins Taxi, Hotel, Flughafen, schleppt Bier, organisiert Essen, läßt sich herumkommandieren. Er flucht zwischendurch, aber er lernt, wie der große Mann aus Übersee, Norman Granz, sein Business macht. Er gewinnt dessen Hochachtung, die sich am Ende der Tour darin ausdrückt, daß ihm Norman Granz eine Taschenuhr schenkt. Danach ist Fritz zwar abgeschlafft, aber klüger geworden und Heidelberg nun endgültig zu klein.

Abermals erweist sich Horst Lippmann als *deus ex machina*. Er bietet Fritz an, das aufstrebende Tourneegeschäft mit amerikanischen Jazzmusikern von Frankfurt aus weiter zu betreiben. Erst später erzählt er ihm, daß Norman Granz dazu den letzten Anstoß gegeben hat. Nach der erfolgreichen »Jazz at the Philharmonic«-Tournee hatte er Horst bei der Verabschiedung gesagt: »Dieser Fritz ist zwar ein Spinner, er übertreibt auch manchmal, aber wenn du dir den für dein Business holst, wird er dir sicher sehr nützlich sein.«

Frankfurt lockt den mittlerweile Sechsundzwanzigjährigen schon, aber für die inhaltliche Definition seiner Tätigkeit hat er noch eine andere Idee. »Wenn du die renommierten Amerikaner in Deutschland auf die großen Bühnen bringst, die deutschen Musiker aus den Bars und Nachtclubs dagegen nur einmal im Jahr bei einem Jazz-Festival präsentierst, versäumst du hier eine wichtige Aufgabe«, argumentiert Fritz. Er hat auch gleich den passenden Vorschlag: Tourneen nun auch mit deutschen Bands und ein neu zu gründendes »Konzertreferat Inland« neben dem großen Konzertreferenten Lippmann in der »Deutschen Jazz Föderation e. V.«. Das wäre für Fritz der richtige Job. Die Idee zündet, sie wird umgehend realisiert.

Nun kann Fritz in Heidelberg seine Koffer packen. Die Nacht vor seiner endgültigen Abreise im »Cave« dauert lang und endet alkoholisch und emotional. Bei den letzten Schnäpsen gegen Morgen erinnert er sich an seine erste Reise nach Frankfurt, kurz nach dem Heidelberger Stadthallenfest. Da hatte ihn Albert Mangelsdorff eingeladen, ihm »seinen« Jazzkeller zu zeigen, von dem selbst die Götter des Jazz in New York, Paris und London voller Ehrfucht sprachen: das »Domicile du jazz« in Frankfurt.

Ich weiß noch genau, wie ich da ankam, beeindruckt von der Stadt, vorbei an den Schönen der Nacht. Kaiserstraße, Hauptwache, bis ich schließlich in der Kleinen Bockenheimerstraße vor

einer ganz normalen Tür stand. Kein Schild draußen, alles diskret,
Eingang nur für Wissende. Treppe runter und dann da so ein Typ,
eine berühmte Szenen-Figur, der Franz. Blauer Anzug, Krawatte:
»Zwei Mark«, sagt der zu mir, eiskalt. »Wieso«, frag' ich, »mich
hat der Albert Mangelsdorff eingeladen.« – »Geht mich doch
nichts an, was der Albert sagt, du zahlst zwei Mark.« – »Aber ich
bin doch der Fritz Rau aus dem ›Cave‹ in Heidelberg.« – »Sie
können doch sein und herkommen, von wo Sie wollen. Du zahlst
und bist drin, oder du zahlst nicht, dann biste draußen.«
Irgendwie hat mir der Typ imponiert, also hab' ich gezahlt. Das
war mein erster Eindruck. Im Keller herrschte die totale Jazzcool-
ness. Da hat sich keiner aufgeregt, über gar nichts. Ganz anders als
in Heidelberg.

Wenn im Cave zum Beispiel ein Prominenter reinkam, wie
Joachim Ernst Berendt vom Südwestfunk, dann war das »Cave«
wie verwandelt, da war dann Jesus erschienen. Auch als der
schwarze Schriftsteller James Baldwin oder der Dramatiker
Thornton Wilder mal eine Nacht dort verbrachten, war atemlose
Ehrfurcht im Raum. Aber in Frankfurt wurde keiner beachtet.
Später, als Mike Scheller den Franz an der Pforte abgelöst hatte,
wollten Frank Sinatra und Dean Martin rein: » You pay two
marks«, sagte Mike genauso stereotyp, bis die tatsächlich ihren
Obulus entrichteten. So lief das in Frankfurt. Die hielten sich für
den Mittelpunkt der Welt. Der ungarische Gitarrist Attila Zoller
hat später in New York noch jahrelang geglaubt, daß der moderne
Jazz in Frankfurt erfunden worden sei.

Fritz verließ bei seinem ersten Besuch das ›Domicile‹ nach zwei
Stunden. Richtig zuhause hat er sich in diesem Keller nie gefühlt.
Obwohl er sich später mit dem Franz anfreundet, auch mit Willi
Geipel hinter der Bar, der für Stammgäste seine »Grundmi-
schung« anbietet: einen zwei- bis dreistöckigen Wacholder mit
Sinalco oder Florida Orange. Aber warm wird ihm nie ums Herz,
wenn er sieht, wie die Insider sich verhalten. Wenn sich Albert
Mangelsdorff die Seele aus dem Hals bläst, hört kaum jemand zu.
Da sitzt eine gefrorene Gesellschaft im heißesten Jazzkeller
Deutschland und trägt cool eine blasierte Miene zur Schau.
Sekretär der »Deutschen Jazz Föderation e. V.« ist ein bärtiger
junger Existentialist, der Wolfgang Böhm heißt und ›Bart‹ Böhm
genannt wird. Mit ihm freundet sich Fritz an. Sie verstehen sich
spontan, und Wolfgang Böhm schleppt ihn mit zu Muttern nach
Offenbach. Dort findet Fritz ein Zuhause, wie er es liebt: mit
Wärme, Bratkartoffeln und wieder einmal nur einem winzigen
Raum für sich selbst. Darin nicht mehr als die notwendigsten

Dinge: eine Couch zum Schlafen, ein Schreibtisch, ein Stuhl, ein paar kleine Regale, in denen sich bald die Akten türmen. Zum erstenmal hat er allerdings ein eigenes Telefon. Der Untermieter verfügt damit über sein erstes Büro. Von hier aus kann er nun – zusammen mit dem Sohn des Hauses – als »Konzertreferent Inland« seine Aktivitäten gestalten. Mutter Böhm sieht den Wirbel in ihrem Haushalt mit Gelassenheit. Sie wäscht die Wäsche, kocht das Essen, und Frankfurt ist für sie weit weg.

Für Fritz sind die zehn Kilometer zwischen Offenbach und Frankfurt keine Entfernung. Er hat seine Nabelschnur, eine elektrische Straßenbahn, die über Sachsenhausen bis zur Frankfurter Hauptwache in rund einer halben Stunde die Verbindung zur großen Welt herstellt. So pendelt er buchstäblich zwischen Bratkartoffeln und Jazz-Business hin und her und entwickelt stürmische Aktivitäten für das Renommée der deutschen Jazzer.

Er nimmt Kontakte mit allen Jazzclubs in Deutschland auf, koordiniert Musiker und Bands untereinander und schaltet studentische Verbindungen ein, sofern sie liberal und weltoffen sind. Er schreibt Städtische Kulturämter an, verbündet sich auch mit einigen Konzertagenturen, die sich nun auch für Jazz interessieren und bringt richtige Tourneen zustande. Für seine Veranstaltungsreihe »History of Jazz« rekrutiert er fast alle wichtigen Frankfurter Musiker. Im ersten Konzertdrittel spielen die *Two Beat Stompers* klassischen Jazz, im zweiten Teil das *Emil Mangelsdorff Swingtett* Nummern von Artie Shaw und Benny Goodman, im dritten Teil dann die *Joki Freund Combo* modernen Jazz.

Dieses Programm wird ein großer Erfolg und trifft auf ein begeistertes Publikum – wobei die Musiker oft dieselben sind, aber mit unterschiedlichen Instrumenten agieren. So spielt Emil Mangelsdorff bei den *Two Beat Stompers* und seinem Swingtett Klarinette, in der *Joki-Freund-Combo* dagegen Altsaxophon. Joki Freund spielt bei den *Two Beat Stompers* Tuba, im Swingtett Klavier und in seiner eigenen Gruppe Tenorsaxophon. Ein lehrreicher Spaß für das Publikum und die Musiker gleichermaßen.

Aber Fritz macht auch Tourneen mit dem *Michael-Naura-Quintett* und der *Helmut-Brandt-Combo,* die damals einen ganz eigenwilligen und eigenständigen Jazz vorlegten. Aus Berlin werden die *Spree City Stompers* geholt, die bis dahin fast ausschließlich in ihrem Stammladen, der »Eierschale« am Breitenbachplatz zu hören waren. Um den Tourneen zu größtmöglichem Pulikumserfolg zu verhelfen, wurde eine eigene Tour-Logistik notwendig.

Nach dem Muster des Konzerts »History of Jazz« sollten Konzerte in Großstädten nach Möglichkeit von zwei Bands bestritten werden, die oft unabhängig voneinander durch die Lande zogen,

Der Konzertreferent Inland (2. v. l.)
mit Musikern der Helmut-Brandt-Combo

beispielsweise die *Spree City Stompers* als Vertreter des alten und
das *Michael Naura Quintett* als Repräsentanten des modernen
Jazz. Da konnte es vorkommen, daß eine Band ein Konzert in
Flensburg, die andere eins in Nürnberg hatte und beide sich am
nächsten Tag in Dortmund treffen mußten.

Es ist die Zeit der Jazzpioniere in Deutschland. Strategien müssen erfunden, Schwierigkeiten überwunden werden. Zum Transport der Musiker gab es zunächst nur einen VW-Bus mit drei
Stuhlreihen für den Fahrer, den Tourneeleiter, fünf Musiker, sämt-
liche Instrumente und alles Gepäck.

»Wir waren eine verschwitzte, reisende Zigeunertruppe«, erinnert sich Michael Naura, »die niemals wußte, welche Verhältnisse
sie am Konzertort antraf. Es war ein reines Wunder, daß wir es
jedesmal schafften, das schwere Vibraphon aus dem Bus die Treppen hoch auf die Bühne zu hieven, von den anderen Instrumenten
ganz zu schweigen – und dann noch physisch in der Lage waren,
ein Zweieinhalb- oder Dreieinhalb-Stunden-Konzert zu geben.

Wir fuhren und spielten eigentlich rund um die Uhr. Nach einem
Konzert in Hamburg packten wir einmal in fliegender Hast unsere
Instrumente ein, weil wir am nächsten Abend schon in Österreich
auftreten mußten. Irgendwo in der Höhe von Nürnberg hielten wir
völlig erschöpft an einer Autobahnraststätte und hauten uns für

zwei Stunden aufs Ohr. Dann ging's weiter nach Hofgastein, rauf auf den Autozug, der uns durch den Tauerntunnel brachte.

Der Konzertort hieß Spittal an der Drau. Fünfundzwanzig Kilometer vor dem Ort mußten wir nochmal tanken und wunderten uns, daß sogar der Tankwart schon Bescheid wußte, daß wir ein Jazzkonzert geben würden. Schließlich kamen wir im Tanzsaal der örtlichen Gaststätte an, bauten unsere Instrumente auf und trauten unseren Augen kaum, als das Publikum eingelassen wurde: Männer mit Krachledernen und Gamsbarthüten, die Mädels in der Sonntagstracht. Da können wir mit unserem modernen Jazz ja wohl gar nichts werden, hab' ich nur gedacht, die werden sicher bald mit Bierkrügen schmeißen. Ich hab' also kurzfristig umdisponiert und die Parole ›Swing‹ ausgegeben. Wir haben den Kopf eingezogen und gespielt, was das Zeug hielt. Keine Bierkrüge flogen. Im Gegenteil, die Leute haben getobt. Sowas Schönes hatten sie in Spittal an der Drau noch nicht gehört. Aber es hat uns mächtig geschlaucht.«

In Abstimmung mit Horst Lippmann bemüht sich Fritz bald auch um ausländische Künstler. Er macht Tourneen mit *Armand Gordons Ragtime Jazzband* aus Paris und dem legendären amerikanischen Klarinettisten Albert Nicholas, einem weißhaarigen distinguierten Grandseigneur mit Menjoubärtchen. Der weigert

Deutsches Jazzfestival Frankfurt:
Horst Lippmann und Olaf Hudtwalcker

sich allerdings, in den speckigen VW-Bus zu steigen und bevorzugt die deutsche Bundesbahn. Dadurch ist er immer der pünktlichste und sauberste Musikant am Spielort. Auch wird ihm als einzigem ein Einzelzimmer zugestanden. Die Musiker teilen sich zu zweit, dritt oder viert ein Hotelzimmer. Denn mehr als zehn Mark Übernachtungskosten pro Person sind nicht drin. Das ist schon das Höchste der Gefühle.

Oft ist Fritz als Tourneeleiter unterwegs und nimmt so hautnah am Rüttel-Schüttelleben der Musikanten *on the road* teil: eine psychische und physische Investition, die sich später bei der Organisation der ganz großen Konzerte mit internationalen Stars bezahlt machen wird. Er lernt die Bedürfnisse, Wünsche und das Innenleben von Musikern kennen. Der ganz normale Wahnsinn ist ihm von da an nicht mehr fremd. Und geradezu manisch wiederholt er sein Horror-Erlebnis: Er geht als Ansager auf die Bühne.

Ich hatte die Illusion, daß die nächste Ansage bestimmt besser wird, und außerdem gestand ich mir selber ein, daß die Bühne mich gepackt hatte. Sie kam mir immer noch als der einzige Ort vor, an den ich mich selber verwirklichen könnte. Dabei war es jedesmal wieder dasselbe. Ich war immer noch unmöglich gekleidet, in zu kurzen Hosen, einem Hemd von der Woche zuvor mit der Speisekarte der letzten Tage drauf, die Taschen ausgebeult mit Kleingeld vom Programmverkauf. So stolperte ich von irgendeiner Seite auf die Bühne, stieß ans Klavier, rannte bestimmt einen Musiker um und stammelte wirres Zeug ins Mikrophon. Ich hab' geschwitzt und die Leute lachten genauso wie beim ersten Mal in der Heidelberger Stadthalle. Wenn Woody Allen mich gekannt hätte, hätte er einen Gag aus meiner damaligen Erscheinungsform gemacht – bloß, er hätte ja gewollt, daß die Leute lachen. Ich wollte nur toll sein. Es war und blieb ein belämmertes Erlebnis.

Das Jahr 1956 neigt sich dem Ende zu, für Fritz alles in allem ein erfolgreiches Jahr – jedenfalls, was seine beruflichen Vorstellungen betrifft. Er hat eine Menge seiner Träume realisieren können, und sein Name wird unter Musikern mit Respekt gehandelt. Doch privat bleibt für dieses Jahr nicht viel unter dem Strich. In Frankfurt ist er nicht wirklich heimisch geworden. Das ›Domicile‹ ist nicht der Ort, wo er sich ausruhen kann. Immer öfter ist er in letzter Zeit nach Heidelberg ins »Cave« und in den Dunstkreis seiner alten Freunde geflohen, für die der Jazz noch eine sinnlich erlebte Reise in eine freiheitliche, Grenzen sprengende, in eine andere Dimension ist.

Am 24. Dezember steigt er wieder einmal in den Zug nach Heidelberg. Ihm graut vor diesem Heiligabend. Mit Weihnachtsbaum,

Geschenkeauspacken und Familienseligkeit will er nichts zu tun haben. Außerdem hat er gar keine Familie, und Freunde will er nicht sehen. Vom Bahnhof aus geht er sofort an den einzigen Ort, an dem er heute sein möchte. Er hat noch immer den Schlüssel zum »Cave«.

Er weiß, daß der Laden an diesem Abend geschlossen ist. Er macht alle Lichter an, nimmt aus dem Verschlag hinter der Theke drei Flaschen Rotwein, trinkt eine nach der anderen aus, bis er sternhagelvoll ist. Dann steht er torkelnd auf und holt sich alle Flaschen, die er greifen kann. Es sind an die vierzig. Eine nach der anderen schmeißt er bedächtig an die Wand.

Am nächsten Nachmittag findet ihn ein Freund, bewußtlos zwischen Rotweinflaschen und Glasscherben liegend, allein.

10. Kapitel: Hildegard

Fritz dreht die Dusche voll auf, reibt sich schon zum zweiten Mal mit der gutriechenden Seife ein, genießt, wie ihm der Schaum langsam die Beine hinunterläuft und plustrig am Abflußrohr verschwindet. Eine Mark nur kostet dieses Vergnügen im Stadtbad, und man kann dafür so lange bleiben wie man will. Das Ittersbach-Busenbach-Ettlingen-Heidelberg-Trauma, sich niemals ausgiebig waschen oder baden zu können, ertränkt er hier in verschwenderischen Wasserströmen.

Sogar einen Friseurbesuch wird er sich heute, am 31. Dezember 1956 noch leisten und auf gar keinen Fall zurück nach Frankfurt fahren. Obwohl ihn Horst Lippmann zu einer Silvesterparty in sein Haus eingeladen hat und auch Albert Mangelsdorff mit ihm feiern will. Aber Fritz hat noch immer seinen Weihnachtsabend-Blues. Und den bekämpft er heute lieber nicht in Frankfurt.

Willi Olef, der Kinobesitzer mit dem sympathischen Lächeln, hatte von Fritz' »kleinen Unfall« im Cave gehört und sich in den letzten Tagen um ihn gekümmert. Er und seine Freunde, ehemalige Internatsschüler und ihre Familien, haben sich am Abend eine Weingaststätte bei Wachenheim gemietet, einem kleinen, gemütlichen Ort an der pfälzischen Weinstraße. Fritz ist diese Gegend gerade recht – weit genug weg von den ausgeflippten Jazzern und nah genug, um sich ein wenig daheim zu fühlen. Willi hat ihm einen dunklen Anzug und frisch geputzte Schuhe geborgt, die sogar diesmal die richtige Größe haben. Er fühlt sich außerordentlich adrett, als er mit Willi abends ins Auto steigt, um nach Wachenheim zu fahren.

Der Kellner schenkt ihm gerade einen Schoppen ins Glas. Fritz greift danach, als er plötzlich mitten in der Bewegung erstarrt. Ihm ist, als hätte jemand Curare in seine Venen gespritzt. Er bekommt

82

Atemnot, Gliederlähmung. Gesprächsfetzen rücken in weite Ferne. Wie in Großaufnahme sieht er die Szene ohne Ton. Ihm gegenüber, ein paar Meter entfernt, steht eine schwarzhaarige Frau in der Tür. Ihre Augen strahlen. Als sie sich einem gutaussehenden jungen Mann zuwendet, registriert Fritz noch blitzend weiße Zähne. Mehr weiß er für den Moment nicht mehr. Als er wieder zu sich kommt, riecht er neben sich exotisches Parfüm. Er wagt nicht hinzusehen, aber er weiß, daß die Frau jetzt rechts neben ihm sitzt.

Ich hab' die Hände auf den Tisch gelegt und stur geradeaus geguckt. Auf keinen Fall zu ihr hin, wahrscheinlich hatte ich Angst, daß ich sonst einfach über sie hergefallen wäre oder sonst irgend etwas Unverzeihliches gemacht hätte. Ich war jedenfalls von ihrer Live-Schönheit total erschlagen.

Erst als das Essen kommt, findet Fritz seine Bewegungsfähigkeit wieder und schaufelt, ewig hungrig, in atemloser Schnelligkeit das gesamte Menue in sich hinein. Als er fertig ist, wagt er einen ersten Blick auf den Teller seiner Nachbarin und sieht darauf eine gebackene Banane. Sowas hat er noch nie gegessen. Im Moment ist die Gier nach der Banane so groß, daß er fast die Frau vergißt. »Entschuldigen Sie«, sagt er, ohne den Blick von der gebackenen Köstlichkeit zu nehmen, »können Sie mir ein Stück von Ihrer Banane geben?« Die Frau wendet sich ihm zum ersten Mal zu, sieht erstaunt auf ihren Nachbarn, der wie hypnotisiert auf ihren Teller glotzt und sagt schnippisch: »Nein, wie komm' ich denn dazu«, und greift zu ihrer Gabel. Das ist der Moment, da Fritz sich nicht mehr halten kann.

In einem richtigen Anfall von Wahnsinn, so wie es Bukowski immer beschreibt, hab' ich ihre Hand gepackt, mitsamt der Gabel, und hab' einfach in die verdammte Banane hineingestochen und sie mir direkt in den Mund geschoben. Die Frau hat mich zuerst ungläubig angeguckt. Aber anstatt mir eine zu schmieren, bekam sie einen Lachanfall.

Fritz läuft an diesem Abend zu Hochform auf. Der Blues ist wie weggeblasen. Als der Mann, den er zu Anfang an ihrer Seite gesehen hat, an den Tisch zurückkommt und sich als ihr Verlobter vorstellt, registriert er zwar: gutaussehend, jung, dynamisch, Weinbaron, der Traum jeder jungen Frau – aber er ist bereits so auf dem Trip, diese hinreißende Person zu bezaubern, daß ihn auch ein Götterbote nicht mehr davon abhalten kann. Er redet auf sie ein, ist Heinz Ehrhard und Rainer Maria Rilke in einer Person. Schließlich ist sie wirklich fasziniert. Als sie tanzen, ist ihm, als hätte er schon tausend Jahre nur mit ihr getanzt. Zwei Körper – magnetisch voneinander angezogen.

Um Mitternacht werden Krapfen gereicht. In einem ist ein vergoldeter Pfennig. Wer ihn findet, gewinnt eine Flasche Champagner. Fritz, der sein letztes Geld für den Friseur am Nachmittag ausgegeben hat, ruft Willi Olef über den Tisch zu: »Willi, schmeiß mir mal fünf Mark rüber!« Und als der Fünfer über den Tisch rollt, kauft er einen Krapfen und schenkt ihn seiner Angebeteten. Sie macht den Krapfen auf und findet den goldenen Pfennig. Prompt steht eine Flasche Magnum auf dem Tisch. Es ist wie im Kino.

Als der Sekt in die Gläser zischt, hebt Fritz sein Glas und sieht sein schönes, schwarzhaariges Gegenüber an. »Wie heißen Sie eigentlich«, fragt er. Die Frau lacht schon wieder: »Hildegard Fast, und Sie?« – »Fritz Rau«, sagt er und hofft, daß sie manchmal Zeitung liest. Doch ihr sagt der Name gar nichts. »Fräulein Fast«, erklärt er dann feierlich, »ich glaube, wir sagen jetzt du zueinander.« Er küßt sie und hält eine längere Ansprache:

»Dieser Abend ist ja sozusagen eine Wende. Ich bitte dich um Verständnis, aber ich möchte jetzt einfach nicht mehr, daß du noch mit einem anderen tanzt.«

Kurz darauf kommt ihr Verlobter an den Tisch und möchte mit ihr aufs Parkett. Hildegard sieht ihn kurz an und sagt dann den erstaunlichen Satz: »Ich kann dir nichts erklären, aber ich möchte jetzt nicht tanzen.« Etwas verwirrt zieht sich der junge Weinbaron an die Bar zurück, und Hildegard wendet sich Fritz zu. »Wollen wir tanzen?« fragt sie mit einem hinreißenden Lächeln und zieht ihn von seinem Sitz hoch. In diesem Moment erlebt Fritz, wenn auch etwas verspätet, doch noch Weihnachten.

Morgens um halb vier ist das Fest zu Ende. Als sich Fritz und Hildegard voneinander verabschieden, gibt sie ihm ihre Adresse. Auf dem Weg nach Heidelberg sitzt Fritz in Willi Olefs Auto wie in Trance. Er ist unsterblich verliebt. Hildegard entlobt sich auf dem Heimweg. »Ich rufe dich morgen an«, war das letzte, was Fritz ihr bei der Verabschiedung gesagt hatte. Er läßt drei Monate nichts mehr von sich hören.

Er hat zu Frauen ein zwiespältiges Verhältnis. Es ist von Neugier geprägt, von Faszination, aber auch Angst. Der Schock, daß die Mutter Marie zuerst als starke, aufrechte, den Mann dominierende Figur in Erscheinung trat, dann aber plötzlich, im sechzehnten Lebensjahr des Jungen, in seiner Vorstellung zur Betrügerin wurde, wirkt lange nach. In den wichtigen Pubertätsjahren wächst er in einem puritanischen Umfeld auf. Da war Erotik und Sexualität etwas, über das man nur tuschelt, auf keinen Fall öffentlich mit

Heranwachsenden diskutiert. Das einzige, was man ihm mitteilte, war: Onanie wird noch nach dreißig Jahren mit Rückenmarkschwund gerächt.

Als er dreißig ist, greift er sich oft an den Rücken. Liebe hatte von frühester Jugend nur etwas mit Heimlichtuerei zu tun. Im Hause Walter Rau hat er erlebt, daß der streng auf Anstandsregeln bedachte Mann sich in seinen eigenen Bedürfnissen durchaus nicht daran hielt. Fritz erlebte die Tränen der Ehefrau, wenn der Vater wieder mal mit Geschenken nach Hause kam, die es nur dann gab, wenn er sie außer Haus betrogen hatte. Aber dann gab's noch die Liebe im Kino, und mit der konnte sich Fritz immer am meisten identifizieren.

Ich hab' mich von frühester Jugend an in der Kunst geschult, mir Erfolgserlebnisse und für mich günstige Situationen sehr präzise in meinen Träumen vorzustellen. Ich habe mir meine Liebesbeziehungen eher erdacht als realisiert und mir Hautkontakte, Streicheln und auch Küsse vorgestellt. Ansonsten habe ich mich trotz aller Warnungen lieber in die Selbstbefriedigung geflüchtet, wenn auch mit außerordentlich schlechtem Gewissen.

Mit sechzehn verliebt er sich das erste Mal bewußt in ein Mädchen seiner Klasse. Rita ist Halbitalienerin, schwarzhaarig mit dunklen Augen und entspricht seinem idealen Frauenbild. Er schreibt ihr Gedichte und glotzt sie bewundernd an:

Ich war nie ein Weltmeister im Alles-richtig-machen. Später hab' ich nämlich festgestellt, daß die wahren Weltmeister nicht glotzen. Die blitzen nur kurz, und dann nehmen sie die Sache in die Hand. In unserer Klasse war so ein Weltmeister, Bobby Schneider. Er war intelligent, aber faul, und ich habe ihm Nachhilfeunterricht gegeben. Das war ein richtiger Traumjunge. Sein Vater hatte eine Papierfabrik, und er hatte schon damals ein Auto. Bei ihm zu Hause fanden alle unsere Partys statt. Wir beide haben die Rita geliebt, aber er hat sie erobert. Ich hab' eine ungeheure körperliche Sehnsucht nach ihr gehabt, aber ich akzeptierte auch, daß Bobby ihr Freund war. Im Gegenteil, ich hatte volles Verständnis dafür, denn sie wäre ja eine merkwürdige Frau gewesen, wenn sie jemanden wie mich geliebt hätte statt des tollen Bobby, der ja all das verkörperte, was ich gern sein wollte.

Sehr viel später erzählte ihm Rita, daß sie sich in Wirklichkeit zuerst für Fritz interessierte. Aber als der sich immer so merkwürdig benahm, war sie gar nicht auf die Idee gekommen, daß er sie wirklich liebte.

Ich hatte wieder original das Falsche gemacht, einen Kopfstand, wo ich sie lieber in Ruhe hätte angucken sollen, und sie in Ruhe angeguckt, wo ich eigentlich hätte auf sie zurennen müssen. Es ist wohl mein Schicksal bei Frauen, immer im richtigen Augenblick genau daneben zu sein.«

Mit zwanzig verliert Fritz seine Unschuld – in einem Puff in Barcelona. Kurz nach dem Abitur war er mit ein paar Freunden dorthin gefahren. Ein Fremder im Zug hatte ihnen die Adresse gegeben – und für die anderen war es ein Heidenspaß.

Ich hab' geschlottert, als wir da hineingingen. Für mich war es eigentlich eher ein Erlebnis auf dem Elektrischen Stuhl als im Bett der Lüste. Dabei war es ein Bordell, wie man es sich nur wünschen kann: altmodisch, mit einer freundlichen Puffmutter, die uns in einem rotplüschigen Boudoir all ihre Tanten vorgeführt hat, zum Aussuchen. Ich hab' mich natürlich für eine Schwarzhaarige ent-schieden, die der Rita ähnlich sah, eine Spanierin mit handlichen runden Formen. Das Mädchen hatte seine liebe Not mit mir. Ich war total passiv und eigentlich am Koitus nicht wirklich interes-siert. Dazu war ich einfach zu verängstigt. Umgerechnet fünf Mark hab' ich für diese Schwerarbeit bezahlt, aber die Befriedigung fand ich erst später, in meinem Hotelzimmer, allein.

Seitdem hat Fritz großen Respekt vor den Huren. Im Bahnhofs-viertel von Heidelberg gibt es ein paar davon. Mit einigen freundet er sich später an. Manchmal geht er zu ihnen, aber nicht als Freier, wenn die anderen Jungs im Cave tanzen, die Weiber abschleppen oder sich vollaufen lassen. Sie sind ehrliche Gesprächspartner für ihn, die ihn auch mal zum Essen einladen.

Ich halte den Beruf der Prostituierten für etwas Wichtiges, weil sie mir oft die Entscheidung abgenommen haben, festzustellen, ob eine Frau bereit wäre, mit mir ins Bett zu gehen. Diese Schönen der Nacht, die ihre Zeit mit solchen wie mir rumgebracht haben, waren ja klar erkennbar nicht an Spielchen interessiert. Da wurde ausgesprochen, was Sache ist.

Das Frühjahr 1957 ist voller Aktivitäten. Fritz flitzt von einem Konzertort zum anderen, und nur manchmal, wenn er etwas frü-her als gewöhnlich im Bett liegt, gestattet er sich den Gedanken an Hildegard. Eigentlich denkt er Tag und Nacht an sie. Aber es ist typisch für ihn, daß er zwischen sich und einer ernsthaften Verbin-dung erst einmal Abstandsräume schaffen muß.

Es ist ihm unmöglich, zum Telefonhörer zu greifen und in Neu-stadt an der Weinstraße anzurufen. Er weiß nicht, was er ihr sagen soll. Er ahnt ja längst, daß sie keine vorübergehende Affäre ist. Doch dann vermittelt er die *Two Beat Stompers* nach Kaiserslautern, und Kaiserslautern ist nicht weit entfernt von Neustadt. Auf dem Weg dorthin hält er kurz entschlossen an einem Telefonhäuschen und ruft sie an. Sie ist gleich am Apparat.

»Hallo«, sagt er, und sie äußerst reserviert: »Ja bitte...?« Er, recht einfallsreich: »Wie geht es dir?« Sie, noch kühler: »Was wollen Sie eigentlich?« »Na ja, ich bin gerade auf dem Weg nach Kaiserslautern, und da ist ein Jazz-Ball, und was hältst du denn davon, wenn ich dich gleich abhole?« Ein Moment Stille in der Leitung und dann: »Ich möchte Ihnen dringend raten, hier nie mehr anzurufen. Vor drei Monaten hab' ich darauf gewartet, aber jetzt sind Sie aus meinem Leben verschwunden!«

Hildegard knallt den Hörer auf, und Fritz denkt sich: Hoppla, jetzt wirds ernst! Er bittet den Fahrer des VW-Busses, mit der Band einen kleinen Umweg über Neustadt zu machen, steht eine Stunde später vor ihrer Haustür und klingelt. Die Mutter öffnet die Tür, und bevor Fritz etwas sagen kann, sagt sie: »Sie sind also der Herr Rau, nicht wahr?« Fritz nickt, die Mutter fährt fort: »Ich möchte Ihnen nicht empfehlen, nach meiner Tochter zu fragen. Es ist besser, wenn Sie jetzt gehen.« In diesem Moment erscheint Hildegard hinter ihrer Mutter, aufgeputzt zum Ausgehen, da sie eine Verabredung in Mannheim hat.

Fritz strahlt sie an. »Ist ja toll, daß du schon fertig bist«, sagt er naiv und greift nach ihrer Hand. Hildegard blitzt ihn wütend an: »Fertig schon, aber nicht für Sie!« Doch das hört er nicht mehr. Er packt sie beim Arm, zieht sie an der entsetzten Mutter vorbei, und ehe sie sich's versieht, sitzt sie eingepfercht zwischen Musikern und Instrumenten im Volkswagen. Es ist dieselbe Situation wie mit der Banane, und Hildegard ist sprachlos.

Während der Fahrt läßt er sie keinen klaren Gedanken mehr fassen. Er redet auf sie ein, bis sie auf dem Ball sind, und auch dort kommt sie nicht mehr zur Ruhe. Fritz tanzt ununterbrochen mit ihr, als gelte es, die Weltmeisterschaft zu gewinnen. Einmal, als sie sich erschöpft hinsetzen will, wirbelt er sie mit einem solchen Schwung um ihre eigene Achse, daß ihr hautenges Kleid hinten aufplatzt. Er hält es mit seiner rechten Hand zusammen und schiebt sie mit der linken aus dem Saal. Draußen ist ein Stand vom Roten Kreuz. Er bittet eine Sanitäterin, erste Hilfe zu leisten und seiner Freundin das Kleid am Körper wieder zuzunähen. Nun endlich löst sich Hildegards Spannung – wiedermal in einem Lachanfall.

Kurz vor zwölf will er seinen Sieg feiern und bestellt Sekt. Er prostet ihr zu und sagt: »Ist es nicht einmalig, daß wir uns wiedergetroffen haben!« Hildegard kommt kaum dazu, dies zu bestätigen, als er sagt: »Übrigens, ich hab' kein Geld dabei, kannst du mir zwanzig Mark leihen?« Bei Hildegard gehen alle Warnlichter an. Dieser Mensch ist in ihren Augen völlig wahnsinnig, hat kein Geld und bestellt großkotzig Sekt, während sie auch mit einem Glas Sprudel zufrieden gewesen wäre. Aber sie leiht ihm das Geld, und Fritz bringt sie bei Sonnenaufgang nach Hause.

Wieder zurück in Frankfurt, schreibt er ihr jeden Tag einen Brief. Und sie schreibt ihm zurück. Als er mit dem *Oscar Peterson Trio* auf Tournee ist und in Mannheim gastiert, lädt er sie dahin ein. Zum ersten Mal übernachtet er mit ihr im Hotel. Als er sie am nächsten Morgen zum Bahnhof bringt, hält er vor einem Juwelierladen an und fragt: »Hast du Geld dabei?« Sie antwortet: »Ja, warum?« – »Dann leih' mir hundert Mark«, sagt Fritz und verschwindet im Laden. Dort kauft er zwei Verlobungsringe. Sie kosten hundert Mark neunzig. Die neunzig Pfennig findet er noch in seiner Hosentasche.

Als Hildegard zuhause ankommt, sagt sie zu ihrer Mutter: »Es könnte sein, daß ich verlobt bin, Mama, aber so genau weiß ich das auch nicht.«

Am späten Nachmittag desselben Tages sagt der von ihm verehrte Piano-Virtuose Oscar Peterson zu Fritz: »You will not find another woman who fits so well to you as she does!« Und da Fritz Oscar Peterson ja nicht nur wegen dessen musikalischen Fähigkeiten bewundert, bedeutet ihm diese Aussage sehr viel. Kurz vor Ostern wird Hildegards Mutter mit einer Blinddarmreizung ins Krankenhaus gebracht, und Fritz ist über die Feiertage mit seiner Verlobten in der Wohnung allein. Sie verlassen kaum das Haus.

Zurück in Frankfurt, kreuzen sich täglich die Briefe, und beide beschließen, im Sommer zusammen Urlaub zu machen. Sie finden einen kleinen Ort in der Nähe von Heidelberg – die beiden lernen sich erst richtig kennen. Fritz nimmt sie nämlich jeden Abend mit ins »Cave«, und diese Welt verwirrt sie total. Bisher hatte sie Fritz nur in Frankfurt erlebt – bei Mutter Böhm, bei Horst Lippmann –, und da ging es in ihrem Sinne durchaus ordentlich zu.

Im »Cave« herrschen andere Spielregeln. Da wird die Braut vom Fritz nicht besonders ernst genommen. Die Verlobungsringe am Finger reizen zu spöttischen Bemerkungen. »Sie meinen wirklich, der heiratet Sie?« fragt da zum Beispiel einer der Jazzgesellen. Und als sie trotzig: »Na klar« erwidert, grinst er frech: »Wenn der Sie heiratet, freß ich einen Besen!« Das fordert Hildegard dermaßen heraus, daß sie sich zu einem außerordentlichen Spruch versteigt, der selbst Fritz wortlos macht: »Ich will Ihnen mal was sagen, der Fritz heiratet mich nicht nur, der geht auch wieder

Hochzeit mit
Hildegard

zurück zur Universität und wird sein Staatsexamen machen!«
Homerisches Gelächter antwortet ihr: »Das ist ja der Witz des
Jahrhunderts – der Fritz und ein Examen! Sie sind ja verrückt! Der
weiß doch ganz genau, warum er da ausgestiegen ist! Was bilden
Sie sich denn bloß ein!«
   Nach diesem Abend haben sie ihre erste Auseinandersetzung.
Beide sind fast soweit, die Verlobung zu lösen. Angst kommt von
beiden Seiten auf. Hildegard weiß nicht mehr, wer dieser Mann
eigentlich ist. Fritz spürt die Verantwortung, die er überhaupt noch
nicht übernehmen will, plötzlich als zu große Bürde.
   Hildegard fährt sehr nachdenklich nach Neustadt an der Weinstraße zurück. Fritz ruft drei Tage nicht bei ihr an. Er kaut noch an
den Nachwirkungen des Urlaubs. Als Hildegard am Morgen des
vierten Tages bei Mutter Böhm anruft, freut er sich im ersten
Moment: »Fritz, was sind deine nächsten Pläne? Wirst du zur
Universität zurückgehen?« Er drückt sich etwas lahm um eine
konkrete Antwort herum: »Na ja, also, mit dem Wintersemester

haut das nicht mehr hin. Ich könnte höchstens im Sommersemester einsteigen.«

Sehr sanft kommt es von der Gegenseite zurück: »Es wäre mir schon sehr lieb, wenn du dich bereits für das Wintersemester entscheiden könntest, weil es sonst nämlich schon schreit!«

»Was meinst du damit, daß es schreit?«

»Ich komme gerade vom Arzt, und der hat mir gesagt, daß unser Kind im März auf die Welt kommt.«

Fritz wirft den Hörer auf die Gabel und rennt zur Straßenbahn, fährt zum Bahnhof und nimmt den nächsten Zug nach Neustadt.

Auf einmal hatte ich überhaupt keine Angst mehr. Ich war nur noch der glücklichste Mensch auf der Welt. Ich hab' eine Woche nichts von mir hören lassen. Horst Lippmann war stinksauer, weil ich eine Tournee versäumt habe. Aber ich saß nur bei meiner Hildegard und hab' jeden Tag ihren Bauch befühlt, obwohl sich da noch gar nichts regte und habe ihr einen richtigen Heiratsantrag gemacht.

Am 28. August 1957 heiraten Fritz und Hildegard in Hardt bei Neustadt. Der Pfarrer des Ortes, der Hildegard schon getauft und später konfirmiert hat, spricht bewegende Worte, und Fritz spürt, daß hier etwas Einmaliges geschieht, das sogar einem Anarchisten die Tränen in die Augen treibt.

Ihre Hochzeitsnacht verbringen sie in dem kleinen Bad Bergzabern, nur vierunddreißig Kilometer von Neustadt an der Weinstraße entfernt. Es ist ein kühler Abend, und das Zimmermädchen hat einen kleinen Heizofen ins Zimmer gestellt. Es wird eine turbulente Nacht, irgendwann fliegt die Daunendecke vom Bett, die Glühdrähte des Elektro-Ofens brennen sich durch den Bettbezug, und die Federn darunter explodieren mit lautem Krachen.

Der Besitzer des Hotels erzählt die Geschichte später immer wieder seinen Gästen, daß er in seinem Haus einmal ein Hochzeitspaar zu Gast hatte, in deren erster Nacht es so wild zuging, daß das Bett explodiert sei.

11. Kapitel: Norman Granz

Er hat die buschigen Augenbrauen hochgezwirbelt, wenn er auf die Bühne geht. Langsam, sehr bestimmt geht er ans Mikrophon, eine Körpersprache der Arroganz, aber auch der Autorität. Seine Ansage ist minimal, ist um so kürzer, je bedeutender der Künstler in seinen Augen ist – doch sie hat etwas Gigantisches.

»Ladies and gentlemen, one of the great swing drummers of all times, the leader of a big band of his own. On drums: Mr. Louie Bellson.«

Der Schlagzeuger kommt raus, Applaus.

»On bass we have a man who used to work in the famous quintet of the greatest beboppers of all, Charlie Parker and Dizzy Gillespie. On bass: Mr. Ray Brown.«

Schlaksig kommt der Bassist raus, er wirkt immer ein bißchen verlegen. Applaus.

»Our piano player needs no introduction. He is the best next to Art Tatum. On Piano: Oscar Peterson.«

Der Klavierspieler kommt raus, großmächtig in der Statur, swingend von Kopf bis Fuß, setzt sich an den sorgsam gestimmten Flügel. Applaus.

»And here she is: Ella!«

Der Ansager ist eine der ganz großen Figuren der internationalen Jazz-Szene und des Jazz-Business: ein Tournee-Impresario rund um den Globus, ein Plattenproduzent mit dem Mut zum Risiko und zugleich dem sicheren Gespür für Wirkung. Während des Krieges war er Drehbuchautor in Hollywood mit einem Vertrag bei einer der großen Filmfirmen. Weil er daneben Mitglied der amerikanischen Kommunistischen Partei war, wurde er im Rahmen Senator Eugene McCarthys Säuberungswelle gefeuert. Der innenpolitisch durch McCarthy symbolisierte Beginn des Kalten

Fritz Rau (4. v. l.) auf Tournee mit Musikern der Duke Ellington Band

*Krieges fiel mit einer sehr heißen Periode der Jazzentwicklung
zusammen. Der Bebop hatte alle überkommenen Grenzen
gesprengt. Jede Nacht fanden nach den regulären Tanzjobs der
Musiker irgendwo spontane Jam Sessions statt.*

*Granz hatte das Genie, diese Sessions mit geliehenem Geld auf
die große Konzertbühne zu bringen. Die Improvisatoren, die er
zusammenführte, schienen oftmals auf den ersten Blick überhaupt
nicht zueinander zu passen, doch ihre musikalisch ausgetragenen
Schlachten, ihre kumpelhaft-kameradschaftlichen Jagden, bei
denen doch jeder für sich als erster durchs Ziel gehen wollte,
zeigten Wirkung und machten Kasse. Das erste Konzert dieser Art
fand im Philharmonic Auditorium in Los Angeles statt, also
nannte Norman Granz seinen späteren Tournee-Zirkus Jazz at the
Philharmonic.*

*Mein erstes JATP-Konzert erlebte ich 1955 im Frankfurter Alt-
hoffbau, dem akustisch so fabelhaften Holz-Rundbau mit tausendvierhundert Plätzen im Zoo, wo Lippmann damals die meisten Jazzkonzerte veranstaltete. Gene Krupa war am Schlagzeug,
Dizzy Gillespie und Roy Eldrige an den Trompeten, Flip Phillips
und Illinois Jacquet spielten Tenorsax, der kühle Bill Harris
Posaune – das war schon ganz allerliebst. Vor allem hatte Granz in
einer Bar in Toronto einen blutjungen Pianisten entdeckt, der sich
dort das Geld für sein Klassik-Studium verdiente, und hatte ihn in
einem Konzert von Charlie Parker in der New Yorker Carnegie*

92

Hall als Überraschungsgast vorgestellt. Seitdem war er als Klavier-
wunder etabliert und spielte nun mit JATP: Oscar Peterson.
Nicht alle diese Konzerte gelangen. Zuviel hing von der Tages-
form der Musiker ab. Aber die guten Konzerte waren gleich unbeschreiblich gut. Granz hatte das Gespür für die richtige Mischung
von Talenten und Temperamenten. Er war wie ein Koch, der die
richtigen Ingredienzien zusammenbringt und danach auf die Entfaltung deren eigener Kraft vertraut. Er war einer der ersten, die
kein Instrument spielen, nicht Komponist oder Arrangeur sind
und gleichwohl als Produzent kompositorisch arbeiten.
Ganz sicher wäre Norman Granz – wie alle Managertypen seiner Art, mich eingeschlossen – am liebsten Musiker geworden. Auf
einem alten Photo im Jazzmagazin »Down Beat« habe ich ihn bei
diesem von ihm nie zugegebenen Traum ertappt: Da steht er neben
der ganzen Jazz at the Philharmonic-Truppe auf irgendeinem Flughafen und hält sich die Trompete von Dizzy Gillespie an den
Mund. Bestimmt ist der Kulturbeitrag von Granz nur der Tatsache
zu verdanken, daß er nie gelernt hat, richtig Trompete zu spielen.
Zum erstenmal kam er 1950 nach Frankfurt, erkundigte sich

Der Jazz-
Impresario
Norman Granz

beim AFN nach Leuten, die in Deutschland Jazzkonzerte veranstalten und stieß zwangsläufig auf Horst Lippmann. Damals brauchte man noch eine Militärgenehmigung für jedes Konzert, aber das war für Horst nur noch eine Formsache.

Sein ganzes Berufsleben lang verfügte er über eigene Labels (Norgran, Clef, Verve, Pablo), für die er selbst Meilensteine in der Geschichte der populären Musik produzierte, beispielsweise das Hauptwerk des genialen Pianisten Art Tatum auf vielen Platten – oder die berühmten Songbook-Serien, in denen Ella Fitzgerald die Evergreens von George Gershwin, Irving Berlin, Cole Porter, Harold Arlen und Duke Ellington singt. Jedenfalls hielt er Lippmann damals in Frankfurt seinen letzten Hauptkatalog unter die Nase, und Horst, der ja für den Hessischen Rundfunk Sendungen gestaltete, sagte: »Für diese Platten hätte ich so ziemlich alles für ihn gemacht.«

Norman Granz ist ein schwieriger Mann. Er ist hochsensibel und leicht verletzlich. Er ist insbesondere von Musikern, an denen er sehr hing, zutiefst verletzt worden. Duke Ellington zum Beispiel hat er geradezu abgöttisch gedient, hat Platten mit der Ellington-Band gemacht, als es ihr ökonomisch schlecht ging, und Europatourneen, bei denen Geld zugesetzt wurde. Und Ellington drehte ihm den Rücken, als für ihn wieder eine Konjunktur kam und bei anderen Producern mehr zu holen war. Duke Ellington ist zu groß, um das angekreidet zu bekommen, aber ich weiß, daß es Norman empfindlich getroffen hat. Er hat sein arrogantes Auftreten oftmals als Schutzwall gebraucht.

Immer wieder gab es zwischen den beiden Konflikte. Für die erste JATP-Tour hatte Günther Kieser ein abstraktes Plakat entworfen, das sehr gut war. Granz bestand als Plakatmotiv auf dem Trompeter, den er auf seinen Plattenetiketten hatte, aber Horst meinte: Die Trompete ist in diesem Konzert ja viel weniger beherrschend als das Tenorsaxophon. Also machte Kieser noch ein realistisches Plakat mit einem Tenor, das dem Saxophonisten schräg raushängt. Granz ist beinahe verrückt geworden.

Nun hingen die Plakate, das abstrakte nur in US-Garnisonen und Amiclubs, da telegraphierte Granz: Posaunist Bill Harris kommt nicht; Buddy Rich mit Max Roach überkleben. Das Konzert war seit mehr als einer Woche ausverkauft, Überkleber also sinnlos. Granz veranstaltete einen Riesenkrach, aber Lippmann entgegnete cool: »Daß Bill Harris nicht kommt, ist dein, nicht mein Problem. Ein neues Plakat zu drucken ist schon rein technisch gar nicht mehr möglich gewesen.« Die Auseinandersetzung dauerte Stunden.

*Sie setzte sich beim Soundcheck im Althoffbau fort. Lippmann
hatte volle Bühnenbeleuchtung bestellt, weil er der Meinung war:
diese großen Jazzstars wie Lester Young, Ella Fitzgerald oder
Oscar Peterson sind zum erstenmal in Deutschland; also sollten
die Leute sie auch sehen. Granz bekam einen Tobsuchtsanfall und
verlangte einen einzigen gelben Spot auf den Musiker, der gerade
dran ist. Sogar der rote Vorhang im Bühnenhintergrund mußte mit
einem schwarzen ausgetauscht werden. Als die Leute reinkamen
war der ganze Saal duster. Ein artistischer Techniker war immer
noch damit beschäftigt, den mühsam beschafften gelben Spot
einen Mast hochzubimsen. Es blieb duster, aber das Publikum
tobte, daß Lippmann Angst hatte, der Althoffbau breche zusammen. Auf der Bühne wendete sich Gitarrist Barney Kessel zum
Bassisten Ray Brown um und strahlte:* »It's an atmosphere like in
Detroit.«*

Nach dem Konzert strahlten alle. Es war ein überwältigender
Erfolg. Nur Norman Granz machte eine saure Miene. Er war
merkwürdigerweise immer sauer, wenn eine Veranstaltung pro-
blemlos ablief. War die Show ausverkauft und rollte, suchte er
Korinthen, um sie madig zu machen. Wenn's aber eine Pleite war
und kaum Leute kamen, ging er an die Bar, bestellte sich Schnaps
und war ganz relaxed. Nicht so also nach seinem ersten Konzert
auf deutschem Boden im Frankfurter Althoffbau. Er ging zu Lippmann und knurrte:* »Ich flieg' morgen weiter, bring mir die Gage
von dreitausend Dollar bis morgen früh sechs Uhr ins Hotel.«*
Lippmann antwortete:* »So früh kannst du nicht fliegen, denn für
die Ausfuhrgenehmigung der Devisen mußt du noch mit mir zum
Finanzamt.«*

Der Dollarkurs war zu dieser Zeit vier Mark zwanzig und dreitausend Dollar wahnsinnig viel Geld. Wo sollte Horst Lippmann
die zwischen Mitternacht und Morgengrauen auftreiben? Er fuhr
nach Höchst zum AFN, trommelte seine amerikanischen Freunde
zusammen, die all ihr Bargeld zusammenkratzten. Der Rest wurde
im sündigen Bahnhofsviertel in der Moselstraße gekauft. Pünktlich um sechs war Horst mit dem in Zeitungspapier eingewickel-
ten Geld in der Lobby des Hotels* »Frankfurter Hof«. *Fünf nach
sechs kam Mr. Granz majestätisch die Treppe herunter und sagte:*
»It's six o'clock, where are the dollars?«* Lippmann legte das Paket
auf den Tisch und grinste:* »Here they are.«* Es waren fast alles Ein-
Dollar-Noten, und Granz weigerte sich sehr verblüfft, sie zu zäh-
len:* »No, no, I trust you.«*

Dann also die Verhandlung beim Finanzamt, daß Norman die
ganze Summe ausführen durfte. Horst verhandelte nicht weniger
als zwei Stunden mit den Beamten. Das war damals womöglich*

noch mühsamer als heute, jedenfalls ein riesiger Kraftakt. Norman spricht kein Deutsch, wohl aber Jiddisch und bekam ziemlich viel mit. Jedenfalls hat er mitgekriegt, daß der Horst erstens das Wunder vollbrachte, innerhalb von sechs Stunden, als keine Bank offen hatte, dreitausend Dollar zu organisieren und deren Export auch noch bei der Behörde durchzusetzen. Seitdem hatte Horst Lippmann bei Norman Granz einen Riesenstein im Brett.

Wenn Norman jemanden nicht leiden konnte, hat er ihn ziemlich rüde behandelt. Wen er aber einmal schätzte, der konnte sich viel herausnehmen, der hatte bei ihm einen enormen Kredit. Er ist deshalb in London, Paris, Kopenhagen, Stockholm immer wieder zu den gleichen Veranstaltern gegangen, und für Deutschland war es von Stund' an Horst Lippmann oder später Lippmann + Rau.

Es gab zeitweise unter den europäischen Konzertagenturen tatsächlich so etwas wie eine große Norman-Granz-Familie, die aber nie frei von Familienspannungen war. Die meisten Spannungen produzierte er selbst, aus guten oder aus schlechten Gründen. So ging ihm der Ruf voraus, daß er jedes Konzert abbreche, wenn er merkte, daß Schwarze und Weiße nicht gleich behandelt wurden. Das galt vor allem für die amerikanischen Südstaaten.

Doch auch mit seinen Musikern hatte er seine Probleme. Ein Konzert im Westberliner Sportpalast 1955 ist beispielhaft. Dizzy Gillespie war der Star-Trompeter. Granz sprach aber gerade nicht mit ihm, weil sich die beiden über die Höhe der Gage in den Haaren hatten. Also sagt Norman zu Horst: »Du bist doch mit Dizzy gut befreundet. Sag ihm, er soll die Faxen auf der Bühne lassen, er macht mir ja das ganze Konzert kaputt.« Horst: »Ja, wie soll er sich denn benehmen?« Norman: »Er soll's machen wie Bill Harris.« Posaunist Harris war der Gipfel an Akkuratesse: Zweireiher, Krawatte, und wenn er mit dem Solo fertig war, stützte er sich auf die Posaune und stand da wie der steinerne Roland auf dem Bremer Marktplatz und wippte nicht mal mit dem Fuß.

Dizzy Gillespie kriegte Normans Befehl hinter dem Bühnenvorhang ins Ohr geflüstert und benahm sich entsprechend. Er stellte sich neben Bill Harris und versuchte, sich auf seine Trompete zu stützen – die allerdings nur halb so hoch wie eine Posaune ist. Er ging in die Kniebeuge wie einer, der Yoga macht und verzog keine Miene. Es war für mich die komischste Nummer, die dieser grandiose Jazz-Clown jemals abgeliefert hatte.

Granz ist ein großer Mann. Er hat sich als Kalifornier auf Europa eingelassen, besitzt oder besaß Wohnungen in London und Genf, war einer der letzten Freunde von Pablo Picasso vor dessen Tod und verfügt über eine der größten Privatsammlungen von Picasso-Originalen. Seine noch heute aktive Plattenmarke hat er »Pablo

Records« genannt, was gewiß eine Reverenz für den Maler ist. Aber im täglichen Leben konnte dieser Mann nie »Danke schön« sagen. Er hat dem Horst damals erzählt, wie begeistert er von meiner Arbeit war, war aber einfach nicht fähig, Anerkennung direkt zu äußern.

Wir waren mit der Benny-Goodman-Band auf Europatournee, und er hatte zu Goodman kein gutes Verhältnis. Die Musiker mutmaßten, das käme daher, daß die Familie von Norman Granz aus Rußland kam und Benny Goodman polnische Vorfahren hat. Der geizige Orchesterchef hatte sich auf dieser Tournee den Bandboy gespart. Ich war der Tourneeleiter, gleichzeitg das Mädchen für alles. Ich mußte Benny Goodman die Koffer packen und alle Handreichungen übernehmen, die normalerweise der Bandboy macht. Und da ich Goodman verehre, hab' ich's sogar gern getan. Aber Norman Granz hat das gestunken, und er hat mich angebrüllt.

Als wir zum Schluß von Genf nach Frankfurt flogen, um mit Horst Lippmann die Tourneeabrechnung zu machen, ist er vorn in die Erste Klasse eingestiegen, und ich saß hinten in der Economy. Dann krakeelte er durch das ganze Flugzeug: »Fritz, come here!« Ich bin nicht nach vorn gegangen. Ich war stinksauer und hab' mir vorgenommen, nie mehr für diesen unmöglichen Menschen zu arbeiten. Er war ein Super-Choleriker. Das Schlimme war, daß ich einerseits darunter gelitten und ihn doch andererseits bewundert hab'. Denn er hat auch in seinen cholerischen Anfällen noch logisch argumentiert. Das erste Konzert, das ich mit ihm machte, war Jazz at the Philharmonic in Mannheim. Es war zehn nach acht, und ich sagte zu ihm: »The concert should start now, the people are ready.« Und er entgegnete: »The concert starts, when WE are ready.« Manchmal hat er die verkehrteste Sache so logisch begründet, daß ich unfähig war, ihm zu widersprechen, obwohl ich wußte, daß er im Unrecht war.

Für ein Konzert im Berliner Sportpalast hatte ich ihm wie immer die Teilnehmerkarte in sein Fach im Hotel Kempinski gelegt – aber Norman hatte sie vergessen. Die Männer am Einlaß des Sportpalasts waren als besonders sture Berliner verschrien, also dachte ich mir: Es kann nicht schaden, wenn du vorne bist, wenn Norman kommt. Er rauscht rein, die Augenbrauen wieder aufrecht nach oben, und will durchgehen. Aber da kommt er an den Verkehrten: »Männeken, Sie laufen hier nicht durch. Wo ist Ihre Karte?« Ich hatte einen winzigen Moment nicht aufgepaßt, und Norman Granz mußte sich für sein eigenes Konzert eine Karte kaufen. Das war unglaublich. Sein Tour-Manager Pete Cavello und ich wurden auf der Stelle gefeuert (und ein paar Minuten später wieder einge-

*stellt), weil wir nicht in der Lage waren, ihm auch ohne Ticket
einen adäquaten Eintritt und Auftritt zu ermöglichen.*

*Ich habe viele Jahre mit ihm zusammengearbeitet, zuerst als sein
Angestellter, später als Partner. Zeitweise ging das bis an die
Grenze meiner Leistungsfähigkeit, denn er fragte nie nach den
Bedürfnissen der Menschen, die er bezahlte. Er riß mich regelmäßig morgens um drei oder vier Uhr von Los Angeles aus telefonisch
aus dem Schlaf, um irgendwelche Orders durchzugeben, die er
nach Möglichkeit bis zehn Uhr vormittags erledigt haben wollte.
Ich hab's auch immer versucht. Aber je mehr Lippmann + Rau mit
eigenen Ideen wie dem* American Folk Blues Festival, *dem*
Gospel-Festival *oder dem* Flamenco-Festival *aufwarteten, desto
merkwürdiger reagierte er. Das Verhältnis kühlte ab.*

*Er hat mir nicht vergeben, daß ich nicht sein Schüler blieb, und
daß er nicht bei allem, was wir taten, automatisch beteiligt war. So
verdienstvoll er sich um den Jazz gekümmert hat, so unrühmlich
hat er in den späten sechziger Jahren in die Rockmusik einsteigen
wollen, indem er Frank Zappa und die* Mothers of Invention *nach
Deutschland brachte. Aber er konnte mit dieser Musik nichts
anfangen. Er hat nicht ein einziges der Konzerte besucht. Wirtschaftlich verdanke ich ihm viel, denn ich hätte ohne ihn meine
Referendarzeit mit Frau und zwei Kindern kaum durchgestanden.
Er hat mir seinen Verstand gegeben und mir viele Details unseres
Geschäfts beigebracht. Er hat mich viel Kraft gekostet. Ich wollte
nie so sein wie er und kopierte ihn total.*

12. Kapitel: Doppelleben

Genau drei Tage dauert die Hochzeitsreise, die einen so furiosen Auftakt hatte für den jungen Ehemann Fritz. Dann muß er schon wieder seinen Koffer packen. Zum ersten Mal werden Horst Lippmann und er 1957 eine Europa-Tournee mit dem *Modern Jazz Quartet* allein organisieren – ohne Norman Granz. Horst erhöht die monatlichen Bezüge des werdenden Vaters von dreihundert auf fünfhundert Mark. Hildegard findet eine Zweieinhalb-Zimmer-Wohnung in Neustadt an der Weinstraße mit schrägen Wänden und arbeitet weiter als Fremdsprachen-Korrespondentin.

Sie ist dabei, Ordnung in das Leben des Jazz-Zigeuners zu bringen, der bis dato nicht einmal polizeilich gemeldet war. Sie ist es auch, die Horst Lippmann klarmacht, daß dreihundert Mark keine Grundlage für den Aufbau einer Familie sein können. Horst braucht die Aufstockung des schmalen Gehalts nicht zu bereuen, denn besonders bei dieser Tournee merkt er, daß er in Fritz Rau nicht nur einen einsatzfreudigen Tourneeleiter zur Seite hat, sondern einen recht streitbaren dazu, der nicht verleugnen kann, daß ihm die Juristerei noch immer anhängt. Fritz hat den Ehrgeiz, das *Modern Jazz Quartet* in philharmonischen Räumen auftreten zu lassen, den Jazz damit sozusagen aus dem Dunstkreis von Bier und Schnaps zu lösen.

John Lewis, Chef und Pianist des Quartetts und die anderen waren die weißesten Neger der Welt. Sie traten grundsätzlich im Smoking auf und bestanden hartnäckig darauf, in Kammermusiksälen zu spielen.

1957 sehen das einige Stadtväter ganz anders. Für sie ist der Jazz eine niedrigere Kunstform als Klassische Musik. Fritz diskutiert darüber nicht lange, sondern klagt einfach auf Überlassung des

Beethovensaals in Hannover und ehrwürdiger Konzertsäle in anderen Orten. Und er klagt auch auf Befreiung von der Vergnügungssteuer, die immerhin zwanzig Prozent beträgt.

Für uns war das Modern Jazz Quartet das beste Demonstrationsbeispiel, um eine Befreiung zu erreichen, denn selbst Richter, die Louis Armstrong noch als üblen, zur Sexualisierung aufheizenden Neger bezeichnet hatten, konnten sich diesem vornehmen Quartett nicht verschließen, das sich leicht an konzertanten europäischen Qualitätsmaßstäben messen ließ.

Grotesk wird die Situation allerdings, wenn in jeder Stadt ein Kulturbeamter in die erste Reihe des Konzerts delegiert wird, der anschließend seiner Dienststelle Mitteilung machen muß, was er persönlich als künstlerisch hochstehend bezeichnet und was nicht. Ich hab' mir einfach nicht gefallen lassen wollen, daß mir irgend jemand sagt: In diesen Kulttempel dürft ihr nicht. Da wurde ich zum Kreuzritter, sicher auch aus dem Komplex des Kleinbürgers aus Ittersbach, dem es durchaus gefallen hat, wenn der Bürgermeister des jeweiligen Konzertortes dann auch in der ersten Reihe saß. Wir hatten vor, mit Hilfe des Jazz die Kulturlandschaft in Deutschland zu verändern und das ist uns gelungen.

Und es gelingt noch etwas. Zum erstenmal rückt die Jazzkritik von der Lokalseite oder den Vermischten ins Feuilleton. Das importierte Kulturgut wird endlich ernstgenommen.

Fritz auf Tournee mit dem Modern Jazz Quartet,
links Percy Heath, rechts Milt Jackson

*Für mich hat die Musik des Modern Jazz Quartet eine besondere
Bedeutung gehabt. Nicht nur, weil es gute Musik war, sondern
weil es mich auch ganz privat betroffen hat. Als ich Hildegard
einen Heiratsantrag machte, tat ich das nicht mit einer wohlgesetz-
ten Rede, sondern ich hab' ihr die ›Fontessa‹-Platte des Quartetts
gegeben und nur gesagt: »Erste Seite, zweites Stück.« Das war
»Angel Eyes«. Und als sie das Stück angehört hatte, sagte sie:
»Jetzt meinst du es wirklich ernst.«*

Die Tournee dauert zweieinhalb Monate, geht von Italien bis
Skandinavien und wird ein großer Erfolg. Als Fritz diesmal nach
Hause kommt, fragt Hildegard immer beharrlicher nach, wann er
denn nun anfangen wolle zu studieren. Mit dem Instinkt einer
Frau findet sie schnell eine wunde Stelle bei ihm, die Gegenargumente von vornherein schwächt: »Du hast als Studienstiftler
schließlich öffentliche Gelder kassiert, da ist es deine Pflicht, dich
auch in den Dienst der Öffentlichkeit zu stellen.« Fritz weiß, daß
dieser Komplex in ihm immer noch gärt, daß er ihn bisher nur mit
rastloser Tätigkeit kompensiert hat. Doch es braucht noch einen
aufregenden äußeren Anlaß, um ihm den letzten Anstoß zu geben:
die Geburt des Sohnes.

Er ist gerade dabei, mit Horst Lippmann die nächste Tournee
vorzubereiten, als ein Anruf aus Neustadt kommt. Hildegard
möchte, daß Fritz bei ihr ist, wenn das Kind auf die Welt kommt.
Nervös läßt er in Frankfurt alles liegen und fährt auf dem schnell-
sten Wege nach Hause. Zum zweitenmal ist ein privates Ereignis
wichtiger als jedes andere. Doch obgleich der Zeitpunkt bereits
überschritten ist, setzen bei seiner Frau keine Wehen ein. Nun
kann er erst recht nicht mehr zurück nach Frankfurt, ruft Horst
Lippmann an und sagt, daß er sich diesmal auf keinen Fall um die
Tournee kümmern könne.

Vierzehn Tage später wird Hildegard in eine kleine Entbin-
dungsklinik eingeliefert, wo eine gemeinsame Freundin als Ärztin
tätig ist. Fritz, der sich bestens auf die Geburt vorbereitet hat, der
alles gelesen hat, was man dazu wissen muß, will selbstverständlich dabeisein. Doch die Ärztin wimmelt ihn schon bei der Aufnahme ab: »Hör mal zu, Fritz, das ist ja sehr lieb von dir, daß du
soviel Anteil nimmst, aber das ist die Stunde der Hildegard, und
ich weiß genau, wenn du dabei bist, endet es damit, daß deine Frau
allein ihr Kind zur Welt bringen und auch noch die Nabelschnur
selber abschneiden muß, während wir zu viert um dich herumwie-
seln, um dich wieder zum Bewußtsein zu bringen.«

Unglücklich, aber einsichtig, fährt Fritz also wieder nach Hause,
legt eine Charlie-Parker-Platte auf und kippt sich einen Cognac

nach dem anderen auf die strapazierte Seele. Als er gerade zum achten Mal Charlie Parker umdrehen will, klingelt es an der Tür und seine Hildegard steht wieder vor ihm. »Es waren Scheinwehen«, sagt sie, und: »Du hast mich so nervös gemacht. Ich glaub', du hast mir die Wehen nur eingeredet. Das Kind will einfach noch nicht.«

Drei Tage später beschließt die Ärztin, nun doch nicht länger zu warten und das Kind zu holen. Es ist sieben Uhr abends, als Fritz Hildegard in die Klinik bringt. Wieder wird er weggeschickt, und in seiner Verzweiflung kauft er sich eine Kinokarte, geht in den Vorführraum und wundert sich, daß da kurz nach sieben noch kein Mensch sitzt. Er wartet eine halbe Stunde, und kein Film beginnt. Nun glaubt er bereits an eine Verschwörung. Eindeutig haben es alle auf ihn abgesehen. Sein Kind kommt nicht und der Film auch nicht. Der fängt natürlich erst um acht Uhr an. Vollkommen verwirrt geht Fritz heim – zu Charlie Parker und der Cognacflasche.

Nachts um drei ruft ihn die Ärztin an. »Du kannst dich beruhigt wieder ins Bett legen«, sagt sie, »du hast einen Sohn.« Doch Fritz ist überhaupt nicht beruhigt. Er muß das Kind erst sehen, um es auch zu glauben. Als er am 28. März in der Klinik ankommt, geht gerade die Sonne auf, und dann sieht er es endlich, das schönste Kind der Welt, rosig und friedlich schlafend, mit perlmuttfarbigen, winzigen Fingernägeln an den kleinen Händen.

Nun erst ist Fritz reif für eine Entscheidung, für eine weitere Wende in seinem Leben. Er schreibt sich an der Heidelberger Universität wieder für das Sommersemester 1958 ein. Und er entdeckt eine ganz neue Seite an sich, den Vater, der sich nicht mal für einen Tag von seinem Sohn trennen will. Hildegard und er beschließen, daß sie weiter als Fremdsprachen-Korrespondentin arbeiten und damit erst einmal die Familie ernähren wird – und daß das Baby Andreas nicht außer Haus gegeben wird. Fritz will sich als Hausmann darum kümmern. Die daraus folgende Konsequenz fällt ihm wesentlich schwerer. Er ruft Horst Lippmann an und erklärt ihm, warum er nicht weiter im Tourneegeschäft mitmischen wird. Horst bleibt nichts anderes übrig, als zu akzeptieren.

Fritz besorgt sich ein Fernrepetitorium, belegt nur noch wenige Vorlesungen an der Uni, holt sich alle wichtige Literatur aus der Bibliothek des Oberlandesgerichts in Neustadt und bereitet sich so neben Babybrei, Windeln und großer Wäsche auf sein Referendarexamen vor. Zum erstenmal in seinem Leben ist er kein Untermieter mehr, sondern selber Familienoberhaupt. Er genießt diesen Zustand mehr, als er es je für möglich gehalten hätte.

Wenn Hildegard morgens aufsteht, ist er schon wach, macht

Feuer, kocht Kaffee, deckt den Frühstückstisch, wickelt das Baby und füttert es. Hildegard, die ihren Mann und seine Schusseligkeit ja inzwischen kennt, braucht ein paar Monate, bis sie darauf vertraut, daß er alles richtig macht. Aber sie hat keinen Grund zur Sorge. Andreas entwickelt sich prächtig und steht schon bald morgens in seinem Kinderbett und sagt fröhlich: »Hallo Papa, aufstehn, Küche gehn, Feuer machen, Kaffee kochen, Frühstück.«

Kaum ist Hildegard vor dem Haus auf ihr Fahrrad gestiegen, schnappt sich Fritz seinen Sohn und geht wieder ins Bett. Lernen kann er nur nachts, wenn alle schlafen. Der Morgen ist für Kinderspiele da. Das Lieblingsspiel heißt »Alaska«: Andreas und er liegen im Bett, Fritz hält mit der Spitze seines Fingers das Bettuch über sie, das ist der Mast des Zeltes, in dem sie beide ihre Zuflucht gefunden haben. Denn draußen in Alaska stürmt und schneit es. Wilde Eisbären kommen und wollen sie stehlen. Aber ihr Zelt ist so dicht, daß niemand zu ihnen hereinkommen kann. Und wenn draußen die Schneestürme immer schlimmer werden, verkriecht sich der kleine Andreas in den Arm seines Vaters und juchzt und wird geküßt, gestreichelt und beschützt. Schließlich schlafen sie beide glücklich erschöpft wieder ein.

Um elf Uhr vormittags bricht dann die rauhe Wirklichkeit unwiderruflich in ihr Leben ein. Dann kommt Hildegards Mutter, um das Essen zu kochen. Sie findet Vater und Sohn im zerwühlten Bett und schimpft: »Also wirklich, Fritz, was ist denn das für ein Leben! Deine Frau geht arbeiten, und du liegst im Bett!« Sie bleibt noch viele Jahre in dem Glauben, daß Fritz ein unmöglicher Schwiegersohn sei, ein liebenswerter Phantast und Träumer zwar, aber auch einer, der leider nie etwas Richtiges in seinem Leben auf die Beine stellen wird. Die Familie läßt sie in diesem Glauben. Niemand verrät ihr, daß Fritz nachts an seinem Studium arbeitet.

Das Studieren fällt ihm verdammt schwer. Schließlich ist er länger als dreieinhalb Jahre aus der Übung und auf einem völlig anderen Lebensweg. Er hat kaum noch die Geduld, Bücher zu lesen. Am Nachmittag, wenn die Schwiegermutter Babysitter-Dienst macht, versucht er tapfer, ins Oberlandesgericht zu gehen, um Kommentare und Fachbücher zu lesen. Aber leider hat der Teufel auf dem Weg dorthin drei Kinos gebaut. Zumeist geht er ins erste, manchmal auch erst ins zweite, spätestens aber im dritten sitzt er. Wenn er dann wieder nach Hause kommt, ist Hildegard schon da und hat den gewissen Blick: »Na, Fritz, bist du heute weitergekommen mit dem Lernen?« Bevor er nicken kann, hat sie schon die Hand in seiner Jackentasche und fischt die Kinokarte heraus.

In den kommenden Monaten nehmen Gesetze, Urteile und

Kommentare in seinem Kopf immer größeren Raum ein. Es kommt so weit, daß er kaum noch unterscheiden kann, ob Louis Armstrong ein Trompeter oder ein Kommentator zum Grundgesetz ist. Fritz steckt wieder voll in der Juristerei. Doch als er zur ersten Klausur in Heidelberg erscheint, lacht der ganze Saal. »Was ist denn hier los?« rufen die Studenten, die Fritz aus dem »Cave« oder von Veranstaltungen kennen: »Machen wir ein Staatsexamen oder ein Jazzkonzert?« Fritz ist überhaupt nicht mehr zum Lachen zumute. Neun Klausuren liegen vor ihm. Auf die vierte folgt ein Wochenende, und Fritz fährt nach Hause zurück. Zu Hildegard sagt er: »Mein Schatz, ich habe keine Lust, ab Montag noch fünf Klausuren zu schreiben, das können die ohne mich machen. Das ist Quälerei, außerdem habe ich sowieso den größten Blödsinn geschrieben!«

Die kluge Ehefrau sieht ihn liebevoll an: »Ich finde es ganz toll von dir, daß du dich dieser Herausforderung gestellt hast, mehr kann man von dir wirklich nicht verlangen.« Fritz atmet auf und greift sogleich zum Telefonhörer, ruft Horst Lippmann an: »So, der Spuk ist vorbei, ich stehe wieder voll zur Verfügung. Meine Zukunft liegt im Konzertgeschäft und nicht im Gerichtssaal.« Befreit führt Fritz am Sonntag seine Familie zum Essen aus. Sie bestellen sich Rumpsteak für drei Mark fünfzig, trinken Wein und lachen über die komischen Geschichten, die der Papa seinem Sohn erzählt. Hand in Hand gehen sie fröhlich zurück in ihre kleine Zweieinhalb-Zimmer-Wwohnung. Fritz ist glücklich und denkt: Gott sei Dank, noch mal davongekommen.

Doch er hat die Rechnung ohne den Boss gemacht, und der Boss ist Hildegard. Als er mit einem Bier zurück ins Wohnzimmer kommt, steht da ein gepackter Koffer. »Du bist aber ganz schön durcheinander«, sagt Fritz lachend zu seiner Frau. »Ich fahre doch morgen nur zu Horst nach Frankfurt und bin am Abend wieder zurück.« – »Nein«, sagt sie sehr freundlich, aber unerbittlich: »Du fährst morgen früh nach Heidelberg. Wenn du jetzt mitten in der Prüfung aufgibst, läufst du nur vor dir selber weg. Du schreibst die restlichen Klausuren, und wenn die Professoren dir dann sagen, daß du nicht bestanden hast, dann war es kein charakterlicher Fehler, sondern hatte eine Ursache. Aber mittendrin gibt man nicht einfach auf.«

Fritz will gerade losbrüllen als sein Blick auf den kleinen Andreas fällt. Der sitzt ganz ruhig in seinem Stühlchen und guckt seinen Vater an – ernst und sehr erwachsen. Als sein Blick zurück zu Hildegard wandert, hat die unverwechselbar denselben Blick. Dabei fällt selbst einem erfindungsreichen Choleriker nichts mehr ein. Brav läßt er sich am nächsten Morgen von den beiden zum

Die Familie, v. l. Fritz, Andreas, Saskia, Hildegard

Zug bringen, winkt ihnen zum Abschied und flucht erst im Abteil. Eine Woche lang schreibt er sich die Finger wund, und als er auch die letzte Klausur hinter sich hat, fährt er, wie er ist, mit Tinte bekleckert und verdreckt, zu Horst Lippmann nach Frankfurt. Dort wird der Prüfling bereits dringend erwartet.

Im November ist er auf Tournee mit dem Duke-Ellington-Orchester. Der Duke ist in Hochform und Fritz glücklich, daß er wieder dabei sein kann. In seinem Kopf wirbelt nun wieder alles andere, nur keine Jurisprudenz. Aus Berlin telefoniert er eines Abends mit seiner Frau. »Da ist ein Brief vom Justizministerium gekommen«, sagt sie: »Du bist im Januar zur mündlichen Prüfung geladen.« Fritz weiß nicht, ob er weinen oder lachen soll. Hildegard weint auf alle Fälle erst mal.

Am 19. Januar 1960, er ist gerade mit Ella Fitzgerald unterwegs, fliegt er nach Frankfurt. Dort holt ihn seine Frau ab, und beide fahren nach Heidelberg. Hildegard, inzwischen hochschwanger, bringt ihn bis zur Tür der Universität. Möglicherweise traut sie ihm zu, noch kurz zuvor abzuhauen. Erst als sie ihn sicher im Gebäude und bei der Prüfungskommission weiß, verläßt sie die Uni.

Am Abend holt sie ihn wieder ab. Ein blasser, total erschöpfter Fritz steht ihr gegenüber. »Na und?« fragt Hildegard und kann vor Aufregung kaum sprechen. »Es ist wie ein Wunder, aber ich habe bestanden. Frag mich nicht wie.« Zu Hause nimmt Hildegard stolz eine Flasche Sekt aus dem Kühlschrank, um den Sieg ihres wundervollen Mannes zu feiern. Doch der hängt nur müde in seinem Sessel. Er ist in demselben Zustand wie nach dem glänzend bestandenen Abitur. Er empfindet in sich eine vollkommene Leere.

13. Kapitel: Berührungen

Es gibt in der Musik Momente, in denen man vor Glück platzen könnte. Der Pianist Bobby Scott hat ein Lied darüber geschrieben: »When The Feeling Hits You«. Der Gitarrist Pete Townshend fand, als er mir einmal das Wesen der Rockmusik erklären wollte, daß man den Klang mit seiner ganzen Haut erfassen müsse: »Listen with your skin.« Durch die Nähe zur Bühne, die ich mir erarbeitet habe, konnte ich solche Momente sehr oft erleben.

Der Baß von Ray Brown im Oscar-Peterson-Trio ging mir unmittelbar in den Bauch. Wenn sich die Musiker gegenseitig jagten, bis die Hände des Pianisten in den Tasten steckenzubleiben schienen, der Lead-Finger des Bassisten sich in den Saiten verfing und dem Drummer der Besen oder der Stock aus der Hand fiel, vergaß ich, daß ich als Tourneeleiter Kasse machen oder die Konzertprogramme abrechnen mußte: Ich war einfach im Himmel.

Obgleich ich nach den Konzerten zumeist rechtschaffen müde war und am nächsten Morgen sehr früh wieder raus mußte, ging ich doch immer noch mit zu den Jam Sessions im Frankfurter »Domicile«, im Heidelberger »Cave«, in der Berliner »Eierschale«. Ich war mittendrin, ich hab' die Nähe gespürt. Und wenn die Tournee zu Ende war, die Musiker auseinandergingen oder zum Flughafen back to the USA gebracht worden waren, stand ich mit meiner Rückfahrkarte am Bahnhof und dachte: Du kannst jetzt zuhause die Platten auflegen, kannst den Lautsprecher aufdrehen, daß die Decke runterkommt, aber es ist nicht dasselbe. Es ist nicht vergleichbar mit der körperlichen Anteilnahme, die nur durch das Selber-Spielen noch übertroffen wird. Deshalb habe ich im »Cave« gelegentlich zum Baß gegriffen, aber nur after hours, wenn die meisten Leute gegangen waren.

Ich war fanatisch bis an die Grenze der Besessenheit und habe für den Jazz missioniert über die Grenze der Lächerlichkeit hinaus. Meine Hingabe an Albert Mangelsdorff, später an Udo Lindenberg oder Bob Dylan, war nicht nur mitmenschliche Fürsorge für den Künstler, es war totale Hingabe an das Genie (oder zumindest das Talent) mit dem insgeheimen Wunsch, gewissermaßen als Mond von der strahlenden Sonne selber ein wenig erleuchtet zu werden.

Zum erstenmal geschah das in diesem Ausmaß mit Albert Mangelsdorff, der gegenüber Oscar Peterson und Duke Ellington den entscheidenden Vorzug hatte, daß er nach einem Konzert oder einer Tournee nie aufs Vorfeld des Frankfurter Flughafens gebracht werden mußte, sondern daß er nach Frankfurt-Praunheim oder in die Kleine Bockenheimerstraße fuhr und für mich Tag und Nacht verfügbar war. In ihm hatte ich zum erstenmal jemanden, dem ich mich in meiner Bewunderung total ausliefern konnte.

Jeder Posaunenchorus von Albert Mangelsdorff wurde mein Chorus, und je schöner, je besser er spielte, desto besser hatte ich gespielt. Je mehr er anerkannt wurde, desto mehr wurde ich anerkannt. Im Grunde genommen habe ich mich durch Albert selbst verwirklichen wollen. Ich konnte nicht Posaune spielen, und meine Baß-Übungen waren mehr als kümmerlich. Wenn Albert täglich sieben Stunden im Jazzkeller übte, dann hätte ich eigentlich acht Stunden in einem Nachbarkeller üben müssen. Statt Jay and Kai hätte ich Albert und Fritz machen müssen, das wäre die Erfüllung gewesen. *

Die Art und Weise, wie ich mich an Albert geklammert habe, war eine psychische Ersatzbefriedigung ohnegleichen. Man hätte zum Beispiel über Ornithologie reden können, und ich hätte sofort einen Vortrag über Albert Mangelsdorff als Ornithologe vom Stapel gelassen. Immanuel Kants »Kategorischer Imperativ« wurde von 1955 an für mich auf der Posaune geblasen.

Vielleicht ist Albert das manchmal lästig gewesen, aber ich konnte ihn überzeugen, daß er 1956 seinen Job als dritter Posaunist im Tanzorchester Willy Berking des Hessischen Rundfunks aufgab. Ohne diesen Schritt wäre er nicht der Albert Mangelsdorff geworden, der er heute ist: nicht nur der beste Posaunist der Welt, sondern einer der ganz großen, zeitlosen Improvisatoren.

Als der berühmte Rock-Gitarrist Carlos Santana zu seinem ersten Konzert in Frankfurt landete, fragte er nach Albert Mangelsdorff. Die ganze Band kannte ihn, hatte die Platten gehört, wußte über seine Leistung als kreativer Musiker, bewunderte seine

---

* Jay Jay Johnson und Kai Winding waren in den fünfziger Jahren ein sehr berühmtes und kommerziell erfolgreiches Jazz-Posaunenduo.

Blastechnik, nannte Deutschland »Mangelsdorff-Land«.
In der damaligen Zeit habe ich vielen deutschen Musikern
gedient, die ich ebenfalls sehr hoch schätzte. Joki Freund zum
Beispiel, der außer Tenorsaxophon noch viele andere Instrumente
spielt, ist ein hochbegabter Arrangeur. Horst Jankowski hätte ein
bedeutender Pianist werden können. Helmut Brandt brachte nur
mit Baritonsax, Trompete und Rhythmusgruppe vielschichtige
Klänge hervor, die wie von einer ganzen Big Band klangen; sein
Trompeter war Conny Jackel. Aber alle diese Musiker haben sich
auf den gesicherten Job in Rundfunk-Tanzorchestern eingelassen
und den Impetus verloren, der notwendig ist, wenn man etwas
Außerordentliches erreichen will. Wenn ein Musiker im überwie-
genden Teil seiner Arbeit eine Musik spielen muß, die unter seinem Niveau und seinen Möglichkeiten liegt, stumpft er ab.
    Meine Trennung von Albert vollzog sich um's Jahr 1966 herum –
langsam, aber unausweichlich. Ich war damals nicht mehr der
Jazz-Dödel, der Existentialist, der mit dreihundert Mark im Monat
klar kommt. Ich war auch nicht mehr der Gerichtsreferendar, der
nebenbei als »Konzertreferent Inland« der »Deutschen Jazz Föderation e. V.« wirkt. Ich hatte Familie, war Volljurist und hätte es in
diesem Beruf mit Sicherheit zu etwas gebracht. Aber ich hatte
dieses Ziel aufgegeben, um mir meinen Traum zu erfüllen, nämlich
von nun an mein Leben lang hauptberuflich Konzertveranstalter
zu sein. Da konnte ich meinen Lebenssinn nicht mehr darin sehen,
Albert Mangelsdorff – wohin er auch ging – die Posaune nachzu-
tragen.
    Je mehr ich in meinem Beruf aufging, desto mehr verblaßte das
Bild Albert Mangelsdorff. Wir hatten Erfolg mit unseren Konzert-
Dokumentationen, vor allem mit dem American Folk Blues Festival, über das die Frankfurter Jazzer nur mitleidig lächelten. Albert
spürte, wie ich ihm entglitt. Ich habe zwar noch eine Zeitlang für
ihn gearbeitet, aber unser Verhältnis kühlte ab. Es war wie bei
einer verlöschenden Liebe, wobei ich sagen muß, daß mein Verhältnis zu ihm – wie später auch das zu Udo Lindenberg – durchaus eine homoerotische Komponente hatte. Ich hatte nicht das
Bedürfnis, mich ihm sexuell zu nähern, aber ich hatte das Bedürfnis, ihn in den Arm zu nehmen. Diese unsexuelle Erotik hat mein
Verhältnis zu einigen Künstlern bestimmt. Die Distanz ist größer
als bei Albert Mangelsdorff, und unsere Berührungen beschrän-
ken sich auf die Tourneen, aber auch gegenüber Mick Jagger empfinde ich so. Ein anderes Beispiel ist Joan Baez. Wenn man meine
Wohnung betritt, sieht man zuerst ein Hochzeitsbild von Mick,
aber ohne Bianca, und daneben ein Foto von Joanie. Ich halte
Mick Jagger nicht deswegen für ein Genie, weil er der beste Sänger

Der Patenonkel des Sohnes, Jazzpianist Oscar Peterson

*der Welt sei und sehr starke Songs geschrieben hat (»I Can't Get
No Satisfaction« ist eine Jahrhundertnummer), sondern weil seine
Performance einmalig ist – ob er auf der Bühne steht oder einem
gegenübersitzt. Wo dieser Breitmaulfrosch anwesend ist, glitzern
die Sterne, da bin ich in der Seele berührt.*

*Die erste Überraschung ergibt sich bereits aus der Diskrepanz
zwischen meiner Verehrung und dem legeren, freundschaftlichen
Entgegenkommen des Künstlers. Daß ein Oscar Peterson überhaupt das Wort an mich gerichtet hat, kam mir vor, wie wenn
Moses auf den Berg pilgert, um sich beim Herrn die fünfzehn
Gebote abzuholen, und so aufgeregt ist, daß er auf dem Rückweg
fünf davon verliert. Oscar Peterson hat sich bei unserer ersten
gemeinsamen Tournee ganz rührend um mich gekümmert. Nach
dem Konzert in Berlin hat er mich im Hotel Kempinski zum Essen*

eingeladen: »Fritz, come with us, this is the best food.« Er ist ein Gourmet. Ich war damals noch nicht richtig in solchen Hotels zuhause, hab' mich also so schön wie möglich zurecht gemacht und wurde vom Oberkellner zu ihm und dem Bassisten Ray Brown an den Tisch geleitet. Oscar hat dann für mich bestellt – irgend etwas, das ich kannte. Ich glaube, es war Wiener Schnitzel.

Danach habe ich ihm jeden Wunsch von den Augen abgelesen, hab' darauf geachtet, welche Zigarettenmarke er raucht (es war »Lucky Strike«) und dann immer eine Schachtel für ihn in der Tasche gehabt; lauter solche Kleinigkeiten. Er ist dann auch der Patenonkel meines Sohnes Andreas geworden, der nach Peterson mit dem zweiten Vornamen Oscar heißt.

Er war ein richtiger Patenonkel, der kam, den Jungen herzte und Geschenke brachte. In der Pubertät waren bei Andreas vor allem die Indianer angesagt, und er spielte von morgens bis abends Rockmusik der Gruppe Redbone, die aus Indianern bestand. Aber plötzlich, etwa mit siebzehn, wurde Jazz für ihn interessant. Er spielt Gitarre, und sein wichtigster Einfluß ist Joe Pass, mit dem ihn Oscar Peterson zusammengebracht hat.

Ich bewundere Peterson nicht nur wegen seines grandiosen Klavierspiels und seiner menschlichen Wärme, sondern auch wegen seines Ethos als Künstler. Er will immer das Beste geben und hat während der vielen Jahre unserer gemeinsamen Tourneearbeit nur ein einziges Mal ein Konzert nicht gespielt. Das war in Aachen. Oscar fürchtete sich vor unautorisierten Mitschnitten. Das Geschäft mit Jazzplatten war ja nie so groß wie später das Rock-Business, geschweige denn das Geschäft mit Raubpressungen. Aber er hatte zu oft erlebt, daß Platten von Jazzmusikern in lausiger Qualität auf den Markt gebracht wurden. Also einerseits durchaus die Befürchtung, daß man ihn, der von seiner Kunst leben muß, durch unerlaubte Mitschnitte betrügen konnte, auf der anderen Seite aber die für ihn vermutlich noch wichtigere Furcht um sein künstlerisches Renommée.

Beim Konzert in Aachen hatte Bassist Ray Brown entdeckt, daß von den Bühnenmikrophonen nicht nur die Saalverstärkung gespeist wurde, sondern daß Aufnahmeleitungen in einem sehr professionell ausgestatteten Studio endeten. Oscar kam in die Garderobe und erklärte mir: »Hier liegt eindeutig ein beabsichtigter Betrug vor. Man will uns ohne Erlaubnis mitschneiden, und so spielen wir nicht.« Ich hatte die Aufgabe, rauszugehen und den Leuten zu erklären, daß das Konzert nicht stattfindet und das Eintrittsgeld zurückgezahlt wird. Ich hielt einen sehr emotionalen juristischen Vortrag über geistigen Diebstahl, darüber, daß Musiker wie Charlie Parker, Billie Holiday oder auch Oscar Peterson

111

Liebeserklärung: Ein Cartoon von Joan Baez für Fritz Rau

ihr Leben lang betrogen worden sind, und daß – gleichgültig, ob in kommerzieller Absicht oder nicht – hier eine Unkorrektheit begangen wurde, die Oscar Peterson das Konzert absagen läßt. Die Leute verstanden, ich wurde sogar mit Beifall verabschiedet.

Vielleicht klingt es merkwürdig, daß sich meine unsexuelle Erotik auch auf eine Frau bezog. Als ich Joan Baez nach dem Ostermarsch 1966 in Frankfurt kennenlernte, an ihrem Tisch sitzen durfte und sie sich mit mir angeregt unterhielt, kam ich kaum zum Luftholen und hab' an Sex nicht mal mehr gedacht. Sie war so überirdisch schön, hat mich derart berührt, daß ich einfach geschmolzen bin. So etwas war mir zuvor nur im Kino passiert, in der »Amerikanischen Tragödie«, bei der Begegnung von Montgomery Clift mit Elisabeth Taylor, da bin ich ebenfalls zerflossen. Aber das hier war ja nun live, das war so überwältigend, als wenn ein Engel auf die Erde kommt.
Ich hatte unsere Programmhefte vom American Folk Blues Festival, vom Country Music Festival dabei. Sie wurde von ihrem Manager Manny Greenhill begleitet, der uns später auch Kontakte zu einigen Bluesmusikern in Amerika besorgt hat. Sie interessierte sich für alles. Seit 1968 habe ich sie dann in Europa auf Tourneen

112

präsentiert. Wir haben wahrscheinlich das intimste Verhältnis mit-
einander gehabt, das man außerhalb des Bettes haben kann.
Wir haben uns umarmt, wir haben uns geküßt, und sie wurde
eine ganz enge Freundin von der Hildegard. Kurz vor Hildegards
Tod war sie noch bei ihr, setzte sich auf ihr Bett und kam dabei auf
den abgemagerten dünnen Arm unter der Bettdecke zu sitzen. Ich
intervenierte: »Brich ihr nicht den Arm.« Und Joan rückte behut-
sam zur Seite. Weihnachten 1977 hat sie mir einen großen Folian-
ten geschenkt, in den sie ungefähr vierzig Cartoons über unsere
Tournee gemalt hatte, eine richtige Kostbarkeit. Sie hat auch ein
Lied über mich geschrieben: »The Windy Streets Of Heidelberg.«

> *You in the windy streets of Heidelberg*
> *your youth, unbearded, takes form in words*
> *and the ghosts of the past are kind*
> *This was your university*
> *The years were long but the spirits free*
> *and your river runs to the Rhine*
>
> *The smoke-filled tavernes that you once roamed*
> *with the discontented who stayed at home*
> *you must have whiskey or you'll die*
> *The beer garden under the old chateau*
> *our faces now in the candles glow*
> *See the memories, how they shine...*
>
> *And you remember the holocaust*
> *You remember all we lost*
> *Children gone and the borders crossed*
> *And we sing of it now for Saskia...*
> *(Joan Baez, 1978)*

Sie ist ein Teil meines Lebens, ein Glücksfall in meinem Leben,
aber dasselbe war ich – in aller Bescheidenheit – auch für sie. Sie
macht in Amerika noch Tourneen, verkauft auch das Universal
Amphitheatre in Los Angeles mit achttausend Plätzen aus, aber
die Bedeutung, die sie in Europa und insbesondere in Deutschland
hat, hat sie in ihrem Heimatland nicht mehr. Ich war ihr Ratgeber
und habe daran mitgewirkt. 1977 bat sie mich, ihr Manager zu
werden, aber das konnte und wollte ich nicht. Ich stand ja mehr-
fach vor der Entscheidung, Personal Manager zu werden: bei Les
Humphries und auch bei anderen Künstlern. Udo Lindenberg ist
zu klug, es mir anzutragen, aber auch bei ihm müßte ich ablehnen.
Ich bin Konzertveranstalter.

113

Joan Baez und
Fritz beim
Open Air 1978
in Ulm

Bei Joan Baez war die Enttäuschung damals offenbar sehr groß. Und eines Tages kommt mein bester Tourneeleiter, Hermjo Klein, und erklärt mir, daß er jetzt dringend nach Amerika muß, um Joan Baez zu managen. Sie hat eine ungeheure Fähigkeit, Menschen zu verhexen. Die Frau wäre im Mittelalter mehrfach verbrannt worden. Den Hermjo hat sie jedenfalls in große Loyalitätsprobleme gebracht, die zu einer gewissen Entfremdung zwischen Joan und mir führten, wenn wir auch weiter erfolgreiche Konzerte zusammen machten. Ich habe Joan mit Konstantin Wecker und mit Udo Lindenberg zusammengebracht, und das Lindenberg-Lied »Wozu sind Kriege da« singt sie in der ganzen Welt und erklärt dazu: »Das ist eine deutsche Stimme, ein deutsches Lied, das ist die neue Generation.«

1978 habe ich sie zu Konzerten nach Israel vermittelt. Eines davon war ein Festival am Roten Meer. Sie war schon in Europa, auf Frankreichtournee, als sie feststellte, daß das besetztes Gebiet ist. Ihre politische und moralische Überzeugung ist ungeheuer. Sie

114

singt in Algerien jiddische Lieder und in Israel arabische Lieder;
aber nicht um der Provokation willen, sondern um die Dinge
klarzustellen. Sie ist für mich die personifizierte Zivilcourage. Und
sie sagte nüchtern und trocken: »Fritz, auf besetztem Gebiet singe
ich nicht.«

Ich dachte mir, was in der Öffentlichkeit in Israel los sein würde,
wenn ausgerechnet aus Deutschland ein Telex käme: Joan Baez
tritt nicht auf. Es würde einen politischen Sturm geben. Also bin
ich nach Tel Aviv geflogen und hab' den Veranstaltern mit meinem
heavy deutschen Akzent auf englisch Joanies Überzeugung klarzumachen versucht: ihre Einstellung zu Kriegen, ihren Respekt
vor Andersdenkenden. Ich hab' versucht, Rosa Luxemburg ins
Hebräische zu übersetzen: Freiheit ist die Freiheit des Andersdenkenden. Und offenbar hat's geklappt. Denn die Konzerte mit Aus-
nahme jenes Festivals am Roten Meer fanden statt, und die Israelis
waren begeistert. Man hat Joan gefeiert, auch als sie arabische
Lieder sang, und ich war begeistert vom Maß der Koexistenz
zwischen Arabern und Juden in diesem Land.

Ihr hat das natürlich alles imponiert. So jemanden wie mich
braucht sie, denn sie fährt manchmal nach Südamerika, nach
Asien, und nichts ist vorbereitet, nichts klappt. Und dann macht
sie das Angebot, aber der Typ, der ihrer Karriere gut täte, verweigert sich, beschränkt sich auf Europa, auf Deutschland, und auch
hier nur auf die Eintrittskarten. Denn es wäre ja notwendig, auch
ihre Plattenkarriere wieder anzukurbeln, was keiner für sie tut.

Dann kam mir 1984 eine verhängnisvolle Idee. Bob Dylan sollte
auf Tournee kommen, und ich wußte, daß Joan Baez nur einen
Traum hat, mit ihrem Trauma Dylan, dem sie früher einmal so nahe
war, wieder auf der Bühne zu stehen. Und weil ich ihr diese Freude
machen wollte, habe ich durchgesetzt, daß sie eingeladen wurde.
Es war eine totale Katastrophe. Es war schon ein Fehler des amerikanischen Managements, Dylan zusammen mit Santana auf Tournee zu schicken. Aber nun auch noch Joan Baez. Sie erwartete,
nach Santana und vor Dylan aufzutreten, und vor allem erwartete
sie, daß er mit ihr zusammen singen würde. Aber er weigerte sich,
auch nur ein Stück mit ihr einzuüben. Er ließ sie schlicht auf der
Bühne verhungern. Es kam nie zu einer Begegnung. Sie mußte als
Opening Act auf die Bühne, und Joan hat sich derart hysterisch
benommen, daß ich der Situation überhaupt nicht mehr gewachsen war.

Noch während der Tournee habe ich mich von ihr zurückgezo-
gen, und sie hat sich dafür gerächt, indem sie in Paris nicht aufgetreten ist. Es gab Ärger über Ärger. Es ging zwischen uns einfach
nicht mehr weiter. Sie erwartete von mir zu viel, und ich wurde

ihren Forderungen nicht mehr gerecht. Das ging mit blutendem Herzen hin und her. Sie ist eine der wichtigsten Begegnungen in meinem Leben, aber zur Zusammenarbeit hab' ich nun keine Lust mehr. Ich hätte sie nicht in die Dylan-Santana-Tournee drücken dürfen. Das war die Quadratur des Kreises. Daran konnte ich mir nur die Finger verbrennen. Aber manchmal scheint es mir, ich hätte auch in meinen Fehlern eine gewisse Größe erreicht.

14. Kapitel: Marlene

Es ist nachts um zwei, als Hildegard plötzlich zwei Hände um ihren Hals fühlt, die sie erwürgen wollen. Sie schreit. Sie schreit so laut, bis die Hände endlich nachlassen und ihre erschreckten Augen das Gesicht ihres Mannes vor sich sehen. »Was tust du da?« bringt sie gerade noch heraus. Fritz reibt sich die Augen und stammelt vor sich hin: »Die Bombe... der Krieg... ich wollte dich da rausholen... verschüttet... Du wärest beinahe verschüttet worden. Mein Gott...!« Hildegard nimmt ihn in den Arm, beruhigt ihn, spricht leise auf ihn ein. Dann steht sie auf und kocht eine große Kanne Tee.

Fritz sitzt am Bettrand, den Kopf in die Hände gestützt, und murmelt unverständliches Zeug vor sich hin. Er ist vollkommen durcheinander. Er führt ein Doppelleben, das schon lange an die Substanz geht. Seit dem 1. April 1960 ist er Referendar am Oberlandesgericht in Neustadt, auch wenn seine Tätigkeit dort erst am 1. Juni offiziell beginnt. Ein Mensch auf dem Weg zu höherer Ordnung, so wie ihn die Marie immer sehen wollte. Doch daneben gibt es noch immer das andere Leben, das sich in Schnellzügen, Flugzeugen, Hotelzimmern und hinter der Bühne abspielt. Gerade hat er die anstrengende Tournee mit Nat King Cole und dem Quincy-Jones-Orchester hinter sich gebracht.

Es waren wilde Nächte, in denen er am Spielort oft nur den Koffer im Hotel abgegeben hat, um ihn am nächsten Morgen dort wieder abzuholen. Das Bett, das eigentlich den Übernachtungspreis rechtfertigt, hat er selten gesehen. Zu aufregend waren die langen Stunden in den Jazzkellern mit den Musikern, die Jam Sessions, die oft erst nach Sonnenaufgang endeten – für ihn kein Problem, solange nur die kleinen ovalen Nachtgefährten in den dunkelbraunen Flaschen nicht ausgingen. Irgendeinen Apotheker findet man schließlich in jeder Stadt, der einem Preludin verkauft. Doch jedesmal, wenn er nach Frankfurt zurückkommt, in den Schnellzug steigt, in Neustadt sein Fahrrad aus der Gepäckaufbewahrung holt, seinen Koffer darauf festschnallt und zu Frau und Kindern radelt, wird ihm die Perversion dieser Doppelexistenz bewußt. Er weiß keinen Ausweg. Nach der Geburt von Saskia am 26. Februar 1960 arbeitet Hildegard nicht mehr. Norman Granz zahlt ihm inzwischen tausendfünfhundert garantierte Mark im Monat – und natürlich kann eine Familie nicht vom Referendargehalt leben, das nur zweihundertachtzig Mark ausmachen wird.

»Noch nicht«, sagt sich Mister Jekyll und kokettiert mit den späteren Honoraren eines Anwalts, aber Mister Hyde denkt daran überhaupt nicht. Der lebt mit einer Lüge tief in seinem Inneren. Er läßt Hildegard in dem Glauben, daß ihm eine juristische Karriere durchaus opportun erscheint, eingebettet in eine Sozietät in Neustadt, bürgerlich abgesichert und höchst respektabel, und er hat doch nicht die geringste Lust darauf.

Hildegard ahnt, daß das Fundament ihrer Ehe auf einer Lebenslüge beruht, gibt aber die Hoffnung nicht auf, Fritz werde eines Tages selbst zu der Erkenntnis kommen, daß das Show Business fatale Ähnlichkeit mit einer Droge hat, die nach kurzen Hochs schädliche Folgen für Körper und Seele zeigt. Fritz rettet sich aus dieser schizoiden Situation, indem er zu Hause so wenig wie möglich davon erzählt. Selten bringt er Menschen aus dem Showgeschäft mit nach Neustadt.

Ein kluger Freund aus dieser Zeit hat einmal zu ihm gesagt: »Es ist wahnsinnig, dich zu beobachten. Wenn es um die Diskussion juristischer Probleme geht, bist du von einer ruhigen Gelassenheit in deinem Denken, deinen Äußerungen, aber kaum kommt ein Anruf aus Frankfurt oder Los Angeles, verwandelst du dich in einen komplett anderen Menschen. Du bist eruptiv, läßt dich vom Gefühl völlig wegtragen. Es ist zwar toll, dir dann in diesen Momenten zuzusehen, aber du bist ein ganz anderer.«

Fritz möchte Hildegard, die er liebt, mehr in seine Szene integrieren, macht ihr manchmal den Vorschlag, für einen oder zwei Tage mitzukommen, wenn er eine Tournee betreut. Entweder hat sie Angst vorm Fliegen, oder sie bekommt plötzlich Migräneanfälle. Wenn sie jedoch mitfährt, kapselt sie sich total ab, weigert sich, englisch zu sprechen, unterhält sich nur mit Künstlern, die französisch parlieren, entwickelt auch nur zu diesen eine gewisse Zuneigung.

Einmal ist es Fritz beinahe gelungen, seine Frau in den faszinierenden Sog dieser Glamourwelt zu ziehen. Ende April 1960 beginnen in Paris die Proben zur großen Europatournee Marlene Dietrichs. Der Aufwand dafür ist gewaltig. Das Orchester Aimé Barelli wird vom »Sporting Club« aus Monaco eingeflogen, aus England das Ballett, die technische Crew aus Hollywood. Zu den Proben, die tagsüber im »Olympia« laufen, erscheint auch Josef von Sternberg. Fritz wohnt, wie auch der Star der Show, an der Avenue Foch im feinen »Hotel Raphael«.

Er verehrt diese Frau, seit er denken kann. Er ist von ihr fasziniert, kann aber nicht fassen, wie preußisch sie eigentlich ist. Wenn man abends zum Essen ausgeht, kann es durchaus vorkommen, daß Marlene laut über den Tisch kommandiert: »Fritz, setz dich anständig hin!« Am Anfang war der Tournee-Veranstalter Norman Granz ein paar Mal aufgetaucht. Als er aber feststellen mußte, daß auf Marlene seine Art, die Augenbrauen unwillig in die Höhe zu ziehen, wenn ihm etwas nicht gefiel, durchaus keinen Eindruck machte und sie ihn stets abblitzen ließ, schmiß er eines Morgens um sieben Fritz die Akten aufs Hotelbett: »Do what you want, I leave!«

Fritz übernimmt nun die ganze Verantwortung, und er schafft es, daß sich bald ein kumpelhaftes Arbeitsklima entwickelt und die preußische Disziplin des Stars sich zum Vorteil auswirkt. Er ist auch der einzige, der in ihre Garderobe darf, wenn sie noch nicht perfekt aussieht. »Wenn sie dann zwei Stunden später aus der Garderobe kam, auf dem Weg zur Bühne, haben mir die Knie gewackelt, so atemberaubend schön war sie«, erinnert sich Fritz.

Die Arbeit ist so anstrengend, daß Fritz Norman am Telefon bittet, seine Frau als Assistentin holen zu dürfen. Norman stimmt zu, und Hildegard kommt nach Zürich. Vor der Vorstellung stellt er sie Marlene vor. »Das ist meine Hildegard«, sagt er und sieht, wie Marlene sich plötzlich vorbeugt, Hildegards Kopf in ihre Hände nimmt und ihr einen zarten Kuß auf die Stirn gibt. »Der Fritz ist zu beneiden«, sagt die Diva.

Seitdem ist Hildegard wie verwandelt. Endlich fühlt sie sich einmal zwischen den Gauklern wohl. Die ungekünstelte Art Marlenes imponiert ihr und zeigt ihr zugleich, daß nicht alle Show-Leute ausgeflippt sein müssen. Nach der Vorstellung an diesem Abend sitzt man noch bis drei Uhr morgens zusammen, als Marlene plötzlich sagt: »Ich brauche jetzt unbedingt eine ausgepreßte Zitrone.« Im Hotel ist keine einzige Zitrone ausfindig zu machen. Hildegard steht auf, geht aus dem Haus, nimmt sich ein Taxi und erscheint nach einer halben Stunde glückstrahlend mit Zitronen. Niemand weiß, wie und wo sie die mitten in der Nacht aufgetrieben hat, aber seitdem hat auch sie eine Freundin im Showgeschäft.

Fritz ist nicht nur diese Episode auf der Tournee wichtig. Er lernt etwas Entscheidendes dazu, das er bisher noch nicht wußte. Die

Spielregeln des Entertainments waren ihm bislang suspekt. Was galt, war die Virtuosität eines Künstlers, und die brauchte keinen Firlefanz, sondern lediglich eine gute Tonanlage und anständiges Licht. Bei Marlene sieht er zum erstenmal, wie man mit Wirkungen arbeitet, wie man Mittel einsetzt, die das Talent auf andere Weise beleuchten als nur mit einem gutgezielten Spot.

Er setzt sich in den Zuschauerraum, um sich die Show von unten anzusehen und nachzuprüfen, warum an einer Stelle ohne Gesang das Publikum so tobt. Marlene steht auf der Bühne in ihrem weltberühmten Las-Vegas-Kleid, in der angezogensten Nacktheit, die je ein Star öffentlich vorgezeigt hat, und geht nach dem Lied rechts ab. Der Scheinwerfer folgt ihr und mit ihm die Blicke des Publikums. Hinter der Bühne rast Marlene in eine Stoffkabine, die eigens dafür in jedes Flugzeug transportiert wurde. Eine Garderobiere reißt ihr das Kleid herunter, von dem die Legende sagt, daß sie jedesmal darin eingenäht worden sei, und dann erscheint sie, für das Publikum nach Bruchteilen von Sekunden, von links auf der Bühne – im Smoking.

Das war ein Moment psychischer Beeinflussung des Menschen zum absoluten Wohlbefinden, zum Abheben, und da hab' ich kapiert: das ist Show Business. Erst sehr spät hab' ich mir klargemacht, warum diese Marlene-Tournee damals so wichtig für mich war. Sie war eine Entfesselung, die Befreiung dieser Zwangsneurose, daß nur der Jazz das ist, wofür mein Schweiß und meine Hingabe gerechtfertigt sind. Show Business: erst Marlene hat es mir deutlich gemacht. Bei ihr hab' ich gemerkt, daß mir der Schauer und die Atemlosigkeit auch bei einer Frau passieren können, die mit Jazz nichts am Hut und noch nicht mal eine Stimme hat. Aber wenn sie ins Mikro hauchte: »Ich bin von Kopf bis Fuß auf Liebe eingestellt« oder: »Wer wird denn weinen, wenn man auseinandergeht«, da hat's mich einfach erwischt und vom Sitz gerissen, hemmungslos. Da hab' ich dann gerne nach der Show mit ihr Steak und Salat gegessen, obwohl ich Steaks und Salat nicht ausstehen kann.

Von Paris aus geht die Show zuerst nach Deutschland, und damit beginnen die Probleme. Die Presse mokiert sich über die viel zu hohen Eintrittspreise und interpretiert sie als Rache Marlenes an ihrem eigenen Land, das sie angeblich schmählich verraten hat.

Dabei war sie durch und durch deutschfreundlich. Doch ihre Liebe zu dem Land hatte wohl mehr mit Heinrich Heine und seinem Gedicht: »Denk ich an Deutschland in der Nacht, dann bin ich um den Schlaf gebracht« zu tun als mit den Gefühlen jener

Herren, die nach dem Krieg in Südamerika ihr Domizil gefunden hatten und der Heimat sentimental nachweinten. Sie war eine der deutschesten Deutschen, die ich je kennengelernt habe, ohne dabei eine Sekunde verlogen zu sein. Sie hat mir zum Beispiel von einer späteren Tournee durch Israel einen Brief geschrieben. Der dortige Veranstalter hatte sie vor Tourneebeginn zur Seite genommen und gesagt: »*Marlene, du bist hier in Israel, und wir wissen, daß du deutsche Lieder singst, aber bitte nicht hier. Kein Künstler wagt hier auf der Bühne deutsch zu singen.*« *Marlene antwortete ihm darauf so klar und eindeutig, wie es ihre Art ist:* »*Mein Herr, merken Sie sich eins. Deutsch ist die Sprache von Herrn Goethe und Herrn Heine und nicht die von Herrn Hitler, denn dessen Deutsch war miserabel!*« *Und dann hat sie ihre Lieder deutsch gesungen, und die Menschen haben geheult wie Schloßhunde, ihr Standing Ovations bereitet und ihr deutsche Dankesworte zugerufen. Ich kann mir nicht helfen, aber ich finde es gespenstisch, daß man sich in Deutschland heute nur noch daran erinnert, daß diese Frau irgendwann eine* »*falsche*« *Uniform getragen haben soll.*

Norman Granz hatte in Deutschland die Hamburger Konzertdirektion Kurt Collin für die Dietrich-Tournee als Partner, und Collin machte den fatalen Fehler, Eintrittspreise zu nehmen wie für Maria Callas – nämlich bis zu hundert Mark. Dementsprechend läuft der Kartenverkauf schleppend. Kurt Collin versucht zu retten, was zu retten ist und schlägt beispielsweise dem Horten-Konzern in Düsseldorf vor, fünfzig Prozent Ermäßigung zu gewähren, wenn er eine geschlossene Veranstaltung für Mitarbeiter und Geschäftsfreunde übernimmt. Herr Horten lehnt dieses Angebot mit der Begründung ab, einer Feindin seines Volkes schicke er seine Freunde nicht ins Konzert.

Vor dem Parkhotel in Düsseldorf wird Marlene von einer Fanatikerin angespuckt. Es kommen auch Schmähbriefe an Fritz: »Wir werden Sie, Herr Rau, schon dafür zu strafen wissen, daß sie diese Hure und Deutschenhasserin auf Tournee begleiten.« Die Zeitungen drucken alles ab, auch den Satz von Fritz: »Die paar Nazis, die diesen Mist äußern, werden hoffentlich bald sterben.«

Die Drohungen werden so massiv, daß Fritz gezwungen ist, Scheinabgänge vor den Theatern zu inszenieren. Am Haupteingang läßt er die Limousine vorfahren, an den Hinterausgang bestellt er ein Taxi. Das führt manchmal zu komischen Situationen. In Köln steigt Marlene ins falsche Taxi und hat vergessen, in welchem Hotel sie wohnt. Sie schickt den Fahrer in der Stadt herum, bis der verzweifelt die Taxizentrale anruft: »Bei mir hier sitzt eine jecke Frau, die behauptet, Marlene Dietrich zu sein, hat

121

aber keine Ahnung, wo sie hinwill.« In der Zentrale sitzt Gott sei Dank ein Fan von ihr, der Zeitung gelesen hat und weiß, in welchem Hotel sie abgestiegen ist.

Kurz vor dem Ende der Tournee fällt Marlene in Wiesbaden von der Bühne. Ein betrunkener Beleuchter ist daran schuld. Statt

Ganz nah am Idol: Marlene Dietrich

Marlene, laut Regieanweisung, an einer bestimmten Stelle auf der dunklen Bühne mit einem Lichtklecks nach rechts abgehen zu lassen, dirigiert er den Spot in Richtung Orchestergraben. Dem folgt die disziplinierte Marlene brav und fällt ins Off. Das Schlüsselbein angebrochen, ein Bluterguß, aber kein Ende der Tournee. Marlene läßt sich im Krankenhaus einen Zinkverband machen und geht am nächsten Tag wieder auf die Bühne.

Fritz schickt stolz ein Telegramm an Norman Granz, der gerade in Südamerika mit Ella Fitzgerald tourt:»Marlene felt off stage, but she is a great artist, she is going to continue the tour.« Norman bekommt fast einen Herzanfall, als er das liest. Obwohl die Europa-Tournee ein Triumph wird, ist sie in Deutschland ein glatter Reinfall. Eine bessere Gelegenheit als diesen Unglücksfall kann es also für ihn gar nicht geben. Die Versicherung muß die Kosten in der gesamten Höhe übernehmen. Also telegrafiert er zurück:»Are you crazy or am I crazy. What the hell is going on. Look at the insurance policy. Stop the nonsense, get off the tour.«

Fritz geht mit dem Telegramm in der Hand sofort in Marlenes Garderobe, zeigt es ihr und wartet mit klopfendem Herzen auf die Reaktion. Die kommt prompt, als die Antwort einer preußischen Offizierstochter:»Ich bin hier, um zu singen, und ich singe!« Als die schwierige Deutschlandtournee zu Ende ist, schenkt Marlene Dietrich Fritz eine goldene Uhr. Er trägt sie inzwischen länger als ein Vierteljahrhundert.

Am 31. Mai kommen Fritz und Hildegard nach Neustadt zurück. Am 1. Juni muß Fritz zum Amtsgericht Edenkoben, um dort seinen Beamteneid zu leisten. Für dreieinhalb Jahre ist er nun rheinland-pfälzischer Gerichtsreferendar. Doch insgeheim macht er auch dies wieder nur mit halbem Herzen. Er weiß zwar, daß ein Beamter ohne ausdrückliche Erlaubnis keine Nebentätigkeit ausüben darf, er steckt aber bereits in den Vorbereitungen für die nächsten Tourneen. Sein Status hilft ihm dabei. Ein Referendar hat im Amt keine Präsenzpflicht, sondern viel freie Zeit, die fleißige Juristen für ihre Dissertation nützen.

Der Gefahr, daß einer Nebentätigkeit nicht stattgegeben wird, setzt Fritz sich erst gar nicht aus. Er hat eine bessere Idee. Seine Frau wird die Geschäfte offiziell für ihn führen. Mit einer brillanten häuslichen Rede und den schlauesten Argumenten überredet er sie schließlich, und sie gründen das »Konzertbüro Hildegard Rau«. Mehrere Fliegen hat er so mit einer Klappe geschlagen. Hildegard ist zufrieden, daß Fritz brav auf der juristischen Karrierespur bleibt. Sie ist interessant beschäftigt und dadurch ihrem Mann mehr verbunden als zuvor. Fritz ist nun nicht mehr Angestellter, sondern über seine Frau Partner von Horst Lippmann, und zusammen sind sie Partner für den Dritten im Bunde, Norman Granz.

1960 brachte Norman wieder mal Ella Fitzgerald, und die Konzertbüros Horst Lippmann und Hildegard Rau betreuten die Tournee. Das heißt, daß ich wieder unterwegs war. Im Flugzeug auf dem Weg von Kopenhagen nach Berlin kam uns der Gedanke, daß Ella als Tribut an die Berliner ganz gut den Macky-Messer-Song von Brecht und Weill aus der Dreigroschenoper singen könnte. Louis Armstrong hatte ihn mit Erfolg gesungen, auch Bobby Darin, also warum nicht auch Ella? Wir haben ihr den Text aufgeschrieben, sie hat ihn gelernt und im Konzert prompt streckenweise wieder vergessen. Man kann es noch heute hören, wie sie sich improvisierend aus der Affäre zieht, denn das Konzert vor zehntausend Zuhörern in der Deutschlandhalle wurde von AFN mitgeschnitten und von Granz erworben und auf seiner Plattenmarke» Verve« unter dem Titel» Mack the Knife: Ella in Berlin« veröffentlicht. Das ist heute ein legendäres Dokument und eine LP, die erfolgreich in aller Welt verkauft worden ist.

Im gleichen Jahr 1960 erklärten wir uns auch bereit, die Jimmy Giuffre Three auf Tournee zu bringen. Guiffre war Tenorsaxophonist, Klarinettist, Arrangeur und Komponist. Er hatte 1949 als einer der drei Tenorsaxophonisten in der legendären» Four Brothers«-Band von Woody Herman gespielt und gerade eben ein Ensemble, das sehr melodischen Modern Jazz zelebrierte. Als das Trio dann 1961 anreiste, haben wir unseren Ohren nicht getraut. Giuffre spielte ausschließlich eine sehr kühle, fast atonale Klarinette, Paul Bley war am Piano, ein hagerer Jüngling namens Steve Swallow am Baß. Sie improvisierten nicht mehr über Akkordstrukturen, sondern eher über Gefühle. Es war das erstemal, daß ich live eine Art Free Jazz hörte. Es war etwas ganz Neues, etwas ganz anderes als das, was wir und die Leute erwartet hatten. Ein Drittel bis drei Viertel des Publikums verließ wutschnaubend die Säle, der Rest war begeistert.

Die Giuffre Three war praktisch die Fortführung unserer Idee » Kammermusik in Jazz« mit dem Modern Jazz Quartet 1957. Auch das Oscar Peterson Trio, das wir in jenem Jahr in kleinen Sälen präsentierten, ließ sich da einordnen. Schließlich brachten wir das wohl kreativste und innovativste Vokaltrio bis auf den heutigen Tag: Lambert, Hendricks & Ross. Dave Lambert hatte schon in den vierziger Jahren damit angefangen, Instrumentalchorusse nachzusingen, auch wenn sie noch so schwierig waren. Jon Hendricks war ein Poet, der auf ganze Orchesterarrangements,

etwa von Count Basie, nachträglich singbare Verse dichtete. Und
Annie Ross aus London: Sie phrasierte die hohen Töne so perfekt
wie die besten Trompeter der Welt.

Eigentlich soll Fritz die Referendarzeit nutzen, um seinen Assessor vorzubereiten, aber dafür ist kaum Platz in seinem Pendelleben zwischen Tournee, Landgericht, Amtsgericht, Staatsanwaltschaft, Kammersitzungen und der Herstellung von Gutachten. Manchmal sitzt er in einer Bühnengarderobe über seinen Gerichtsakten, während draußen Duke Ellington die Hölle losmacht. Preludin hilft auch hier wieder dem strapazierten Gerichtsreferendar auf die Beine, aber der Irrsinn dieses Doppellebens macht seine Nerven bald so sensibel, daß Hildegard in Neustadt ein Orchesterstück schreiben könnte, in dem ihr Mann die ewige Brüll-Arie singt.

Ende 1961 besteht Hildegard darauf, daß ein Familienurlaub gemacht wird. Und so schaukeln sie dann alle im Tournee-VW-Bus durch die deutschen Lande. Für ein paar Tage kein Streß, fröhliche Kinder und eine glückliche Hildegard. Doch der Bus darf ja nur benutzt werden, wenn zufällig gerade keine Tournee ansteht. Norman Granz hatte Fritz Geld geliehen, um ihn kaufen zu können, und auf seine Frage, wann er es zurückzahlen müsse, nur geantwortet: »When you are a judge.« Das bedeutet in Amerika Richter, ist also ein Fernziel, das von ihm möglicherweise nie erreicht wird.

Fritz weiß, daß seine Frau nur den Wunsch hat, ein eigenes Auto fahren zu dürfen. Als sie wieder zurück in Neustadt sind, sagt er darum eines Abends zu ihr: »Hildegard, ich verspreche dir, ich werde nie mehr mit dir brüllen, werde dich in Zukunft immer anständig behandeln. Und als Zeichen meiner Ernsthaftigkeit verspreche ich, daß du dir sofort einen VW bestellen darfst, wenn ich es wieder tue.«

Es vergehen kaum drei Tage, da bekommt Fritz wieder einen seiner üblichen Tobsuchtsanfälle, schreit das ganze Haus zusammen. Hildegard schnauzt diesmal nicht zurück. Ganz ruhig geht sie zum Telefon, nimmt den Hörer ab und wählt die Nummer des örtlichen VW-Händlers: »Herr Meyer, Sie können jetzt kommen und mir das Auto bringen.«

Aber Fritz nimmt sich ja nicht nur zuhause das Privileg, lauter zu argumentieren als gewöhnliche Menschen. Er tut dies selbstverständlich auch in Oslo, Wien, Rom oder Barcelona hinter den internationalen Bühnen. 1963 sagt Oscar Peterson in Paris zu ihm lachend: »Sag mal, Fritz, glaubst du eigentlich, daß die Spanier oder Franzosen deine deutschen Brüllereien verstehen?« »Nee«, sagt Fritz, »aber sie machen trotzdem immer, was ich will.«

125

Es ist eine der herrlichen Nächte mit Künstlern in Neustadt an der Weinstraße, die Fritz – Juristerei hin oder her – niemals missen möchte. Oscar Peterson und er lachen, saufen und erzählen sich Geschichten bis zum frühen Morgen. Leider vergessen sie, daß noch jemand mit am Tisch sitzt, der äußerst gespitzte Ohren hat, ein Pfälzer Journalist. Zwei Tage später kann Fritz das Ergebnis in der »Rheinpfalz« lesen, anderthalb Seiten lang: »Der Sohn unserer Stadt bringt Musik in die weite Welt.«

Auch der für die Referendare zuständige Oberlandesgerichtsrat liest das und bringt es sofort zu seinem Präsidenten. Als die Aufforderung kommt, sich dafür zu verantworten, ist Fritz dummerweise in Stockholm und Hildegard stottert am Telefon, ihr Mann sei gerade beim Arzt. In aller Eile besorgt sie auch noch ein Attest von einem befreundeten Mediziner, das Fritz ein paar Tage später dem Präsidenten vorlegt. »Das Attest können Sie sich an den Hut stecken, mein Lieber«, sagt der: »Wir wissen, was mit ihnen los ist. Nehmen Sie Stellung. Stimmt das, was ›Die Rheinpfalz‹ da schreibt, oder ist es erstunken und erlogen?«

Fritz reagiert leise: »Das ist ja wohl alles etwas übertrieben.« Doch der Präsident läßt ihn nicht weitersprechen: »Wir haben mit dem Schreiber dieser Zeilen gesprochen. Er hat uns bestätigt, daß es nur eine karge Wiedergabe der tatsächlichen Vorkommnisse ist.«

Fritz weiß, es hat keinen Zweck zu leugnen, also tritt er die Flucht nach vorn an: »Herr Präsident, Sie werden wohl verstehen, daß der Unterhaltszuschuß eines Referendars nicht ausreicht, um Frau und zwei Kinder zu ernähren. Aber ich habe nur meiner Frau ein bißchen geholfen, die ein Konzertbüro hat und nicht alles alleine schaffen kann.«

»Herr Rau, ist Ihnen die Nebenverdienstordnung unseres Justizministers eigentlich bekannt, oder hatten Sie noch keine Zeit, sich mit den Gesetzen unseres Berufsstandes vertraut zu machen? Reden Sie sich bitte nicht so billig aus der Affäre.«

Fritz ist fürs erste beurlaubt und hat wieder mal mehr Glück, als er sich selber zubilligt. Es werden Beurteilungen über ihn eingeholt, und die fallen erstaunlich gut aus. Schließlich ist es die Fürsprache des Senatspräsidenten Hoff, die ihm noch einmal aus der Patsche hilft. Er wird nicht gefeuert, sondern bekommt lediglich einen schriftlichen Verweis in seine Akten.

Damit bin ich wahrscheinlich der einzige Jurist der Welt, in dessen Personalakte allerhand über Jazz zu lesen ist, über Oscar Peterson, die Deutsche Jazz Föderation e. V., Albert Mangelsdorff, Lester Young, Jimmy Giuffre und das American Folk Blues Festival.

15. Kapitel: American Folk Blues Festival

Herbst 1962. Wir waren mit dem American Folk Blues Festival *auf Europatournee. Zum erstenmal eine Truppe von schwarzen Bluesmusikern in den großen europäischen Konzerthallen, von denen bis dahin nicht einmal eingefleischte Bluesfans wußten, ob es diese obskuren Schallplatten-Genies aus den schwarzen Gettos überhaupt noch gab.* *

In Paris hatten wir zwei Konzerte am gleichen Tag im »Olympia«; das erste um 18 Uhr. Um 21 Uhr kam Edith Piaf mit ihrer Show, und wir machten noch eine um Mitternacht, die bis gegen vier dauerte. Um diese Zeit kriegst du einen Bluesmusiker in Paris bestimmt noch nicht ins Bett. Wir also in die Kneipen und von da aus total besoffen zum Flughafen. Fast hätten wir noch das Gepäck vergessen.

Wir flogen mit der irischen »Air Lingus« nach Manchester, unserem einzigen Konzertort auf der britischen Insel. Aber an Bord entdeckten die Bluesmusiker den ungeheuren Reiz des irischen Whiskys, der dort in Form von Irish Coffee serviert wurde. Und als wir endlich in die Halle kamen, hingen da eine Menge langhaarige Freaks rum, die den Musikern voller Euphorie nochmal Alkohol reinschütteten. Da drehte ich durch. Ich warf die Kerle raus, aber sie kamen durch die Hintertür wieder rein und brachten schon wieder Whisky. Totale Arschlöcher, sie waren vollkommen aus dem Häuschen. Später erfuhr ich, daß die meisten aus London heraufgetrampt waren.

Sommer 1970. Wir machen unsere erste Tournee mit den Rolling Stones. *Nach dem Konzert in Frankfurt kommt Mick Jagger auf*

---

* *Memphis Slim, T-Bone Walker, John Lee Hooker, Shaky Jake, Sonny Terry & Brownie McGhee, Willie Dixon, Jump Jackson und Helen Humes*

mich zu und sagt: »*You are our tour promoter, nice to meet you. I heard about you, and I must tell you some stories.*« *Und dann bekam ich dieselbe Geschichte nochmal aus der anderen Perspektive um die Ohren gehauen. Denn Mick war einer jener Jungen – Schüler noch und doch schon sporadisches Mitglied von Alexis Korners legendärer Band* Blues Incorporated –, *die damals aus ganz England so dringend zu ihren Blues-Idolen nach Manchester mußten, daß sie dafür ihr letztes Hemd hergegeben hätten.*

»*Ich hatte plötzlich Willie Dixon und T-Bone Walker und all die anderen leibhaftig vor mir*«, *fauchte Mick mit einem Lächeln in den Augen,* »*und plötzlich kommst du reingejagt, nimmst mir den Whisky weg und brüllst: Ich hab' die Schnauze voll. Du warst ein Riesenarschloch, aber das Konzert war toll.*« *Hallo, dachte ich, in diesem Film war ich doch schon mal. Und mir fiel die Szene im Frankfurter Althoffbau wieder ein, als Horst Lippmann Fritz Rau war und Fritz Rau Mick Jagger.*

Wir hatten, als wir in den ersten Jahren Bluesmusiker nach Europa brachten, keine Ahnung, daß wir mit diesem Tourneepaket mitten ins Herz einer neuen Jugendkultur trafen, die sich gerade um den Blues herum artikulierte. Wir hatten den Blues getreu der Ideologie unseres Jazzpapstes Joachim Ernst Berendt immer als eine halb-ländliche Vorform des Jazz verstanden, die eine eminent historische, aber überhaupt keine aktuelle Bedeutung mehr hat.

Wir machten die Bluesfestivals für Jazzer und ernteten von denen nur Hohn. Aber für die Kids in London, Amsterdam oder Kopenhagen ging in diesen Konzerten der Himmel auf. Wir haben damals, ohne es zu wissen, etwas ganz Ungeheures angestoßen. Unser Kredit, den wir in der Rockwelt genießen, hat sicher vor allem damit zu tun, daß Lippmann + Rau großen Musikern auf Tournee großes Geld garantiert und gebracht haben. Aber der Vorschuß, den wir haben, beruht immer noch auf dem Blues. Und das Groteske ist, daß dieser Vorschuß von modernen Jazzmusikern vorgelegt worden war.

Lippmann hatte zum erstenmal 1953, auf einer seiner ersten Tourneen, den Bluessänger Big Bill Broonzy präsentiert. Das war Folklore, wie man sie sich als Relikt aus den US-Südstaaten vom Anfang des Jahrhunderts vorstellte: ein Mann und seine Gitarre. 1957 brachten wir das Modern Jazz Quartet *in ganz Europa auf die Bühne: ein Quartett im Smoking mit einem Pianisten und Chef, der als in Amerika geborener schwarzer Super-Europäer am meisten an Bach und Mozart interessiert schien. Und ausgerechnet dieser Mann, John Lewis, führte Bluesplatten von Muddy Waters und Little Walter in seinem Tourneegepäck mit. Horst Lippmann,*

Ein legendäres Plakat, Entwurf: Günther Kieser

emotional damals sehr stark von der Spiritualgruppe Spirit of Memphis Quartet *beeindruckt, ließ daheim am Plattenspieler John Lewis gegenüber den Neger raus. Und Lewis revanchierte sich umgehend mit Muddy Waters' elektrisch verstärktem City-Blues* »Mojo Workin'«.

Dann machten wir, 1959, eine Tournee mit dem Cannonball
Adderley Quintet. *Adderley, der 1975 nach einem Schlaganfall
starb, stammt aus Tampa, Florida, und hatte aus seiner Kindheit in
den Südstaaten sehr viel Bluesfeeling in seinem Spiel. Er kannte
die ganze moderne Blues-Szene, vor allem in Chicago, und er war
es auch, der uns schon damals die Adresse des Bassisten, Komponisten, Sängers und Session-Organisators Willie Dixon gab. Man
muß sich vergegenwärtigen: Chicago lag für uns damals auf der
anderen Seite des Mondes und der Dollarkurs war eins zu vier
oder viereinhalb.*

*Ein Jahr später brach Joachim Ernst Berendt nach Amerika auf,
um auf einem vier Monate dauernden Trip durchs ganze Land
zusammen mit dem Fotografen William Claxton ein Buch (»Jazz
Life«) »auf den Spuren des Jazz« sowie eine Fernsehsendung zu
machen. Horst gab Berendt die Dixon-Adresse, was dazu führte,
daß der Autor mit ganz ungewöhnlichen Eindrücken aus Chicago
zurückkam. Es war ihm gelungen, in der Garage des Drummers
Jump Jackson in der South La Salle Street mitten im schwarzen
Getto eine Bluesparty mit rund zwanzig namhaften Musikern zu
veranstalten und davon Aufnahmen mitzubringen.*

*Berendt schwärmte davon, Bluesmusiker aus Chicago zu einer
Fernsehsendung nach Baden Baden zu holen, aber das wäre bei
seinem beschränkten Budget viel zu teuer geworden. »Das geht
nur, wenn wir eine Tournee dranhängen«, erklärte der realistische
Lippmann und entwickelte die Idee: »Die Tour muß* American
Folk Blues Festival *heißen. American, weil es ja alles amerikani-
sche Musiker sind. Folk, weil der authentische Blues im weitesten
Sinne die Volksmusik der amerikanischen Schwarzen ist. Festival,
weil wir versuchen müssen, möglichst viele unterschiedliche
Musiker und ein weites Spektrum von Blues zu präsentieren.«*

*Horst fuhr nach Chicago. Aber die Truppe zusammenzubringen
war ungemein schwer. Viele der Kontaktadressen, die Berendt
mitgebracht hatte, stimmten nicht mehr. Bluesmusiker haben in
aller Regel keinen festen Wohnsitz. Die Familie von Memphis Slim
alias Peter Chatman, seine Frau und ein halbes Dutzend Kinder,
lebte in Chicago, aber wo Daddy war, wußte keiner. Willie Dixon
war anhänglicher. Auch er war nicht bei seiner Familie, aber er
schrieb wenigstens ab und zu mal 'ne Karte – gerade eben aus
Israel, wo sich zufällig auch der Pianist Memphis Slim aufhielt.
Eine Hoteladresse als Absender. Horst schrieb ohne große Hoffnung dorthin. Und tatsächlich kam Antwort nach Frankfurt: ein
Photo des dicken Willie Dixon auf einem Kamel.*

Wir veranstalten das American Folk Blues Festival *seit zwei*

130

Jahrzehnten. Nach dem ersten wurde es leichter, die Künstler zu finden und mit ihnen professionell zu arbeiten – nicht zuletzt dank der Anerkennung, die sie nach ihren Erfolgen in Europa nun auch in ihrer Heimat USA genossen. Aber in den ersten Jahren geriet Horst auf den Spuren der Musiker oft in abenteuerliche Situationen. Die Chefs kleiner, bluesorientierter Plattenfirmen oder auch von Jazz-Labels wie »Contemporary« und »Riverside« leisteten gelegentlich erste Hilfe bei der Aufnahme der Spur. Dann trabte Horst los, mitten rein in die Gettos, wie ein Hund, der Witterung genommen hat. Oft war er der einzige Weiße in total schwarzen Kneipen, unter aggressiven Arbeitslosen, Besoffenen, Underdogs: »What do you want here? We don't want you here. You don't belong to us.«

Wenn der schwarze, schwergewichtige ehemalige Preisboxer Willie Dixon dabei war, gab's nie Schwierigkeiten. Willie brauchte in Krisensituationen bloß mal die Muskeln spielen zu lassen; außerdem war er auch als Bluessänger eine Respektsperson. Weißer Geleitschutz war immer gefährlich, auch wenn er aus den USA stammte und sich in der Bluesszene gut auskannte. Als Horst den Sänger Lightnin' Hopkins in Texas suchte, wurde er vom blonden, blauäugigen Folk-Forscher und Plattenproduzenten Chris Strachwitz begleitet, deutschstämmig, aus der Familie von Bismarck.

In jedem Flecken, jeder Kneipe, wo die beiden Lightnin' Hopkins suchten, war der gerade gewesen, aber schon wieder weg. Ja, die nächste Station seiner Texas-Odyssee war bekannt, also wieder ins Auto zum nächsten Ort. Texas wurde immer mehr Main Street, wie man sie aus Wildwest-Filmen kennt – mit dem einzigen Saloon des Ortes dem Office des Sheriffs direkt vis-a-vis. Hopkins war ein Spieler. Er spielte in einer Stadt drei oder vier Gigs, verzockte alles verdiente Geld und zog weiter zum nächsten Gig und zum nächsten Spieltisch. Horst und Chris reisten ihm vierzehn Tage lang hinterher – und Texas wurde immer schwärzer.

Horst ist ein südländischer Typ, der sehr schnell braun wird und dann leicht als Farbiger durchgeht... aber Chris? Im Saloon der Ortschaft, in der sie Hopkins schließlich erwischten, lärmten die Besoffenen, ausnahmslos Schwarze. Doch Horst und Chris hatten Hunger. Also schlichen sie sich hinten rum in die Küche und aßen Soul Food – Schweinsfüße mit schwarzen Bohnen und Grünkohl – nicht bei den gefährlichen Saufbrüdern, sondern beim harmlosen Küchenpersonal.

Lightnin' Hopkins gab sich bei den Verhandlungen über eine Europatournee zunächst störrisch. Er hatte Verträge mit englischen Managern schon mehrfach platzen lassen, weil er aus dem Dunstkreis der Spieltische nicht weg wollte und Angst vorm Flie-

gen hatte. Wir hatten ihn 1964 im American Folk Blues Festival, *aber nur deshalb, weil wir Chris Strachwitz als seinen persönlichen Betreuer mit verpflichteten.*

Einmal war unser Grafiker Günther Kieser mit Horst in Chicago, um Photos zu machen, und obgleich der Bluessänger Sunnyland Slim ihr Schutzengel sein wollte, gerieten die beiden in eine recht prekäre Situation. Horst Lippmann erzählt:

»Wir wohnten in einem Hotel an der South Michigan Avenue, das ist schon South Side, am Anfang des schwarzen Gettos. Sunnyland Slim holte uns mit dem Auto ab, um mit uns in einen Club im schwarzen Elendsviertel an der West Side zu fahren, wo diesen Abend der legendäre Bluessänger Magic Sam auftrat. Slim murmelte etwas wie ›... muß noch 'n paar Freunde besuchen‹, hielt unterwegs an und kam mit zwei Riesenweibern mit Riesentitten zurück, die sich zu uns in den Wagen quetschten. Günther saß hinten, aber zwischen den beiden Bombern hat man ihn kaum noch gesehen. Die Gegend, in die wir fuhren, sah wie unmittelbar nach einem Bombenangriff aus. Ich drehte mich um und sagte: ›Mensch, Günther, ob wir hier je wieder rauskommen ... das ist ja Wahnsinn!‹

Magic Sam begrüßte uns von der Bühne runter, sagte, vielleicht würde heute Abend B. B. King noch kommen, jedenfalls wären schon mal ein paar seiner Freunde da. Sunnyland Slim bestellte sich einen großen Grünen nach dem anderen, vermutlich Pfefferminzlikör, besoff sich hemmungslos und lag schließlich in typischer Blueshaltung mit dem Kopf auf dem Tisch. Er war total weg, und wir beiden Germanen saßen mit diesen schwarzen Super-Tanten allein in dem rein schwarzen Lokal.

Am Nebentisch wurde das als sehr merkwürdig empfunden, und als die Jungs anfingen, Günther Kieser von Tisch zu Tisch Fragen zu stellen, hatten die schon einen recht drohenden Unterton. Günther spricht sehr schlecht Englisch, er hat nur gesagt: ›I'm not American, I am from Germany.‹ Aber in einem Land, in dem nicht mal jeder Taxifahrer richtig Englisch spricht, hat ihm das natürlich keiner geglaubt.

Die Atmosphäre wurde immer mulmiger. In seiner Not holte er schließlich seinen deutschen Reisepaß raus. Der wurde von Tisch zu Tisch durch's ganze Lokal gereicht, und dann kippte die Stimmung gänzlich um. Ein paar der Gäste waren als GIs in Deutschland gewesen, kamen an unseren Tisch, knallten uns ihre Pranken auf die Schultern und luden uns zu Drinks ein. Die Atmosphäre war nun ganz happy, zu happy, denn wenn wir noch viel länger geblieben wären, hätten wir uns der Tanten nicht mehr erwehren

können. Oder wir hätten Sunnyland Slims Schicksal geteilt. Wir
also raus, um gegenüber in einer Imbißbude ein Brathuhn, ein
Barbecue Chicken, zu essen. Da sollten wir nicht bedient werden.
Der Typ am Grill staunte uns mit offenem Mund an: Was machen
die denn hier? Irgendwie haben wir's zurück zum Hotel geschafft.
Es ging gut. Eigentlich ging es immer gut.«

Als Horst 1961 das erstemal von seiner Bluesreise durch die
USA zurückkam und sagte: »Die Musiker sind klar, nun buch' die
Tournee«, hatte ich Bauchschmerzen, ob es uns gelingen würde,
für diesen zusammengewürfelten Haufen obskurer Blues-Musi-
ker, die kein Mensch kannte, örtliche Veranstalter zu finden – und
wenn, ob dann auch Publikum käme. An einem Abend in London
haben Horst Lippmann, Norman Granz, Oscar Peterson und ich
heftig über das American Folk Blues Festival gestritten. Oscar hat
sich geschämt, daß diese Tournee als schwarze Musik verkauft
werden sollte. Er sagte: »Das ist überhaupt keine Musik.« Dennoch gab es in den meisten europäischen Ländern ein paar Inter-
essenten. Auch der Rundfunk half mit. Aber allen war klar: Dieses
Risiko war verdammt groß.

Zu unser aller Überraschung war aber das Publikum aufnahme-
bereit, oder besser: Es war neugierig und kaufte deshalb die Karten. Wir hatten in Deutschland mittelgroße Säle gebucht, wie
damals für Jazzveranstaltungen üblich: Musikhalle in Hamburg,
Hochschule der Künste in Berlin, »Glocke« in Bremen, Kapazität
jeweils unter zweitausend, aber wir verkauften sie aus. In der
»Glocke« war Sigi Schmidt-Joos, damals Musikredakteur bei
Radio Bremen, unser Partner. Noch während das Konzert lief,
regte er an, davon unbedingt eine Platte zu machen. Ein Anruf
beim Jazzreferenten der Deutschen Grammophon Gesellschaft in
Hamburg, den wir zu Hause erwischten. Noch vor dem Schlußbei-
fall in der Bremer »Glocke« war die Plattenaufnahme am nächsten
Tag in Hamburg perfekt.

Wir sind nach dem Hamburger Konzert direkt ins Studio gefahren. Die Session begann um zwei Uhr morgens. Um sechs waren
die Aufnahmen im Kasten: eine unglaubliche LP, die heute noch
Gültigkeit hat, ungeheuer lebendig inklusive unserer Zwischenrufe, die dort zu hören sind. Wir waren glücklich. Erst später
wurde uns klar, daß uns die Plattenfirma damit aufs Kreuz gelegt
hatte.

Lippmann + Rau als Produzenten der Tournee und damit auch
der Platte wurden auf dem Cover mit keinem Wort erwähnt und
erhielten nicht einen Pfennig Honorar. Die Firma hatte die Be-
gleitatmosphäre im Studio mit aufgenommen, aber jeden einzelnen Track ausgeblendet, was mich schwarz geärgert hat. Jedoch

133

hat diese Veröffentlichung die Idee des American Folk Blues Festivals *in Europa etabliert. Ohne ihre Überzeugungskraft hätten wir noch jahrelang daran arbeiten müssen.*

Frankreich war immer ein Bluesland gewesen, ein Jazzland seit den dreißiger Jahren sowieso. Vielleicht liegt das an der Offenheit der Franzosen für jede Art schwarzer Kultur, auch an der geistigen Nähe zu Afrika. Schwarze Dichter wie Aimé Césaire von der französischen Antilleninsel Martinique und Leopold Sédar Senghor aus Senegal lebten jahrzehntelang in Paris, schrieben ihre Gedichte französisch und gehörten als Deputierte ihrer Heimat sogar der Französischen Nationalversammlung an.

Negritude, der Begriff für das Wiedererwachen der schwarzen Kultur im 20. Jahrhundert, wurde in Frankreich geprägt. Die ersten großen schwarzen Musik-Revuen gab es nicht etwa am Broadway, sondern in Paris: die allererste mit Josephine Baker und dem Jazz-Sopransaxophonisten Sidney Bechet 1925 im Théâtre des Champs-Elysées. Die ersten Rhythm & Blues-Schallplatten in Europa, beispielsweise der Instrumental-Hit »Flamingo« von Earl Bostic, wurden unter dem braunen Label der französischen Plattenfirma »Vogue« veröffentlicht. Vor einem solchen kulturellen Hintergrund gab es für die Buchung des ersten Blues-Festivals *im Pariser »Olympia« keinerlei Probleme.*

Auch Holland und Skandinavien griffen relativ schnell zu, merkwürdigerweise nicht England, das auf andere, kühlere Art ebenfalls ein Bluesland war. Dort hatte der Dixieland-Posaunist Chris Barber schon in den fünfziger Jahren auf seinen Band-Tourneen das amerikanische Blues-Duo Sonny Terry und Brownie McGhee vorgestellt, das wir später auch im Blues-Festival *hatten. Vor allem aber gab es den unermüdlichen Alexis Korner, der mit seiner Band* Blues Incorporated *das schwarze Idiom in ein weißes umschmolz und damit zum wichtigsten Katalysator der ganzen britischen Beat-Szene wurde. Aber das wußten wir damals noch nicht. Vor allem wußten es die Konzertagenturen noch nicht. Daher 1962 nur ein einziges Konzert in Großbritannien, in Manchester.*

Auch im darauffolgenden Jahr, 1963, wollte unser Londoner Partner Harold Davison noch nichts vom Blues-Festival *wissen, obgleich wir ihm die Presse-Auswertungen aus halb Europa sowie die LP geschickt hatten. Davison gehörte wie wir zur Norman-Granz-Familie, war jazzorientiert, aber nicht bereit, dieses Neuland zu betreten. Dann, in der Vorbereitungsphase der 63er Tournee, trifft Horst Lippmann auf dem Weg in den Frankfurter Jazzkeller zufällig Giorgio Gomelski, einen Musikfreak aus der anbrechenden Szene von Swinging London, der wie verrückt herumma-*

nagt und herumproduziert. Horst erzählt ihm vom Blues-Festival, *und daß Davison nicht ran will. Giorgio:*» Ich kenn' den Harold Pendleton. Er betreibt den Marquee-Club, in dem ich oft bin. Ich ruf' ihn heute nacht noch an.«

Das hat er gemacht. Plötzlich haben wir zwei Konzerte in Croydon in der Fairfield Hall, eine halbe U-Bahn-Stunde von London entfernt. Ausverkauft. Aus den zwei Konzerten wurden vier, und außerdem haben wir noch Manchester und Birmingham bespielt. Nach einem der Croydon-Konzerte (ich war damals nicht mit) hat Giorgio den Lippmann in ein typisch englisches Pub verschleppt, wo eine von ihm entdeckte junge Band spielte. Sonny Boy Williamson war mit seinem Köfferchen voll Mundharmonikas natürlich wieder dabei. Er ging überall hin, wo Musik gemacht wurde, Jazz oder Rock oder Blues, und spielte nach Möglichkeit überall mit.

Horst und Sonny Boy wurden von Giorgio durch das knallvolle Pub mit seinen Pints und Half-Pints Bier in ein Hinterzimmer geleitet, das noch nicht mal elektrisches Licht hatte. Und dort ging der Blues los. Eine Band von Teenagern spielte, die in London kein Bein auf den Boden kriegten und deshalb in die Vorstadt ausweichen mußten. Sonny Boy Williamson bekam den Mund nicht mehr zu:» Das ist ja unglaublich, das ist wie in Chicago.« *Die Band hieß* Yardbirds, *und der Gitarrist war ein damals siebzehnjähriger Musiker namens Eric Clapton. Am nächsten Abend waren Horst, Giorgio und Sonny Boy wieder da. Williamson stieg ein, und die Band begleitete ihn. Es war klar, daß Horst davon eine Platte machen mußte.*

Nach dem Ende der Blues-Festival-*Europatournee 1963 reisten Horst Lippmann und Sonny Boy Williamson also abermals nach London. Giorgio Gomelski hatte eine Live-Session im* » Crawdaddy Club« *in Richmond nahe London vorbereitet. Nachmittags trafen alle zum Soundcheck ein. Es war saukalt, vier Grad Frost und alle Wasserleitungen eingefroren. Ein paar elektrische Heizkörper an der Decke. Sonny Boy Williamson kletterte auf einen Tisch, um sich die Hände anzuwärmen, damit er überhaupt Mundharmonika spielen konnte. Aber Giorgio meinte:*» Macht nichts. Wenn es heute abend hier voll ist, werden die Leute den Laden schon einheizen.«

Der Toningenieur hatte seine Geräte in der Küche aufgebaut und alle Kochplatten angestellt, um es etwas wärmer zu haben. Dabei flogen zweimal alle Sicherungen raus. Abends wurde jedenfalls gespielt. Zwei Sets, jedesmal dasselbe Programm: fünf Stücke von den Yardbirds *allein, wobei der kleine Eric Clapton den Leu-*

135

ten die Blues-Riffs mit seiner Gitarre in die Ohren drosch, dann stieg Sonny Boy Williamson mit seinen Harmonikas ein. Diese Aufnahmen brachten wir über unserem Freund Siegfried E. Loch bei der Hamburger Philips auf dem »Star Club«-Label heraus.

Von den Yardbirds und Clapton war Horst jedoch derart angetan, daß er kurzfristig in einer Londoner Vorstadt ein winziges Studio mietete und sechs Titel ihres eigenen Materials aufnahm. CBS veröffentlichte davon zwei Singles, von denen vielleicht zweihundert oder dreihundert Stück verkauft wurden. Wir hatten die Option auf diese Band, haben sie aber nach dieser Erfahrung nicht wahrgenommen. Mit den Yardbirds ging es danach steil bergauf. Wir waren an ihren Plattenumsätzen nicht beteiligt, aber wir hatten unsere Finger, eher zufällig, plötzlich auch im Plattengeschäft.

American Folk Blues Festival: Ein Vierteljahrhundert ist es her, daß wir mit der Planung begannen, und diese Konzertserie ist noch keineswegs ausgelaugt. Denn der Blues bringt immer neue, großartige Künstler hervor. Auf der LP von der Jubiläumstournee 1982 schrieb Horst Lippmann: »Heute ist Memphis Slim, nach vielen Jahren am Rande des Existenzminimums, Ehrenbürger von Memphis. John Lee Hooker und Willie Dixon haben es inzwischen auch dank ihrer Auftritte bei vielen American Folk Blues Festivals zu Wohlstand gebracht. T-Bone Walker starb 1975 und hat leider seine heutige Popularität nicht mehr erlebt.«

Mick Jagger und die Rolling Stones, die dieser Konzertserie eingestandenermaßen den wichtigsten Kick für ihre Karriere verdanken, sind nach wie vor Giganten der Szene, verändern sich, entwickeln sich, verlassen aber niemals das Fundament ihres Erfolgs, rockigen Blues oder bluesigen Rock.

Nochmal backstage beim Stones-Konzert 1970 in Frankfurt. Mick brüllt mich an: »Manchester '62, Riesenarschloch, hast mir den Whisky weggenommen, aber wir sind hinten rum wieder rein. Doch das Schlimmste, was Ihr verbrochen habt, war '63. Da habt Ihr den Muddy Waters in der ersten Konzerthälfte akustische Gitarre spielen lassen und ihm in der zweiten einen Mini-Verstärker hingestellt, obgleich der Mann doch ein Genie auf der E-Gitarre ist. Das ist kein Folk-Blues-Musiker, sondern einer der Giganten des Rhythm & Blues, ein Heiliger der Rockmusik. Ihr habt die Entwicklung der Rockmusik mit dieser Nummer um fünf Jahre zurückgeworfen!«

Dabei hatte Mick Jagger sein Funkeln in den Augen und ein verstecktes Lächeln auf den Lippen, das zu signalisieren schien: »Ich hab' Respekt vor dem, was ihr Typen da auf die Beine gestellt habt, ich find' das toll!«

16. Kapitel: Umbrüche

Ein Frühsommertag 1964. Fritz lehnt sich im Auto zurück, staunt immer wieder über die landschaftliche Schönheit der Weinstraße und gibt seiner Frau ab und zu ein Bonbon oder ein Stück Apfel. Er genießt es, daß sie ihn nach Frankfurt chauffiert, so wie er es immer genießt, wenn er in einem Auto sitzt, das er nicht selber fahren muß. Auf die Idee, einen Führerschein zu machen, ist er nie gekommen. Er muß den Kopf und die Hände frei haben, rollende Räder animieren seine Phantasie. Die Banalität, dabei auch noch auf den Verkehr achten zu müssen, würde den Zauber zerstören.

Er denkt an August Rau, der ihn sich so oft vor den dicken Bauch geklemmt hat, wenn er über Land fuhr und den kleinen Fritz das Lenkrad drehen ließ. Was für ein schönes Spiel war das. Und er denkt an das alte Auto im Hof in Ittersbach, das ihm der Vater dort hingestellt hatte, um ihm einen Spielort zu schaffen. Wie oft war er mit der Kiste ohne Räder abgeflogen, mitten in die Wolken und seine fernen Märchenlandschaften hinein, in denen es keine hinderlichen anderen Autos, Kreuzungen oder Ampeln gab.

In diesem Moment kracht es. Sein Kopf knallt an die Windschutzscheibe. Bremsen quietschen. Erschrocken sieht er auf Hildegard, doch der ist nichts passiert. Ein Auffahrunfall, nichts Schlimmes. Niemand ist verletzt, aber das Auto ist im Eimer. Es dauert eine Weile, bis der Abschleppdienst kommt. Am späten Nachmittag fahren sie mit dem Zug nach Hause zurück. Doch Fritz ist so durcheinander, daß er in den nächsten Tagen beschließt, seine Arbeit für das Assessoren-Examen nicht fertigzumachen. Er weiß, daß er noch eine zweite Chance bekommen wird und bittet darum.

Das alte Hin und Her zwischen Konzertgeschäft und der Rechtswissenschaft ist immer noch nicht ausgestanden. Verrückterweise hat er manchmal sogar Spaß an der Juristerei. Sachverhalte zu analysieren, Argumente für Gerechtigkeit zu finden, aktiv in die Rechtsfindung eingreifen zu können belebt ihn. Aber da ist der verdammte Sog der lebendigen Musikszene, die Herausforderung an seine kreativen Ideen, die sich immer noch höhere Ziele stecken wollen. Eins davon knüpft sich an das erfolgreiche *American Folk Blues Festival* und soll erstmals authentische Kirchenmusik der amerikanischen Schwarzen nach Europa bringen.

Doch bevor er an die Realisierung dieses Projekts gehen kann, vergehen Wochen. Er schreibt seine zweite Examensarbeit. Es wird die beste seines Jahrgangs. Nachdem er auch noch die mündliche Prüfung erfolgreich besteht, ist er Prädikats-Assessor. Nun kann er sich nicht mehr drücken, nun muß er seine Wahl treffen. Eine Sozietät in Neustadt bietet ihm den Einstieg an. Beruf und Karriere eines Rechtsanwalts stehen ihm offen.

Aber da ist auch noch Horst Lippmann, der diesen wichtigen Entscheidungsmoment richtig einschätzt. Er bietet Fritz die Partnerschaft in der Firma an. Fritz quält sich nächtelang mit dem Für und Wider beider Möglichkeiten. Schließlich siegt die Droge Show Business. Zum ersten Mal belügt er sich nicht mehr selbst, bekennt sich zu seiner wahren Lust. Einsam fällt er die Entscheidung gegen die tiefverwurzelte Sehnsucht seiner Frau nach bürgerlicher Sicherheit. Er fällt damit zugleich die Entscheidung gegen den Bürger Fritz Rau.

Ich weiß, daß ich dadurch Hildegard den Lebensnerv geraubt habe, aber ich konnte nicht anders. Es war unfair, aber als bei mir feststand, daß das andere stärker war – man nenne es Rauschgift, Überzeugung, Mission oder Lebensglück –, mußte ich den Berufsjuristen in den Schrank hängen. Dann habe ich ihr lediglich mitgeteilt, daß wir nach Frankfurt ziehen werden.

Ob sie will oder nicht muß hier Hildegard erkennen, daß sie an eine Grenze seiner Kompromißfähigkeit gekommen ist. Diesmal muß sie ihm folgen. Gemeinsam fahren sie zu der entscheidenden Besprechung nach Buchschlag in das Haus von Horst Lippmann. Und jetzt zeigt sich eine verblüffende Charaktervariante Hildegards. Sie ist durchaus in der Lage, ihre Stärke auch zugunsten einer von ihr nicht gewünschten Situation umzufunktionieren. Sie und nicht Fritz stellt bei der Vertragsformulierung die richtige Weiche für das weitere Schicksal ihres Mannes.

Geplant war, Fritz als Fünfzigprozent-Partner ins Konzertbüro

Die Partner: Lippmann + Rau

Lippmann aufzunehmen, obwohl er ohne Geldeinlage kommt und nur seine Arbeitskraft und seinen Ideenreichtum einbringt. Hildegard geht einen entscheidenden Schritt weiter. »Das genügt uns nicht«, sagt sie, »wir möchten, daß die Firma Lippmann + Rau heißt!« Der Satz steht minutenlang wie ein Eisblock im Raum. Fritz bleibt der Mund offen bei soviel Unverschämtheit, und auch Horst bleibt vorerst stumm. Günther Kieser wagt den ersten Einwand: »Aber Hildegard, begreifst du denn nicht? Das klingt doch überhaupt nicht: Lippmann + Rau.« Hildegard kontert: »Rodgers

und Hammerstein klingt doch auch nicht, oder?«* Horst Lippmann ist nach kurzer Überlegung einverstanden. Der Vertrag wird
gemacht.

*Wenn diese Forderung von Hildegard nicht gekommen wäre,
gäbe es heute einen Anwalt mehr. Im Nachhinein wurde mir
bewußt, daß ich unter dem Namen Konzertbüro Lippmann niemals die Leistung erbracht hätte. Ich war reif dafür, Unternehmer
mit Eigenverantwortung zu werden, doch damals hätte ich noch
nicht gewagt, es zu fordern. Wenn ich mich als Baum betrachte,
hat mich Hildegard in die Erde gepflanzt. Ich selbst hätte mich nur
wieder in der Luft angesiedelt und wäre dann nach ein bis zwei
Jahren voller Frust auf die Erde zurückgefallen. Doch das Perverse
daran ist, daß Hildegard damit die Ursache schuf, die unsere Ehe
scheitern ließ, obwohl sich ihr ganzes Unterbewußtsein dagegen
sträubte.*

Die Familie zieht nach Gravenbruch in der Nähe von Frankfurt,
in eine Drei-Zimmer-Wohnung in einem fünfzehnstöckigen
Hochhaus.

*Günther Kieser und Horst haben mir die Kraft gegeben, den
neuen Abschnitt bei Lippmann + Rau zu beginnen und durchzustehen. Die Freunde aus dem Jazzkeller sind ja schon lange nicht
mehr mitgegangen. Da hab' ich mir manchmal eine blutige Nase
geholt, wenn ich mit meinem Dreifachen an der Theke stand und
über den Blues ausflippte, den die Jazzpuristen überhaupt nicht
verstehen wollten.*

Das erste *American Folk Blues Festival* 1962 hatte durch die
über Nacht produzierte Langspielplatte der Deutschen Grammophon Gesellschaft auf deren Brunswick-Label bei Marketing-Stra-
tegen der Plattenindustrie in ganz Europa zunächst nicht mehr als
wohlwollende Aufmerksamkeit erregt, aber wenigstens das. Das
Aufnahmestudio in Hamburg-Wandsbek war bei Beginn der Session um zwei Uhr morgens voller Nachteulen aus der Branche. Die
anstehende Produktion hatte sich von Kollege zu Kollege auch
zwischen konkurrierenden Plattenfirmen binnen vierundzwanzig
Stunden telefonisch herumgesprochen. Die Stimmen der Studio-
gäste sind auf der LP auch heute noch zu hören, bei den Stücken
von John Lee Hooker eine besonders durchdringend: die Stimme
von Siegfried E. Loch.
Loch stammte aus Hannover, hatte einen Hang zum Jazz, aber

* Der Komponist Richard Rodgers und der Textdichter Oscar Hammerstein II
waren jahrzehntelang die erfolgreichsten Musical-Autoren am Broadway.

er teilte das Schicksal von Fritz. »Ich hab' im Jazzclub Hannover«, erzählt er, »sehr schnell gelernt, daß man in Schwierigkeiten gerät, wenn man neben Duke Ellington und Count Basie auch noch die Musik von Fats Domino und Little Richard schätzt.« Jazz und Blues, Jazz und Rock'n'Roll: Das ist für die Korinthenzähler, die Sammler von Matritzennummern in den Jazzclubs e. V. wie Feuer und Wasser. Loch, bereits in Hannover als Vertreter vor Ort im Platten-Business tätig, macht sich frei davon, geht zum Auslandssonderdienst der Electrola in Köln, wo das Repertoire weltweit vielfältig ist, und schon bald zur Philips/Phonogram nach Hamburg. Und in dieser Stadt ist die Szene ganz anders, frisch wie eine Nordseebrise, die von England her weht.

Im Kaiserkeller auf der Reeperbahn spielt eine Band aus Liverpool, der eine Friseuse namens Astrid Kirchherr Pilzkopf-Frisuren schneidet und damit in die Geschichte der Popmusik eingeht. Ein ambitionierter, aber nur mittelmäßig begabter Rock-Gastarbeiter aus England macht sich den Spiel- und Erfolgshunger der jungen Typen zunutze und holt sie sich als Begleitband ins Polydor-Plattenstudio. Der Sänger und Gitarrist heißt Tony Sheridan, die Band sind die *Beatles*. Damals gastieren auf St. Paulis sündiger Meile eine Menge billige britische Bands. Sie spielen in Bars, Nuttenkneipen, im Freier-Milieu für 'n Appel und 'n Ei. Musikläden wie die etablierten Jazzkeller mit ihrem coolen Kultur-Snobismus gibt es für Beat- und Rockmusik noch nicht.

Im Frühjahr 1962 verkünden kleine Schriftplakate auf Hamburger Anschlagflächen und Säulen: »Die Zeit der Dorfmusik ist zuende.« Deutschland weiß noch nicht, welcher kulturelle Sprengsatz sich hinter dieser Ankündigung verbirgt. Am 13. April 1962 macht der auf St. Pauli zu Geld gekommene Kneipier Manfred Weißleder in einem umgebauten Kino an der Großen Freiheit 39 den »Star Club« auf, in dem er sich seine eigenen Kulturbedürfnisse erfüllt. Und die hängen nicht niedrig. Weißleder will sich die Stars vom Rock-Himmel holen: Chuck Berry, Fats Domino, Little Richard, Jerry Lee Lewis, Ray Charles. Er zahlt dafür die damals immense Gage von rund sechzigtausend Mark pro Abend mit zwei bis drei Auftritten, aber er schafft es. Natürlich muß die Kohle wieder reinkommen. Dafür läßt Weißleder von englischen und deutschen Beatgruppen in seinem Bergwerk bis zu acht Sets pro Nacht abliefern, jedesmal nur ein Quickie, jedesmal auch nur für'n Appel und 'n Ei.

Siggi Loch wird Stammgast im »Star-Club«. Er ist bei Philips als Repertoiremann für Jazz angestellt, aber Jazz bedeutet seinem sehr deutschen Chef Hans Schrade alles, was nicht deutsch ist. Siggi bibbert, als er zum erstenmal als Producer in ein Plattenstudio geht, um eine Bossa-Nova-Platte mit dem deutschen Tenorsaxophonisten Klaus Doldinger zu produzieren – woraus eine künstlerische Freundschaft fürs Leben entstanden ist.

Aber er bibbert noch mehr, als er Schrade 1962 vorschlägt, das nächste *American Folk Blues Festival* für Philips zu optieren. So wird's gemacht. Am 13. Oktober 1963 nimmt Siggi Loch in der Bremer »Glocke« live das Radio-Bremen-Konzert der zweiten Bluesfestival-Tournee auf. »Supervision«, also die künstlerische Oberaufsicht, hat laut Impressum im Plattencover Horst Lippmann. Die Schiene steht: Horst Lippmann und Fritz Rau haben einen Partner in der Plattenindustrie, der von nun an alle ihre *Authentischen Dokumentationen* korrekt und liebevoll betreut.

St. Pauli mit seinem Vergnügungsviertel um Große Freiheit und Reeperbahn ist ein gefährliches Pflaster, für Insider auch bei Tag. Im Obergeschoß des »Star Clubs« läuft Striptease annähernd rund um die Uhr, ganz oben hat Weißleder sein Büro. Er kommt aus dem Ruhrgebiet, ist eigentlich Fernmeldetechniker und hat sich seinen Platz auf dem Kiez nach den dortigen Regeln erkämpft. Als Siggi Loch bei ihm vorstellig wird, um mit ihm über Plattenproduktionen aus dem »Star-Club« zu reden, muß er durch drei Kontrollen.

Er hat den Ehrgeiz, den Beat vom Kiez in Rillen zu pressen und nach Möglichkeit im »Star-Club« aufzunehmen. Aber Chef Schrade hat ihm mitgegeben: Es darf nichts kosten. Weißleder fragt: »Wieviele LPs müssen Sie denn verkaufen, bis sich die Sache amortisiert hat?« Loch hört wohl nicht recht: LPs, es waren in der Firma – wie damals üblich – doch nur Singles im Gespräch. Er überlegt kurz, die Situation ist zu heikel: »Zehntausend.« – »Dann«, sagt Weißleder, »stelle ich Sie von Musikerhonoraren bis zu einer Auflage von zehntausend LPs frei, und danach klingelt es bei mir in der Kasse.« Loch schließt den Vertrag und produziert eine LP. Und Schrade schreit, als er die Aufnahmen hört: »Ist ja fürchterlich, das veröffentlichen wir nicht!«

Aber da gibt es einen Vertrag, und eine Vertreterkonferenz in Bad Homburg steht bevor. Loch präsentiert dort seine neuen Produkte aus den Sparten Jazz und Jazzverwandtes mit durchschnittlichem Zuspruch. Dann, zum Schluß: »Und hier habe ich noch etwas aus unserer eigenen Produktion.« Die »Star-Club«-Tapes. Die Vertreter sind außer sich vor Begeisterung: »Das wollen die Kids, und wir wollen Umsätze.« Schrade steht auf und beruhigt die Gemüter: »Die Langspielplatte ist ja bereits in der Presse!«

Er weiß, daß er mit dieser Veröffentlichung auf die gesamte Außendienstmannschaft setzen kann, und das ist die halbe Miete. Es bedeutet für Siegfried E. Loch, auf dieser Schiene weiterzuma-

142

chen, Rock zu produzieren. Das bringt Hits von den *Searchers,* den *Rattles,* der *Spencer Davis Group* und anderen hervor. Und er polt die Antennen seiner Freunde Horst Lippmann und Fritz Rau auf seine eigene Szene, auf den Rock-Kiez in Deutschland ein, auch wenn die beiden die Signale zu dieser Zeit noch nicht richtig empfangen.

Für uns war Siggi Loch eine wichtige Begegnung, weil er genauso dachte wie wir. Auch er nutzte seine Produzentenrolle dazu, ungewöhnliche Begabungen optimal nach außen zu tragen. Unser Medium war das Konzert, seins die Schallplatte. Er war der Musik ebenso hemmungslos verfallen, versuchte Perspektiven zu eröffnen und eine gewisse Ethik in das harte Plattengeschäft zu bringen. Er wollte, daß die Käufer einer Platte nicht mit oberflächlicher Dutzendware aufgrund reißerischer Aufmachung und gelungener Promotion verschaukelt, sondern mit wirklichem Talent bekannt gemacht wurden. Dabei durfte auch er, wie wir, nicht den kommerziellen Blickwinkel aus dem Auge verlieren. Denn hier wie da mußten Verluste, die immer entstehen, wenn man ein Risiko eingeht, teuer bezahlt werden.

Die Wertschätzung füreinander ist gegenseitig. Und die Basis hat wieder einmal, wie auch für viele Rockstars der späteren Jahre, das *American Folk Blues Festival* gelegt. Siegfried E. Loch lebt heute als Europa-Chef des US-Schallplatten-Riesen WEA in London. Er erzählt:

»Es war ein Naturereignis. Lippmann + Rau haben mir ermöglicht, die Urväter des Rock'n Roll zu sehen. Ich, wie alle anderen, war damals erschlagen davon, und der Begeisterungstaumel erfaßte nicht nur Deutschland, sondern ganz Europa. Ich weiß, daß dieses Verdienst nur diesen beiden Verrückten aus Frankfurt zukommt. Selbst 1985 noch habe ich davon profitiert, als ich mein Idol Eric Clapton, jetzt immerhin ein Künstler meiner Firma, endlich einmal kennenlernen wollte. Nach einem Konzert ging ich zu dem Manager und bat ihn, mich mit Eric bekannt zu machen, einem sehr schwierigen Mann, wie man weiß. Der Manager winkte sofort ab: ›Tut mir leid, Clapton will niemanden sehen, schon gar nicht einen Funktionär aus der Plattenindustrie.‹ Nun versuchte ich dem Mann klarzumachen, wieviel mir dieses Treffen bedeutet, und daß ich Clapton verehre, seit ich zum ersten Mal die *Yardbirds*-Platte, die Horst Lippmann 1963 aufnahm, gehört hatte. Plötzlich geht ein Strahlen über das Gesicht des Mannes: ›Ach, du bist ein Freund von Horst Lippmann und Fritz Rau? Dann ist ja alles klar, dann kannst du selbstverständlich zu Eric Clapton in die Garderobe‹.«

Das Jahr 1965 beginnt mit der spektakulären Tournee *Spiritual + Gospel Festival* – Untertitel: »An authentic documentation of Negro church music in concert.« Die Idee der Authentischen Konzertdokumentation beginnt sich zu erweitern. Und zum ersten Mal treten die beiden Namen als Firmenbezeichnung für die Öffentlichkeit gleichberechtigt in Erscheinung: Lippmann + Rau. Am 25. Januar nimmt Siegfried E. Loch – wieder live in der Bremer »Glocke« – das Konzert für eine Langspielplatte auf. Diesmal auch auf dem Plattencover korrekt: »Concert tour produced and presented by Lippmann + Rau.«

Binnen kurzem prägen sich die beiden Namen der intellektuellen Jugend als Synonym für Weltoffenheit, Aufrichtigkeit, Ehrlichkeit ein. Lippmann + Rau machen keinen Schmus. In ihren Konzerten werden keine Gehirne verkleistert, wird keine industriell gefertigte Büchsennahrung angeboten, sondern Soul Food, Hausmannskost von hart arbeitenden Leuten. Ein Image entsteht, das bis in die Anzeigenseiten der großen Zeitungen durchschlägt. In der »Frankfurter Rundschau« ist eine Kontaktanzeige zu lesen, die ganz präzise beschreibt, was gemeint ist: »Studentin, 25, Lippmann + Rau-Typ, sucht gleichgesinnten Freund.«

17. Kapitel: Authentische Dokumentationen

Der schwarze Bischof predigte, als ob Flammen aus seinem Mund schlügen: »And I tell you, we all are God's children, but we're sinners!« *Er klatschte im Takt seiner Worte in die Hände, und sein ebenfalls schwarzer Assistent antwortete:* »Yeah, you're right, we're God's children, hallelujah, but we all are sinners!« *Von hinten, aus dem durch die Gospelgruppe* »The Andrewettes« *verstärkten Gemeindeensemble der* »Temple Church of God in Christ« *in Washington, D. C., kam zustimmendes Gemurmel, durchsetzt mit einigen spitzen Schreien:* »You're right, you say it! Amen, hallelujah!«

Bischof Kelsey aus Washington hatte sich ein Kapitel des Alten Testaments ausgesucht, in dem von der Heimkehr der Kinder Israels durch das Rote Meer mit dem Propheten Moses an der Spitze die Rede ist. Exodus: eine beziehungsreiche Bibelstelle für die Nachkommen schwarzer amerikanischer Sklaven, die jetzt auf Europatournee Triumphe feiern. Kirche auf der Konzertbühne, zum erstenmal Spirituals und Gospelsongs gänzlich ungeschminkt direkt aus dem Getto. Bishop Kelsey und Reverend Little steigern sich in ihrem Dialog schwitzend und gestikulierend in Ekstase.

Immer dichter wird der Klangteppich des Chores, das Schreien und Stöhnen. Auch die schönen schwarzen Mädchen geraten außer sich. Jetzt steigt eine Spiritualgruppe ein, die Original Five Blind Boys of Mississippi. *Unmerklich ist die Predigt in Gesang übergegangen, der intensiver als jeder Orgelton die Konzerthalle in Frankfurt füllt. Singen, Schreien, Tanzen auf der Bühne:* »Tell Me How Long The Train's Been Gone«. *Dann erwischt es einige der Andrewettes. Die Mädchen fallen um und wälzen sich zuckend am Boden. Ende der ersten Konzerthälfte. Pause.*

Ein schwarzer
Bischof, Samuel
Kelsey, ein
katholischer
Priester, Lothar
Zenetti, beim
Spiritual und
Gospel Festival
1965

*Ich renne hinter die Bühne, die zuckenden Mädchen, die
bestimmt einen Herzanfall erlitten haben, werden von ihren
schwarzen Brüdern und Schwestern behutsam in die Garderobe
geführt. Ich biete an, einen Arzt oder einen Krankenwagen kommen zu lassen. Aber der Bischof aus Washington blickt mich nur
milde lächelnd an:* »*Sie brauchen sich nicht um einen Doktor zu
bemühen. They're happy. Sie sind Jesus begegnet. Sie sind erlöst
worden!*« *Und dann zitierte er Vers fünfzehn aus dem dritten
Kapitel der Offenbarung Johannis auf englisch – ich hab' das auf
deutsch nachgelesen:* »*Ach, daß du kalt oder warm wärest! Weil
du aber lau bist, und weder kalt noch warm, werde ich dich
ausspeien aus meinem Munde.*« *Die Sängerinnen hatten keine
Herzattacke, sondern einen Orgasmus.*

*So hautnah hatte ich lebendig praktizierte Religion noch nie-
mals erlebt.* »*Eine authentische Dokumentation*« *dieser oder
jener für den europäischen Konzertbetrieb ungewohnten Musik in
concert: Das war das Konzept. Das war die Formel, die Lippmann
und mich begeisterte, die uns zu Höchstleistungen antrieb. Mit
jeder Tournee betraten wir Neuland. Die Verteilung der Funktio-
nen war klar. Horst war der Einkäufer, ich der Verkäufer. Er ging
in die Gettos, hatte die Erlebnisse. Und ich hätte es ihm verdammt*

146

übel genommen, wenn er mich nicht hinterher dafür entschädigt hätte, indem die Konzerte genauso toll waren wie seine Impressionen vor Ort.

Beim Gospel-Festival * war Lothar Zenetti unser Berater, ein katholischer Jugendpfarrer, der gerade ein Buch über diese ja eigentlich protestantische Kirchenmusik der amerikanischen Schwarzen veröffentlicht hatte (»Peitsche und Psalm«). Er war voll drin, voll auf der Spur. Er sagte: »Unsere europäische Kirche hat aus der Frohbotschaft des Christentums eine Drohbotschaft gemacht.« Er war auch dabei, als Horst Lippmann in der Kirche von Bishop Kelsey in Washington auf die Kanzel stieg und mit seinem Frankfurter Englisch plötzlich predigte, bis es ihn übermannte und er in Zungen redete wie vom Heiligen Geist beseelt. Da wäre ich gern dabei gewesen. Das war etwas für uns. Da sind wir dem Herrgott und den Menschen und der Wirklichkeit begegnet.

Für all diese Konzertdokumentationen entwickelten Lippmann und Kieser Programmhefte, die Bilder und Texte enthielten, wie man sie damals nirgendwo in Deutschland sehen und lesen konnte. Keine schönen Bilder von schönen Menschen, die als Stars auf die Bühne kommen, sondern Bilder aus den Elendsvierteln zwischen Mississippi und der South Side von Chicago. Mit dem American Folk Blues Festival 1965 brachten wir zum erstenmal den Poeten J. B. Lenoir, der als wahrscheinlich erster Bluessänger politischen Protest nicht mehr hinter der »Baby, I Love You«-Maske versteckte, sondern gesellschaftliche Realität artikulierte: die Bürgerrechtsdemonstrationen in Selma, Alabama, die vom Ku-Klux-Clan terrorisierten Eintragungen von Schwarzen in die Wahlregister – Down in Mississippi.

Horst hat mit J. B. Lenoir abseits des Blues Festivals die LP »Alabama Blues« aufgenommen, die heute ein ebensolcher Klassiker ist wie Billie Holidays Lied »Strange Fruit«. Und Günther Kieser gab die richtigen Bilder dazu. Im Blues-Programmheft mit Lenoir sprang den Betrachter gleich vorn ein Foto von weißen amerikanischen Cops an, die einen Neger niederknüppeln.

Wir waren durchaus keine Agitatoren. Wir haben nur gemerkt, daß es auf der Welt Prediger gab, die in unseren europäischen Medien keine Chance hatten. Denen haben wir Gehör verschafft. Als die Beatles, die Stones Mitte der sechziger Jahre zum erstenmal in Deutschland gastierten, sind diese Tourneen an uns total vor-

---

* Mit Bishop Samuel Kelsey, Reverend John I. Little and The Congregation of the Temple Church of God in Christ, Washington, D. C., The Original Five Blind Boys of Mississippi, Inez Andrews and The Andrewettes.

*übergelaufen. Wir waren auf einem vollkommen anderen Trip.
Sogar Eric Clapton und die Yardbirds waren für uns 1963/64 noch
Vorstadtmusik. Wir waren nicht die Erfinder der Bratkartoffeln.
Aber wir konnten Bratkartoffeln delikat herstellen mit Hilfe derer,
die von den Zutaten wußten.*

*Einer davon war Olaf Hudtwalcker. Daß wir vom Jazz zum
Blues und danach zur Gospelmusik kamen, hatte eine innere
Logik. Im nachhinein setzt sich diese Logik auch bei unseren
weiteren Dokumentationen fort, aber das war uns damals nicht
immer bewußt. Manches schien sich einfach durch Zufall zu erge-
ben, etwa dem, daß der Präsident der Deutschen Jazz Föderation
e. V. als Kunsthändler sehr oft nach Spanien reiste. Hudtwalcker
brachte uns die Kunde von den Gitanos, den spanischen Zigeu-
nern, die voller Glut und Geschichten, voller Leben waren.*

*Er erzählte uns von Carmen Amaja, einer Zigeunerin und der
größten Flamencotänzerin Spaniens. Bevor sie 1962 starb, hat sie
eine blutjunge, etwa zwölfjährige Zigeunerin aus der Familie der
Singlas an ihr Totenbett kommen lassen und sie gesegnet. Das
Mädchen war taubstumm, aber es hat getanzt wie eine himmlische
Hexe: La Singla. Die Musik aus den spanischen Gitano-Gettos
und die prallen, farbigen Geschichten dazu berührten uns zutiefst.
Hier gab es wieder mal eine lebendige Klangkultur wie den Blues
oder den Gospelsong zu entdecken, die der offizielle Kulturbetrieb
ignorierte.*

*Lippmann fuhr mit Olaf Hudtwalcker nach Spanien. Olaf hat
Kontakte geknüpft, aber unser richtiger Berater für das Festival
Flamenco Gitano wurde Paco Rebes, ebenfalls ein Kunsthändler,
aber ein Spanier, der sich in den musikalischen Geheimnissen
Andalusiens und Kataloniens auskannte. O ja, wir hatten La Sin-
gla schon auf der ersten Tournee. Sie war noch so kindlich, daß sie
von Papa Singla mit dem Taxi nach Deutschland kutschiert wurde.
Als in Lyon das spanische Taxi kaputt ging, ist sie in ein französi-
sches umgestiegen, hat aber den spanischen Taxifahrer nach
Frankfurt mitgebracht, damit der korrekt sein Geld kriegt.*

*Meine Frau Hildegard war für dieses Kind, das einen mit großen,
schönen Augen ansah und dem man mit Bonbons oder einer Tafel
Schokolade die größte Freude machen konnte, voller Zärtlichkeit.
Hildegard hat sie bemuttert, und sie liebte Hildegard und malte ihr
Bilder. Auf einem Bild, das ich noch immer zu Hause habe, sitzt ihr
Vater auf ihrem Schoß. Was ja auch stimmt, denn sie hat ihren
Vater und die ganze Familie ernährt.*

*Wenn sie auf die Bühne kam, wurde im Tanz aus dem Kind eine
Frau, die nur aus Feuer, aus Glut, aus Leidenschaft bestand. Das
war schon bald kein Vergnügen mehr, weil es einem durch Mark*

148

und Bein ging, wenn man sie von ganz nah erlebte. Nach dem
Tanz, wenn sie aus ihrer Trance erwachte, wurde sie von ihrem
Vater hinter die Bühne geführt. Die Frau war heilig.

In der Kleinen Bockenheimerstraße in Frankfurt, nur einen
Steinwurf vom Jazzkeller entfernt, hat Horst Lippmann zwei
schmale alte Häuser gekauft und liebevoll restaurieren lassen, die
beide inzwischen unter Denkmalschutz stehen. Das eine ist das
Jazzhaus, in dessen oberen Räumen Olaf Hudtwalcker seine Galerie hatte, unten hat mein alter Partner »Bart« Böhm immer noch
seine kleine Jazzkneipe. Das zweite heißt seit damals Flamenco-
Haus, was demonstriert, wie sehr wir uns Mitte der sechziger Jahre
mit dieser spanischen Musik- und Tanzkunst identifizierten.

Horst Lippmann hat nur an Musik gedacht, als er diese Pro-
gramme zusammenstellte. Wir wollten die authentische Form vorstellen. Bei aller Begeisterung für schwarzes Feeling waren wir ja
deutsch bis auf die Knochen. Aber so viele Afficionados für Blues,
Gospel oder gar Flamenco gab es gar nicht in Deutschland, als daß
wir nur mit diesen Fans die Säle hätten füllen können. Durch die
Presse-Rezensionen sprach sich herum, daß solche Konzerte auch
einen beträchtlichen Unterhaltungswert hatten, und so kamen
denn viele der frühen Spanien-Urlauber zum Flamenco-Festival,
oder Leute, die es in ihren Träumen nach Spanien trieb.

Wir lebten nicht mehr in den Hungerjahren der frühen Nachkriegszeit, als man sich das Fernweh mit schlappen Schlagern
ersatzbefriedigen mußte: »Wenn bei Capri die rote Sonne im Meer
versinkt.« Jetzt waren Urlaubsreisen in Reichweite gerückt oder
bereits praktizierte Realität. Wir hatten auf diese Situation nicht
spekuliert, aber sie kam uns zugute. Zu unseren Konzerten kamen
Leute, die einfach einen duften Abend erleben wollten und dafür
Geld bezahlten, und wir konfrontierten sie mit einem Elendsviertel nach dem anderen. Eigentlich war das eine Frechheit. Ein
beträchtlicher Teil unseres Publikums war saturiert, satt. Und wir
präsentierten auf der Bühne Menschen aus Situationen, in denen
nicht aus dem Überfluß der Opern- und Schauspielhäuser, sondern aus Unterdrückung, Verfolgung und Überlebenswillen Kultur entsteht.

Mit dem Flamenco-Festival Ende 1965 war jedenfalls klar, daß
die Öffentlichkeit die Konzertform der Authentischen Dokumentation akzeptiert hatte. Wir wurden übermütig. Fürs darauffol-
gende Jahr '66 konzipierten wir nicht weniger als sechs Tourneen
in diesem Stil: abermals Blues, Gospel und Flamenco, dazu aber
ein Festival Bossa Nova do Brasil, ein Festival of American Country Music sowie ein Festival Chanson de Paris. Das übergreifende
Thema war wie immer Gettomusik, Sounds und Sprache von

unterprivilegierten Schichten – ob aus den Favelas, den Elendsvierteln von Rio de Janeiro, den amerikanischen Appalachen oder
den Kellern von Paris.

Bis dahin war die brasilianische Musikkultur bei uns durch
Revuetruppen wie »Carnival in Rio« repräsentiert worden, die
durch Europa tingelten, aber mit der echten Samba, mit Bossa
Nova oder der ziemlich erdnahen und zuweilen auch blutrünsti-
gen Macumba-Tradition Brasiliens kaum etwas zu tun hatten.
Lippmann ging in Rio mal wieder zum Bodensatz, in die Clubs der
armen Leute, und suchte sich dort seine Interpreten – Edu Lobo
zum Beispiel, der ein Star geworden ist.

Für das Festival of American Country Music hatten wir uns
noch einmal mit unserem Freund Chris Strachwitz zusammenge-
tan. Er schlug den Gedanken an Hillbilly, Country & Western und
Nashville von vornherein aus und verwies uns auf die weiten
Gebiete Amerikas, die wirklich verarmt waren, deren Musik so
rauh und harsch klang wie der authentische Blues. Studenten aus
New Yorks Künstlerviertel Greenwich Village sangen diese alten
und neuen sozialkritischen Lieder: die New Lost City Ramblers.

Eine andere Musikantengruppe dieses Tourneepakets kam aus
den Appalachen und nannte sich in bester Tingeltangel-Manier
The Original Blue Ridge Mountain Boys. Das war amerikanische
Dorfmusik. Aber der wichtigste Mann für das Feeling des Festivals
auf und hinter der Bühne war Mike Seeger, der Bruder des von
Senator McCarthy so sehr verfolgten Folksong-Pioniers Pete Seeger. Wir hatten ferner alte Country-Originale wie Roscoe Hol-
comb, Cousin Emmy und einen Schullehrer dabei, der nichts
weiter als Triangel spielte, aber gewaltig aufs Spesenkonto schlug –
wahrscheinlich den teuersten Triangelspieler der Welt. Auch diese
Tournee endete mit einem Defizit. Wir waren mit Countrymusik
ein rundes Jahrzehnt zu früh. Denn schließlich gingen aus dieser
Szene auch Joan Baez und Bob Dylan hervor.

Und noch ein Flop: das Festival Chanson de Paris 1966. Der
Inspirator dazu war Felix Schmidt, damals Kulturredakteur des
»Spiegel«, den ich anläßlich eines Interviews mit Albert Mangelsdorff kennenlernte. Felix und ich erkannten uns beim Essen und
beim Weintrinken als Badener. Er war mit einer Französin verheiratet und frankophil bis auf die Knochen. Er kannte sich aus,
erzählte von den neuen Leuten in Saint Germain de Près unter-
halb der Ebene Piaf-Aznavour-Gréco, und ich öffnete meine
Ohren ganz weit.

Diesmal war Horst Lippmann nicht so sehr eingemischt wie die
Hildegard mit ihrer ewigen Sehnsucht nach Frankreich. Unser
französischer Partner war Jacques Canetti, Bruder des Schriftstel-

150

lers Elias. *Günther Kieser entwarf ein Plakat mit einer Katze, die Gauloise raucht und ein Tricolore-Bändchen mit den französischen Nationalfarben um den Hals trägt. Es war meiner Ansicht nach mit Mouludji, Felix Leclerc und anderen eine unserer besten Produktionen: eine Kulturleistung, die wirtschaftlich total durchgefallen ist.*

Nie waren wir so weit, daß wir in die roten Zahlen gekommen wären. Der Erfolg des Bluesfestivals hatte uns eingeholt und war größer denn je. Wir verdienten auch mit Gospel und Flamenco gutes Geld. Da konnten wir uns ein wenig brotlose Kunst durchaus leisten. Unser Problem war, daß uns die öffentlichen Medien nicht ausreichend unterstützten. Wir hatten ein paar Freunde im Rundfunk, aber Zeitungen und Zeitschriften wie »Bild«, »Bunte« oder »Stern« waren von der Wirklichkeit unserer Künstler in den USA, Brasilien, Frankreich mehr als meilenweit entfernt. Musik als Kunst des Überlebens fand in den Medien einer Gesellschaft, die ihr eigenes Überleben zwei Jahrzehnte zuvor mit Macht verdrängte, nicht viel Verständnis.

Wir hatten mit einem Gefühl aus dem Bauch heraus manches gemacht, was sich im Nachhinein als absolut zeitkonform analysieren läßt. Die Erfolge von Lippmann + Rau beruhten auf einer instinktmäßigen Einschätzung des gerade eben noch Möglichen. Und so mußten wir für uns ebenso aus dem Bauch, sprich: aus dem Gefühl heraus entscheiden, was fortan nicht mehr möglich war. Die Authentischen Dokumentationen hatten in der Kulturgeschichte Nachkriegsdeutschlands für gewisse Zeit eine gewaltige Bedeutung. Nur einmal noch haben wir nach 1966, nämlich im darauffolgenden Jahr, eine neue pädagogische Tournee präsentiert: das Festival Musica Folklorica Argentina – wieder mit Verlust.

Auslöser dieser Tournee war der touristische Aspekt. Bei Bossa Nova do Brasil hatte uns die brasilianische Fluggesellschaft »Varig« die Musiker so gut wie umsonst nach Europa gebracht und daraus nicht schlecht Publicity bezogen. Nun meldete sich die Firma »Aerolinas Argentinas« und bot denselben Service an. Wir arbeiteten inzwischen eng mit der Plattenfirma Philips/Phonogram zusammen, und der Philips-Zentrale in Baarn, Holland, war daran gelegen, einige ihrer argentinischen Künstler auch live in Europa zu präsentieren. Es gab also ein Interessenkartell.

Lippmann flog nach Buenos Aires. Er nahm einige der Künstler, an denen Philips interessiert war, unter Vertrag. Doch wieder einmal präsentierte er eine Künstlerin, die noch keiner kannte, die gerade aus einem kleinen Dorf in den Anden kam und heute in der Latino-Welt ein Superstar ist: Mercedes Sosa. Er hatte sie in irgendeinem Keller gehört.

151

Horst hat uns damals die erste wahrhaftige Kunde über den Tango aus Argentinien mitgebracht. Denn der Tango ist ja so etwas wie der Blues Argentiniens: eine Vorstadtmusik, Kneipenmusik, Puffmusik. 1984 haben wir mit dem Festival Tango Argentina noch einmal an unsere eigene Tradition angeknüpft, nun mit Hilfe von jungen Afficionados aus Aachen, die mir sehr imponiert haben, weil sie vom Tango so besessen sind wie wir vom Blues zwanzig Jahre zuvor. Nachdem damals aber auch das Festival Musica Folklorica Argentina ein Mißerfolg geworden war, nachdem die Attraktion von Gospel, Flamenco und Blues 1967 spürbar abnahm, haben wir langsam kalte Füße bekommen mit unserer Sucht, das alles zu präsentieren.

Ich war 1967 jedenfalls bereits wieder auf einem anderen Trip. Wenn wir schon Gettomusik präsentierten, warum dann nicht auch diejenige, die augenblicklich Hochkonjunktur hatte: die schwarze Musik der amerikanischen Plattenmarken Atlantic, Motown, Stax/Volt. Aus den Musikautomaten der ganzen Welt dröhnten die Hits von Aretha Franklin, den Supremes, Otis Redding, Sam and Dave, James Brown.

Horst Lippmann hatte anfangs Bedenken. Für ihn waren diese Künstler, auch wenn sie aus dem Getto kamen, schon zu sehr Show Business, zu sehr Stars. Aber als ich ihm mitteilte, ich führe nach London, um mir James Brown anzuhören und ihn womöglich einzukaufen, sperrte er sich nicht. Für mich war das keine kommerzielle Entscheidung, denn James Brown war zu dieser Zeit in Deutschland noch unbekannt, sondern eine plausible Erweiterung unseres Spektrums. Und im Konzert in London bin ich beinahe unter den Stuhl gerutscht.

Es war wieder mal Wahnsinn: ein schwitzender, kreischender, kohlpechrabenschwarzer Gigant, der sich in seiner Show total verausgabt und dennoch vollkommen das Kalkül beibehält. Ende der Show. Zugabe. Die Band spielt. Er kommt zurück, bricht auf der Bühne zusammen und wird von einem Diener mit einem Krönungsmantel bedeckt, rausgeführt, kommt wieder rein, die ganze Zeremonie nochmal. Und nochmal, und nochmal.

Aus diesem Konzert bin ich völlig in Trance weggegangen und hatte nur noch das Bedürfnis, irgendwo ein Stück Haut zu finden. James Brown hatte es mir total besorgt, auch politisch. Denn er war es, der im US-Fernsehen die Leute zur Vernunft gemahnt hatte, als in Detroit die Gettos brannten und die Stadt nahe am Bürgerkrieg war. Er machte die schwärzeste Musik der gesamten Soul-Szene und bemühte sich dennoch um Ausgleich mit den Weißen: ab sofort auch mein Soul Brother Number One.

Der Damm war gebrochen. Lippmann + Rau setzten 1967/68

mit hohem Einsatz auf Soulmusik. Im ersten Jahr die James-Brown-Show, die Ray-Charles-Show und eine Soultime-Revue mit Sam & Dave, Arthur Conley und Percy Sledge; im zweiten, 1968, Tourneen von Aretha Franklin, Wilson Pickett, Ray Charles, B. B. King, King Curtis, den Robert Patterson Singers mit Gospel-Soul und den Supremes plus dem Trio des Soul-Jazz-Organisten Jimmy Smith als Vorprogramm. Wie wir zuvor messianisch für Jazz und Blues geworben hatten, so trommelten wir jetzt für Soul.

James Brown in Frankfurt. Wir warben für das Konzert wie die Geisteskranken: attraktive Plakate im Format Din-A-Null, große Anzeigen in den Zeitungen, aber die Karten lagen wie Blei. Wir waren schon ganz verzweifelt, da rief uns AFN an und fragte: »Ist das denn wahr?« *Die Amerikaner konnten kaum glauben, daß James Brown wirklich in Frankfurt auftreten würde – für die schwarzen GIs ein Gott. Dauernd machte AFN Durchsagen, und an den Vorverkaufskassen wurde uns buchstäblich schwarz vor Augen.*

Wir verkauften für die beiden Konzerte in der Jahrhunderthalle zweimal zweieinhalbtausend Karten so gut wie ausschließlich an Schwarze. Außer den Journalisten sah man kaum ein weißes Gesicht. Nach einer ungeheuer reißerischen Ansage von back-stage tobte James Brown über die Bühne, die Musiker schwenkten Trompeten und Saxophone wild hin und her, und als er das Mikro vom Ständer riß und reinkreischte: »Get on the good foot«, *sprang der ganze Saal auf. Die Menschen umarmten sich und fingen an zu tanzen. Lippmann und ich standen dazwischen, wurden gemoovt, gekocht, entdampft, waren plötzlich Teil dieses großen, zucken-den Organismus, machten mit: Es war Wahnsinn, Ekstase.*

Da kam mir ganz plötzlich die Erinnerung an unser erstes Gospel-Festival hier in Frankfurt wieder in den Kopf: die Sänge-rinnen der Andrewettes, die außer sich gerieten. Ich erlebte noch einmal dasselbe, heute nur mit umgekehrtem Vorzeichen. Diesmal war ich es, der um ein Haar ohnmächtig geworden wäre.

18. Kapitel: Rock-Business

1968. Auf dem Frankfurter Flughafen dröhnen die Lautsprecher, hasten die Menschen durcheinander. Die Männer in grauen Anzügen mit gepflegten Aktentaschen stutzen kurz, als eine bunte Truppe lärmend in die Halle einfällt. Horst stößt Fritz an und sagt in seinem lässigen Hessisch: »Passe mal acht, ich glaub', des sin' die *Doors.*« Beide gehen auf die Truppe zu und begrüßen sie. »Hi«, sagt Horst. »Hi«, antwortet die Gruppe.

Es sind die *Doors.* Heute abend sollen sie ihr erstes Konzert in der Frankfurter Kongreßhalle geben. Horst und Fritz haben sie sozusagen blind gebucht. Die Buschtrommel hatte ihnen schöne und schreckliche Meldungen nach Frankfurt signalisiert: daß ihre Bühnenshow wegen Obszönität in vielen amerikanischen Bundesstaaten verboten worden sei, daß ihre Songtexte aus Todesträumen, Schreckensvisionen und Zaubersymbolen bestünden, aber auch, daß sie mit ihren phantastischen Improvisationen »zum Mond schwimmen« könnten. In Amerika waren sie schon zur Legende geworden, bevor auch nur ein Mensch in Deutschland das Privileg hatte, sie auf dem Elektra-Label zu hören, das in der amerikanischen Popmusik-Szene gerade als das exklusivste galt.

Jim Morrison, der Sänger, holt nach der Begrüßung eine LP aus seiner Umhängetasche. »Please give me an autograph«, sagt er, und bevor Fritz sich wundern kann, warum ein Musiker ausgerechnet von ihnen ein Autogramm haben will, hat er schon einen Stift in der Hand. Horst muß lachen, als er die Langspielplatte sieht. Es ist seine eigene Produktion vom *American Folk Blues Festival.*

Am späten Nachmittag trifft auch die Vorgruppe der *Doors* zum Soundcheck in der Kongreßhalle ein: *Canned Heat.* Von dieser Band wissen Fritz und Horst mehr als von den *Doors.* Bob Hite,

Einstieg ins Rock-Business:
Lippmann + Rau nach dem Frankfurter *Doors*-Konzert

der Leadsänger, ein vollbärtiger, zweihundertsechzig Pfund
schwerer Mann, und sein schmächtiger Mundharmonikaspieler
Al Wilson sind weiße Bluesgrößen, die in Hit-Nummern wie »On
The Road Again« und »Goin' Up The Country« einen so eigenwilligen Sound entwickelt haben, daß L + R sie dem deutschen Publikum unbedingt vorstellen wollen.

Das Konzert am Abend verläuft ganz anders als erwartet. *Canned Heat* spielen so laut, daß manche aus dem Publikum genervt
die Halle verlassen, und die *Doors* haben keinen guten Tag. Als sie
nach der Show von der Bühne kommen, sind sie so frustriert von
ihrem eigenen Konzert, daß Jim Morrison auf dem Weg zur Garderobe immer wieder vor sich hinmurmelt: »Shit... it was really
shit«. Er ist darüber so verzweifelt, daß er schließlich zu Fritz sagt:
»I've got to go back, I'll do it again.«

Noch bevor ihn einer daran hindern kann, geht er zurück auf die
Bühne. Die Musiker folgen ihm. Das Saallicht ist noch immer an,
ein paar Leute sind noch in der Halle. Jim Morrison legt sich auf
den Bühnenboden, hält das Mikrofon mit ausgestrecktem Arm
über sich und beginnt einen Song. Bei den ersten Tönen kommen
rund Dreihundert von den Garderoben wieder herein, setzen sich
leise zurück auf die Plätze. Das Saallicht verlöscht. Nur ein Spot
beleuchtet den auf dem Rücken liegenden Sänger, der über zwan-

Mit Frank Zappa 1968 im Sportpalast

zig Minuten lang in dieser Haltung diesmal kein unheiliges
Loblied auf die verbotenen Wonnen Sex, Revolte, Chaos und Tod
singt, sondern einen zurückgenommenen, emotional ungeheuer
anrührenden Blues.

Die Wirkung ist überwältigend. Und wenn Horst und Fritz bis zu
diesem Zeitpunkt noch nicht sicher gewesen wären, daß ein neues
musikalisches Zeitalter angebrochen ist, an dem sie bisher noch
keinen aktiven Anteil genommen haben, überzeugt sie diese
Nacht. Eine junge Musikgeneration ist nachgewachsen, die auch
Elemente des Jazz verinnerlicht hat, aber auf ganz frische Weise
etwas Neues daraus macht: Rockmusik.

1968 ist das Jahr kleiner und großer Revolutionen, das Jahr von
»Flower Power«, der Studentenrevolte in Berlin und anderswo,
des Aufbruchs der Hippies. Man muß umdenken. Die Welt ist in
Aufruhr und die Musik der Spiegel, in dem alle Zeitströmungen
unmittelbar sichtbar und hörbar werden.

Aber Musik ist auch ein Sprengstoff, wenn sich Gewalt von
außen an ihr entzünden will. Als Frank Zappa und die *Mothers of
Invention* im Berliner Sportpalast auf der Bühne stehen und die
Kommune Eins beinahe eine Explosion auslöst, erfährt Fritz zum
ersten Mal, was es heißt, in politisch brisanten Zeiten Konzertveranstalter zu sein. Da ist er in der Position eines Mannes, der an die
Bombe geführt wird und sehr schnell die richtige Stelle erkennen
muß, den Zeitzünder noch rechtzeitig abzuschrauben. Im Zappa-

156

Konzert gelingt es nur dank seiner Zivilcourage und der Genialität des Künstlers, der die richtige Musik im richtigen Moment einsetzt und sich nicht vor der Verantwortung drückt.

Nach dem Konzert, als Fritz sein Versprechen einlösen will, über das politische Anliegen der Kommune zu diskutieren, wäre beinahe noch einmal alles schiefgegangen. Im Nachklang der Musik kommt eine Stimme über die Hallenanlage: »Hier spricht die Polizei. Wenn der Sportpalast nicht in einer Viertelstunde geräumt ist, greifen wir ein.« Die Kommune und Kunzelmann ziehen sich zurück. Doch sie fühlen sich verschaukelt und lassen Fritz wissen: »Bei Jimi Hendrix werden wir es euch zeigen!«

Das alles ging mir unheimlich an die Nerven. Ich hatte ungefähr achtzig schriftliche Drohungen bekommen, daß man mich umbringen würde, daß man es auch meine Familie spüren lassen wolle. Vor jedem zweiten Konzert in diesem Jahr kamen Bombendrohungen. Ich hab' manchmal mehr Angst gehabt als Veranstalterliebe.

Trotzdem will Fritz Rau Jimi Hendrix in Deutschland auftreten lassen. Es ist das Jahr nach dem Monterey-Festival, in dem ein halb schwarzer, halb indianischer Sohn eines Landschaftsgärtners aus Seattle im Outfit eines Medizinmannes eine Gitarre gespielt hatte, bei der – wie es in einem seiner Songs hieß – die Steine von der Sonne flogen. »Er liebte seine Gitarre mit der Leidenschaft und dem Einfallsreichtum eines Casanova«, schrieb »Newsweek«. Er riß die Saiten mit den Zähnen an, malträtierte sie mit dem Ellbogen, fuhr mit der Zunge über den Steg und zündete sie manchmal sogar auf der Bühne an.

Diesmal will Fritz keine Vorbereitung außer acht lassen und fährt nach London, um Jimi Hendrix erst einmal kennenzulernen. Er macht sich auf einen Irren gefaßt und findet stattdessen einen warmherzigen, intelligenten Menschen vor, der nur einen Fehler hat: Er kann nicht ausdrücken, was er wirklich will.

Es war Sympathie auf den ersten Blick. Wir haben gar nicht viel über Musik gesprochen, sondern er hat mich gleich zum Essen eingeladen und in ein Fernsehstudio mitgenommen, in dem er als Stargast auftreten sollte. Die Sängerin Lulu war damals in Großbritannien so populär, daß sie sogar ihre eigene TV-Show hatte. Sie war eine Medien-Personality und durchaus gut bei Stimme. Daher war es naheliegend, Jimi mit ihr ein Duett einproben zu lassen.

Abends läuft die Show live. Jimi absolviert zwei Stücke mit seiner Band Experience. Lulu hat ihren Auftritt. Aber als sie für die

*Duett-Nummer auf ihn zugeht, tritt er unerwartet ans Mikrofon:
›This is a sad day for rock'n'roll. Today I've got the message, that
Cream split. And therefore we dedicate this blues to Ginger Baker,
Jack Bruce and Eric Clapton.‹*

*Das sind Sternstunden nicht nur des Fernsehens. In solchen
Momenten bricht etwas durch. Da stellt sich die Realität des Show
Business auf den Kopf. Ich war ergriffen und begeistert und hätte
Jimi am liebsten die Füße geküßt. Aber dann, nach der Rührung,
kam bei mir wieder der Konzertveranstalter durch. Hey, dachte
ich, wenn der sowas schon in einer Fernsehshow macht, was
macht er dann erst auf der Tournee?«*

Drei Wochen später kommt Jimi nach Hamburg, Fritz holt ihn
vom Flughafen ab. Jimi strahlt ihn an. »I like you, Fritz«, sagt er. Es
wird die reibungsloseste Tournee, die Horst und Fritz, an Starlau-
nen gewöhnt, hinter den Kulissen absolvieren. Auf der Bühne
sieht es anders aus. Beim ersten Konzert zersingt Jimi als Zugabe
die amerikanische Nationalhymne »Star Spangled Banner«. Er
reißt die Flagge mit seiner Gitarre buchstäblich in Fetzen.

*Es war ein Meisterwerk der Verfremdung, mit dem er das Viet-
nam-Syndrom bewältigte. Es nahm mir wirklich den Atem. Aber
es machte mir in diesen Zeiten auch Angst. Ich habe das mit ihm
offen besprochen, und er beruhigte mich: ›Ich werde es jeden
Abend in jeder Stadt neu entscheiden, ob ich es spiele oder nicht,
okay?«*

Das nächste Konzert ist in Frankfurt, ebenso wie Berlin eine
Stadt, in der die politischen Bewegungen sehr spürbar sind.

*Da saßen zweieinhalbtausend Leute in der Jahrhunderthalle,
und die Stimmung war äußerst gespannt. Ich wußte: Wenn man
hier einen Fehler macht, springt der Funke über, und die Ladung
geht in die Luft. Aber gerade in Frankfurt wollte ich es wissen. Als
Jimi mich vor der Zugabe hinter der Bühne fragend anguckte, hab'
ich nur genickt, und dann ist er raus und hat's gespielt. Die Leute
waren erschlagen. Diese Demonstration musikalischer Gewalt
war die Überwindung der physischen Gewalt, und das Publikum
hat es kapiert.*

Nun kommt Berlin, sechs Wochen nach Frank Zappas Horror-
konzert im Sportpalast. Fritz diskutiert mit Horst, ob sie das Konzert nicht doch lieber absagen sollen. Sie tun es nicht. Aber sie
bereiten sich gut vor, lassen extra eine dreimeterfünfzig hohe
Bühne bauen, auf die Jimi und die Musiker von hinten nur über
eine Hühnerleiter hinaufklettern können.

*Und dann sind die Krawalltypen tatsächlich anmarschiert, bis
an den Bühnenrand. Einer hat sich auf die Schultern des anderen
gestellt, bis sie die Hände auf den Bühnenboden legen konnten.
Ich decke die Bühne wieder mal rückwärts ab. Auch die beiden
Bühnenseiten sind unter Kontrolle. Horst und Jimis Manager
gehen mit einem abgebrochenen Mikrofonständer an den Bühnenrand und hauen den Angreifern auf die Finger. Ein Helfer
dreht durch und beginnt plötzlich zu schreien. Und mitten in
diesem Chaos steht Jimi Hendrix und spielt das beste Konzert, das
ich je von ihm gehört habe. Er hatte genau verstanden, was da
vorging. Da kämpfte ein Indianer um seine Wahrheit, unerbittlich,
damit sie auch die anderen endlich begreifen!*

Im selben Jahr holen Horst und Fritz ein englisches Quartett
nach Deutschland, von dem Jimi Hendrix in London zu Fritz
gesagt hatte: »Hab ein Auge auf die Jungs!« Kurz danach knallt
Jimis Geheimtip in die internationalen Charts. Ganz knapp vor
einer Amerikatournee fragt Fritz in England an, ob die Gruppe auf
dem Weg nach Los Angeles nicht über Frankfurt fliegen und dort
ein Konzert geben könne. Der Manager glaubt Fritz' Argumenta-
tion, daß Frankfurt nun mal die deutsche Rock-Metropole sei, und
schließt für die Jahrhunderthalle ab. Zwar können zu diesem
Zeitpunkt viele deutsche Journalisten das Wort *Jethro Tull* noch
nicht einmal schreiben, aber die Kids wissen schon sehr sicher, wie
angesagt Ian Anderson und seine Musiker in der internationalen
Szene sind. In sensationell kurzer Zeit sind alle Karten verkauft, so
daß noch ein zweites Konzert angesetzt werden muß. Das ist
ebenso schnell ausverkauft.

Vor den Toren der Halle in Höchst stehen am ersten Abend
dennoch nahezu zehntausend Menschen, die noch unbedingt hinein wollen. Manche von ihnen sind von weither angereist, um
dabeisein zu können. Und obwohl die Musik der Gruppe alles
andere als Gewalt mobilisiert, kommt es beinahe zu einer Katastrophe, als die Ausgeschlossenen mit Steinbrocken die Glaswände einwerfen und durch die Scherben hineindrängen.

Fritz schafft durch seinen persönlichen Einsatz, das Schlimmste
zu verhindern, und zahlt am nächsten Tag den Farbwerken
Höchst, Eigentümer der Jahrhunderthalle, diskussionslos den
Schaden von vierzigtausend Mark aus eigener Tasche. Als die
Gruppe davon hört, liegt im Hotel für ihn ein Scheck – über die
Hälfte der Summe –. »We are partners«, sagt der Manager Terry
Ellis. »You saved Rock 'n' Roll.«

Kurz nach dem Konzert mit *Jethro Tull* bringt Fritz Janis Joplin
nach Deutschland. Rudi Wolpert, Deutschland-Chef des amerika-

nischen Plattenkonzerns CBS, hatte sie auf einer Convention seiner Firma in Los Angeles gehört und Lippmann + Rau davon berichtet. Horst und Fritz sind sich in der Beurteilung dieser Sängerin und dieses Abends ausnahmsweise einmal uneinig.

Fritz Rau: Sie war eine ganz unglaubliche Tante. Sie hüpfte auf der Bühne rum, schwang ihren Busen hin und her und soff aus der Flasche. Da hab' ich mir gedacht: Bei einer solchen Anmache kann ja musikalisch nicht viel los sein. Sie hat den totalen Seelen-Striptease gemacht und auf der Bühne alles abgelegt, nur nicht alle ihre Kleider. Mir war das peinlich. Für mich war sie nicht viel mehr als eine wildgewordene Kleinbürgerin.

Horst Lippmann: »Die Begegnung mit Janis war für mich eine Überraschung. Auch ich hatte mir vorher so 'ne Texas-Schickse vorgestellt, aber sie war ein sehr duftes Mädchen. Sie liebte den Blues. Was sie sang, war nicht mehr richtig Blues, sondern etwas ähnliches, aber sehr überzeugend. ›Summertime‹ beispielsweise ist ja kein Blues, sondern eine Broadway-Ballade, die man in vielen Versionen schon tausendmal gehört hat. Janis Joplin hat immer noch erkennbar das Lied gesungen, trotzdem aber Blues daraus gemacht. Das war schon eine tolle Sache.«

Fünf Minuten vor Konzertbeginn kommt sie zu Fritz und fragt nach einer Flasche Tequila. Fritz schüttelt den Kopf. Er hat keinen. Er weiß auch, daß in der ganzen Jahrhunderthalle keiner existiert. »Dann trete ich nicht auf«, sagt Janis. Fritz reagiert eiskalt: »Okay, dann zahl' ich den Zuschauern das Geld zurück, vergessen wir deinen Auftritt.«

Etwas verblüfft geht Janis in ihre Garderobe zurück. Dort sitzt Horst, der sich längst mit ihr angefreundet und gerade den letzten Tropfen der zweiten Flasche Tequila ausgetrunken hat. Darum hatte sich Janis ja nach einer dritten umgesehen. Doch auch ohne Tequila geht sie auf die Bühne, hält sich dann eben an einer Whiskyflasche fest und zieht an dem Abend zwei Shows ab, eine fürs Publikum und anschließend eine für die »Bavaria«, die das Konzert für das Fernsehen aufzeichnet.

Was im Film nicht zu sehen ist, erzählt ein skandinavischer Roadie Fritz mit stolzgeschwellter Brust nach der Show. Während des Konzerts hat er sie in einer Gesangspause »mal schnell hinterm Vorhang gebumst«. Horst findet das vollkommen in Ordnung: »Wenn sich eine Person so total in die Musik einbringt, gibt es keine Regeln mehr.« Doch für Fritz ist der ganze Abend ein einziger Horror. Die Frau bleibt ihm in ihrer unkontrollierten Selbstentäußerung einfach fremd. Und er kann die Kritik einer Frankfurter Journalistin am nächsten Tag nur unterstreichen, die sich auf Joy Fleming und die *Hit Kids* bezieht, die als Vorgruppe aufgetreten waren: »Wir kamen eigentlich, um Janis Joplin zu hören, aber erlebt haben wir Joy Fleming.«

Von dieser Nacht an wollte ich nie mehr in Verlegenheit kommen, einem Künstler, der auf die Bühne geht und ein volles Haus unterhalten muß, nicht das vorher zu geben, was er braucht. Und wenn es nur ein Schluck Tequila mit Salz und Zitrone ist: Catering, was auf deutsch so viel wie Verpflegung bedeutet, aber sehr viel mehr Fürsorge ist.

Nun stellt er jeweils vor Konzerten Recherchen über die Bedürfnisse der Stars an und legt Listen darüber an. Hochtourig, wie er nun einmal lebt, bringen ihn manche der Shows an den Rand eines Nervenzusammenbruchs. Er will immer alles perfekt machen, kümmert sich um jede Kleinigkeit, weil er Schwierigkeiten hat, Verantwortung zu delegieren. Er macht genau das, was er bei Janis Joplin so ablehnt: Er liefert sich seinem Job rückhaltlos aus – mit psychischem Kontrollverlust.

Hildegard fängt ihn nach anstrengenden Tourneen immer wieder auf. Nur zu Hause kann er abschalten, wenn auch immer nur für kurze Zeit. Dann genießt er seine Kinder, deren Fragen und Interessen mit allem zu tun haben, nur nicht mit dem Show Business. Hildegard ist auch die einzige, die dabei mit ihren Interessen auf der Strecke bleibt. Sie ist ja für *sein* Catering zuständig. Streicheleinheiten als Seelenfutter bekommt er, wirkliches Verständnis für sein Business nicht. Zu fremd bleibt ihr die Welt der Gaukler und Artisten.

Seit 1967 hat die Familie ein Haus. Nach dem Tod ihres Vaters hatte Hildegard ein geerbtes Grundstück verkauft und das Geld mit dem Erlös eines Bausparvertrags in einen Reihenbungalow in Oberursel investiert. Wenigstens die Kinder sollen einen ruhigen Platz haben argumentiert sie, wenn Fritz Angst vor den vielen Schulden äußert. Als der neunjährige Andreas beim Einzug fragt: »Papa, bist du auch sicher, daß uns hier niemand mehr wegjagen kann?« weiß Fritz, wie recht Hildegard mit dieser Entscheidung hatte.

Seine Frau richtet das Haus mit sicherem Geschmack für Gemütlichkeit ein. Niemand sieht dem von außen bescheidenen Bungalow die innere Großzügigkeit an. Doch es gibt wenig Gelegenheit, dieses Zuhause gemeinsam zu genießen. Hildegard fühlt sich in diesen Jahren oft alleingelassen und konzentriert sich mehr und mehr auf die Kinder, die ihren Vater bald nur noch als unregelmäßigen Besucher erleben. Doch manchmal passiert es, daß auch Hildegard starke Erlebnisse im Umfeld ihres Mannes hat, die ihr viel bedeuten. Da versteht sie die Besessenheit, die Fritz in dieses Geschäft getrieben und nie mehr losgelassen hat.

Sie liebte die Platte »Eric Burdon declares War«. Burdon war der Leadsänger der britischen Animals. Durch seine Single »House Of The Rising Sun«, die mehr als dreieinhalb millionenmal verkauft wurde, war er selber zum Superstar geworden. Er hatte sich immer als »weißer Neger« gefühlt, und die schwarze Band War erfüllte ihm gewissermaßen seinen Lebenstraum. Er war nun der Leadsänger einer hochkarätigen Blues- und Soultruppe. Er konnte seine soziologischen Gedanken über das Verhältnis von Schwarz und Weiß hörspielartig in Poesie verwandeln und benutzte dazu den explosiven Oldie »Tobacco Road« sowie einen seiner eigenen Phantasie entsprungenen »Blues For Memphis Slim«. Eric Burdon and War wurden uns für Deutschland angeboten. Hildegard war hingerissen.

Das Konzert in der Sporthalle Offenbach erfüllt alle Erwartungen. Da steht ein schwarzer Sänger mit einer total schwarzen Seele auf der Bühne, der nur durch ein Mißverständnis bei seiner Geburt eine weiße Hautfarbe hat. Da kocht eine Band aus dem Watts-Getto von Los Angeles, die durch diesen Sänger zum erstenmal die Chance einer Europa-Tournee bekommen hat. Da pluggern die Congas und Bongos, da röhren Saxophone, da fetzen satte Orgelakkorde gleichsam aus der Gospelkirche in die Sporthalle, da bläst ein weißer Musikant aus Kopenhagen namens Lee Oskar schrille Blues-Harmonikatöne wie weiland beim Bluesfestival Sunny Boy Williamson. Und vor allem kreist der Joint.

Für die Musiker von *War* und auch für Eric Burdon hat dieses Konzert einen ganz besonderen Stellenwert. Als es vorbei ist, fällt man sich in der Garderobe in die Arme, tanzt, singt, und das Kraut, das nun geraucht wird, ist ganz besonders erlesenes kolumbianisches Gras. Für Hildegard waren andere als die in Deutschland behördlich genehmigten Rauschmittel wie Captagon, Valium, Bier und Wein bis dahin unbekannt geblieben. Aber im Überschwang dieser Nacht zieht sie zum ersten Mal am Joint. Die Bühne ist abgebaut, das Hallenlicht wird gelöscht, die Musiker werden ins Hotel transportiert.

Horst Lippmann und Fritz Rau müssen heim. Horst sagt: »Hildegard, du fährst besser voraus.« Die Verkehrsschilder auf der Autobahn rasen vorbei. Ein Freund im Auto, der für das Hamburger Nachrichtenmagazin arbeitet und diese Nacht im Hotel Steigenberger am Frankfurter Flughafen logiert, sagt plötzlich: »Wir sind jetzt schon auf der halben Strecke nach Darmstadt.« Irgendwo, irgendwie wird gewendet. Horst Lippmann, wohl noch am wenigsten stoned, übernimmt die Führung dieses Konvois der fliegenden Fahrzeuge. Erleichterung in der Nähe des Frankfurter Flughafens: Gleich hier um die Ecke muß das Hotel Steigenberger sein. Lippmann kurvt von der Autobahn in das große, offenstehende Tor eines Maschendrahtzauns, Hildegard immer hinterher. Sie muß so sehr lachen, daß sie einen Schluckauf bekommt: »Sieh mal, Fritz, all diese netten Polizisten – sie winken uns zu.« Die winken nicht nur, die kommen in Panik angerannt. Denn die vermeintliche Autobahnausfahrt hat den Konvoi Lippmann + Rau direkt auf den Frankfurter US-Militärflughafen kanalisiert. Auf geheimnisvolle Weise sind in dieser bekifften Nacht dennoch alle Beteiligten in die Betten gekommen. Keiner hat Schaden genommen, Gott sei Dank.

Solche gemeinsamen Erlebnisse sind ungewöhnlich im Leben von zwei Menschen, deren Naturell sie auf unterschiedliche und mitunter gegensätzliche Weise reagieren läßt. Hildegard wird cool, wenn es um die Familie, Fritz wird cool, wenn es um ein Konzert geht. *Sie* erlaubt sich phantastische Entgleisungen nur im Ausnahmefall außerhalb der familiären Barrieren. *Er* kann nur ausflippen, wenn andere seine Barrieren bewachen oder vielleicht gar keine notwendig sind. Wenn das Rotlicht aufleuchtet, sind sie beide auf dem Posten: Hildegard für die Familie, Fritz im Konzert.

Zurück zu Jimi Hendrix in Germany:

Die ganze Tournee lag unter enormer Spannung. Überall hatten wir Angst, daß etwas passierte. Wir veranstalteten jeden Tag Krisensitzungen und lebten praktisch von einem Konzert zum anderen, immer in der Hoffnung, daß das nächste noch möglich sei.

In der Presse geilt man sich in wüster Berichterstattung am abnormen Verhalten des Jimi Hendrix auf und schürt die aggressive Haltung des Publikums, die nicht nur der Star, sondern auch der Veranstalter zu spüren bekommt. In seinen nächtlichen Alpträumen hallen Fritz immer noch die Sprechchöre aus der Jahrhunderthalle im Ohr: »Rau, Rau, Kapitalistensau!«

In der ausverkauften Kölner Sporthalle skandiert das Publikum ohrenbetäubend, noch bevor ein Musiker auf der Bühne ist, seinen Slogan: »Eins... zwei... drei... vier... fünf... sechs... sieben... acht... neun... zehn... Scheeeeiiißße!!« Und nun Münster. Wieder ein ausverkauftes Konzert.

Jimi spielt eine wunderbare erste Konzerthälfte. Doch auf einmal fährt der Geist seiner indianischen Vorväter in ihn hinein. Er macht alles, was wollüstige Presseberichte je über ihn geschrieben haben. Er leckt den Steg seiner Gitarre, fickt sie, schlägt um sich,

Promotion für Rock 1968, Tourneeplakat von Günther Kieser

wälzt sich auf der Erde, drischt die erste Gitarre zu Bruch, dann die zweite, holt sich eine dritte. Mitch Mitchell, sein Drummer, und Noel Redding am Baß spielen wie die Teufel hinter ihm her. Sie sind gut wie nie zuvor. Es ist der Rausch eines begnadeten Künstlers, der sich loslösen kann und sich vor dem Publikum bis zur

Selbstentäußerung verausgabt. Ein Höhepunkt folgt auf den ande-
ren. Das Publikum tobt und verlangt eine Zugabe. Doch es gibt
kein Instrument mehr, mit dem man hätte spielen können.
Nach dem Konzert sitzen schweißüberströmte Musiker in der
Garderobe. »I'm so happy«, sagt Jimi, als Horst Lippmann zu
ihnen kommt. Die Halle ist in einem chaotischen Zustand. Ein
Hallenverwalter spricht davon, daß Lippmann + Rau nun eine
neue Münsterlandhalle bauen müssen. Doch der kennt Horst
noch nicht. »Moment mal«, sagt der; »Sie behaupten, daß von
ihren dreitausend Stühlen zweitausendneunhundert zu Bruch
gegangen seien? Das werden wir uns erst einmal genau ansehen.«
Dann wurde die Halle untersucht. Der örtliche Veranstalter und
Horst nahmen sich bis morgens um sieben jeden einzelnen Stuhl
vor. Schließlich blieben vierzig tatsächlich in dieser Nacht beschä-
digte Stühle zurück. Die waren allerdings total deformiert. Sie
sahen aus wie moderne Plastiken, bis zur Unkenntlichkeit verbo-
gen. Noch heute ärgert sich Horst, daß er diese rätselhaften Skulp-
turen damals nicht mitgenommen und als Hendrix-Opfer-Kunst-
werke in seinem Garten aufgestellt hat.

Als Fritz von Jimi Hendrix' Tod am 18. September 1970 hört, ist
er zutiefst betroffen. Die Presse fällt zum letzten Mal über diesen
genialen Musiker und seinen Lebensstil her, von nun an ist er nur
noch Legende. Fritz fallen nur Szenen der Zärtlichkeit ein, wenn
er an Hendrix denkt.

Ich hab' Jimi mit allem, was ich fühlen und empfinden konnte,
überschüttet. Also mußte ich ihn auch in die wunderbare Welt des
Spätzle-Essens einführen. In Stuttgart, der Hauptstadt der
Spätzle-Bewegung, hab' ich ihn dann in ein Restaurant geführt
und Linsen, Saitenwürstle und Spätzle bestellt. Zugegeben, das ist
schon für deutsche Gemüter etwas deftig, aber ich wollte es ihm
doch unbedingt vorführen: ›Look, baby, this is my soul food!‹ Jimi
hat sich auch brav alles reingeschoben, aber dann ist er aufgestan-
den, hat sich entschuldigt, daß er mal auf die Toilette muß – und ist
nicht wiedergekommen. Nach einer Weile hab' ich seinen Tour-
nee-Manager gefragt: ›Sag mal, haben ihm vielleicht die Spätzle
nicht geschmeckt?‹ – ›Nein‹, hat der gesagt, ›ihm ist schlecht.‹ –
›Aber warum hat er sie dann gegessen?‹ – ›Ja, weißt du, er wollte
deine Gefühle nicht verletzen.‹

Das stärkste Bild, das Fritz von Jimi im Gedächtnis bleibt, ist
wahrscheinlich ein Schlüssel zu dessen Charakter. Nach einem
Konzert gehen beide ins Hotel zurück. Im Zimmer zieht sich Jim
plötzlich alle Kleider aus, holt sich ein Glas Wasser und einen

großen Farbkasten, taucht den nassen Pinsel in die Farben rot, grün, gelb und blau. Mit langsamen, zärtlichen Strichen bemalt er seinen nackten Körper, wie es ihn seine indianische Großmutter gelehrt hat.

Es war nicht nur das Farberlebnis, sondern das Streicheln mit dem Pinsel über die Haut. Er war sensibel, voller Wärme und Hunger nach Liebe und Zärtlichkeit. Wie wir alle.

19. Kapitel: Wie macht man eine Tournee?

Als ich vor 30 Jahren damit begann, Tourneen zu organisieren, war ich ein Amateur. Meine wichtigste Sorge war, daß jeder Musiker pro Auftritt fünfzig, der Tourneeleiter zwanzig Mark sowie der VW-Bus seinen Sprit bekam. Dieses Geld haben wir mit Abschlüssen über dreihundertfünfzig oder vierhundert Mark pro Konzert hereingeholt. Ich saß als Konzertreferent Inland der Deutschen Jazz Föderation e. V. in Untermiete bei Mutter Böhm in Offenbach, und da ich kein eigenes Kapital im Hintergrund hatte und nicht auf eigenes Risiko arbeiten konnte, war ich jedesmal froh, wenn ich wieder ein Konzert an einen Veranstalter irgendwo in Deutschland verkaufen konnte.

Wenn man Glück hatte, war das Konzert in Nürnberg oder in Clausthal-Zellerfeld einigermaßen gut vorbereitet. Hatte man Pech, geriet man an totale Veranstaltungs-Dilettanten. Einer hatte sogar einmal vergessen, Eintrittskarten zu drucken. Oft kam es auch vor, daß keine Plakate aufgehängt wurden. Dies geschah vor allem bei den ASTA-Kulturreferaten der deutschen Universitäten.

Vor dreißig Jahren hat man Konzerte sehr kurzfristig angekündigt. Der Kartenverkauf lief über zehn Tage. In dieser Zeit wurden die Plakate ausgehängt und ein bis zwei Zeitungsanzeigen eingerückt. Daher war es auch nicht verwunderlich, daß selbst die Konzerte so großer Stars wie Ella Fitzgerald zunächst in sehr kleinen Konzertsälen stattfanden. Natürlich gab es schon damals in Berlin den Sportpalast und die Deutschlandhalle, aber für uns in Frankfurt war die Regel für ein Jazzkonzert das Volksbildungsheim am Eschersheimer Turm mit seinen tausend Plätzen oder der Althoffbau mit tausendvierhundert.

Ich hatte damals nur im Hirn, daß soviele Jazzkonzerte stattfinden wie möglich, egal wie. Ich lebte in dem Glauben, jedes Jazz-

konzert mache die Welt ein bißchen schöner. Es war für mich sekundär, ob die Musik gut oder schlecht und ob das Konzert ordentlich organisiert war oder nicht. Später hab' ich kapiert, daß man eine Szene erst schaffen und sich verdammt darum kümmern muß, wie die Konzerte organisiert werden – damit die Künstler auch die Lust bekommen, ein gutes Konzert zu geben.

Das war natürlich immer unsere Absicht, aber wir haben uns zunächst nicht wirklich darum bemüht. Wir haben gesagt: Wir brauchen drei Mikrophone, aber ob die Mikrophone aus dem Wahlkampf 1932/33 stammten oder ob sie überhaupt besorgt worden waren, war uns nachher egal. Auf jeden Fall wurde gespielt. Heute kommen wir in den größten Hallen und im kleinsten Dorf mit vollem Equipment an. Der örtliche Veranstalter hat lange vorher unsere Bühnenanweisungen bekommen, und wehe, er erfüllt sie nicht. Er erlebt dann einen sehr anstrengenden Abend.

Wenn sich Künstler und Veranstalter einig geworden sind, eine Tournee durchzuführen, wird zunächst der Tourneeplan gemacht. Es muß entschieden werden, wie viele Konzerte angesetzt werden sollen: in welchen Städten und vor allem in welchen Konzerthallen. Die Wahl der Halle ist bereits ein sehr wichtiger Vorgang, da er die Dimension des Konzerts bestimmt. Die richtige Größenordnung des Saales beeinflußt das Konzertergebnis ganz erheblich.

Wenn ein Künstler tausend Besucher anzieht, ist ein Konzertsaal mit tausend Plätzen ausverkauft und damit das Ziel erreicht. Wenn aber ein Künstler in einer großen Halle mit zehntausend möglichen Plätzen vorgestellt wird, und es kommen nur tausendachthundert Besucher, ist alles schiefgegangen. Man muß demnach für jeden Künstler den richtigen Konzertsaal in der richtigen Stadt finden. Dabei ist auch zu berücksichtigen, daß einzelne Künstler in den Regionen der Bundesrepublik Deutschland unterschiedlich populär sind, daß folglich in den einzelnen Städten Hallen mit unterschiedlicher Kapazität ausgewählt werden müssen.

Wenn damit der Umfang der Tournee bestimmt ist, werden die Konzerthallen im Rahmen des vereinbarten Tourneezeitraums gebucht. Das richtet sich nach den freien Terminen. Bei der Gestaltung des Tourneeplans sind verschiedene Gesichtspunkte zu berücksichtigen. Wichtig sind die Enfernungen zwischen den Orten, da hiervon nicht nur die Reise-Dispositionen abhängen, sondern vor allem auch die Strapazen der beteiligten Künstler und Mitarbeiter.

Grundsätzlich müssen die größten Hallen an Wochenenden terminiert werden, weil dann auch Besucher aus der weiteren Umgebung anreisen. Bei dicht bevölkerten Gebieten, zum Beispiel dem Rhein/Ruhr-Gebiet, können oft mehrere Konzerte in Städten veranstaltet werden, die einander naheliegen, wie Düsseldorf und Köln oder Essen und Dortmund. Es wäre bequem, diese Konzerte hintereinander zu legen. Aber es ist vielleicht vorteilhafter, wenn beispielsweise Köln am Anfang der Tournee liegt und Düsseldorf am Ende, da das zweite Konzert dann als eine Wiederholung des ersten Konzertes verstanden wird und manche Besucher den Künstler zweimal erleben können.

Wenn er eine Eintrittskarte kauft, erhält der Käufer keinen materiellen Wert, sondern lediglich ein Stück Papier. Daher besteht allgemein die Auffassung, dies Stück Papier besitze keinen großen Wert, dürfe nicht teuer sein. Keiner meiner Bekannten findet etwas dabei, nach einer Freikarte zu fragen. Beim Bäcker oder Metzger käme dagegen niemand auf die Idee, ein Brot oder eine Wurst umsonst zu verlangen.

Eintrittspreise für Konzerte haben eine psychologische Bedeutung. Der Konzertbesucher ist bei jedem Künstler nur bis zu einem bestimmten Preis bereit, eine Karte zu kaufen. Konzerte mit einem überwiegend jugendlichen Publikum müssen natürlich besonders niedrige Eintrittspreise haben, da die meisten noch nicht im Erwerbsleben stehen. Zudem ist gerade das junge Publikum äußerst kritisch. Die Konzertkarten der verschiedenen Künstler werden miteinander verglichen. Darüber hinaus spielen hier der politische Standpunkt und der soziale Anspruch des Künstlers eine Rolle.

Der Eintrittspreis kann aber auch bei internationalen Künstlern, die bei vermögenden Konzertbesuchern populär sind, als zu hoch empfunden werden. Es gibt immer wieder Tourneen, die kein Erfolg sind, weil die Eintrittskarten auf Grund der zu hohen Kosten zu hoch kalkuliert werden müssen. Ein Kartenkäufer, der bereit ist, neunzig Mark für eine Eintrittskarte zu bezahlen, ist nicht unbedingt bereit, dafür auch hundertzwanzig Mark auszugeben. Besonders kritisch sind hohe Eintrittspreise für Plätze weiter entfernt von der Bühne.

Infolgedessen ist auch das Preisgefälle der Eintrittskarten von Belang und muß genau überlegt werden. Es gibt die Forderung nach dem Einheitspreis. Keiner soll mehr, keiner soll weniger bezahlen. Wer zuerst kommt, steht vorn, wer später kommt, steht hinten. Das klingt – wie viele pseudosoziale Argumente – bestechend. Mir gefällt aber hier ausnahmsweise das kapitalistische Prinzip unseres gesamten Kulturbetriebes viel besser, daß nämlich die Herrschaften auf den teuren Prestigeplätzen die billigeren weiter hinten für junge Menschen, die noch nicht verdienen, subventionieren.

Meines Erachtens sollte sich der Eintrittspreis weitgehend nach den Kosten richten und eine vernünftige Gewinnchance für den Künstler und den Veranstalter beinhalten. Außerdem muß natürlich berücksichtigt werden, daß nicht alle Konzerte ausverkauft sind und ein Verlust auch dann vermieden werden muß, wenn unverkaufte Karten übrig bleiben. Unter Berücksichtigung der Kosten und der psychologischen Bedeutung des Eintrittspreises ist hier ein vernünftiges Maß zu finden.

Die Kosten für die Konzerte einer Tournee werden aus drei Bereichen ermittelt:
a) Produktionskosten
b) örtliche Kosten
c) überörtliche Kosten

Die Produktionskosten werden bestimmt durch den Umfang des Bühnenaufwandes. Der Künstler und sein Veranstalter müssen sich darüber einig werden, was auf der Bühne geschehen soll. Das beginnt mit der Anzahl der beteiligten Musiker und weiterer Bühnenakteure und erstreckt sich auf die Ton- und Licht-Anlagen bis hin zu Einzelteilen des Bühnenaufbaus, die in die einzelnen Konzerthallen gebracht werden müssen.

Heutzutage soll das Publikum in jeder Halle die gleichen Bedingungen für das Konzert garantiert bekommen. Wir arbeiten sehr oft in Mehrzweckhallen, die uns leer und zuweilen lieblos zur Verfügung gestellt werden. Dorthin müssen wir mit großen Lastzügen Ton- und Lichtanlagen sowie das Bühnenequipment befördern, um auch dort das Publikum zu verzaubern. Dabei darf nicht gespart werden, sonst leidet die Qualität des Konzertes. Andererseits muß man sich auch vor zuviel Ausstattung hüten, damit nicht am Ende – wie man es im Rock oft erlebt hat – nur noch Lichtshows und Tongewitter aus Selbstverstärker-Türmen prasseln und man vom Künstler abgelenkt wird. Die Produktion muß den Künstler stützen, ihn auf der Bühne tragen – und deswegen sind die Festlegung des Produktionsumfanges und der daraus resultierenden Kosten bereits ein kreativer Akt.

Diese Arbeit, die wir beispielsweise mit Udo Lindenberg, Peter Maffay und Howard Carpendale gemeinschaftlich leisten, wird uns erspart, wenn wir internationale Acts wie etwa die Rolling Stones in Deutschland präsentieren. Die Stones bringen sogar ihre eigene Open-Air-Bühne mit. In Europa gibt es keine derart große Bühne, wie sie ihr Producer Bill Graham entworfen hat. Ich bekomme lange vor der Tournee eine vierzig-, fünfzig- oder sechzigseitige Bühnenanweisung, wieviele Stromanschlüsse, wieviele Hilfskräfte, eventuell zusätzliche Generatoren und so fort vor Ort benötigt werden. *In einem solchen Fall haben Lippmann + Rau keinerlei Einfluß auf die Produktionsgestaltung. Mick Jagger und sein internationaler Tournee-Manager Bill Graham haben sich vorher wahrlich lange genug auseinandergesetzt, um die Balance zwischen finanziellem Aufwand und Effektivität herzustellen.*

Die örtlichen Kosten ergeben sich aus der Aufbereitung der Konzerthalle, der Verpflichtung des notwendigen Personals und der Miete plus Nebenkosten. Hinzu kommen die Kosten für die Promotion vor Ort durch Plakate, Zeitungsanzeigen und Sondermaßnahmen. Die überörtlichen Kosten entstehen durch den Druck der Plakate, der Herstellung weiterer Werbemittel sowie durch die überörtliche Promotion. Hinzu kommt die Copyright-Abgabe an die »Gema«.

All diese Kosten müssen sorgfältig kalkuliert werden, da sich daraus der Preis für die Eintrittskarten errechnet – natürlich auch der mögliche Tournee-Überschuß. Fehlkalkulationen können dazu führen, daß eine Tournee mit Verlust abschließt, obwohl sie einen großen Publikumszuspruch gefunden hat.

In früheren Zeiten war es üblich, dem Künstler ein Festhonorar zu zahlen und es dem Veranstalter zu überlassen, wie er die Eintrittspreise gestaltet und wie er das Konzert durchführt. Diese Situation hat sich grundlegend gewandelt. Bedeutende Künstler und ihre Berater lassen sich die Kostenkalkulationen vorlegen und setzen zusammen mit dem Veranstalter die Kapazitäten der Hallen und die Höhe der Eintrittspreise fest.

Mein bevorzugter Abschluß mit dem Künstler ist die partnerschaftliche Teilung des Konzertüberschusses, wobei der Künstler und der Veranstalter gut verdienen, wenn die Konzerte erfolgreich sind, und entsprechend weniger, wenn nicht so viele Besucher kommen. Grundsätzlich sollte der Veranstalter die Kosten garantieren, so daß der Künstler lediglich das Risiko eingeht, wenig oder nichts zu verdienen. Das Kostenrisiko liegt dann beim Veranstalter.

Bei der partnerschaftlichen Vereinbarung gibt es mehrere Möglichkeiten. Der einfache Weg ist die Teilung der Bruttoeinnahmen. Dabei trägt der Künstler von seinem Anteil die Produktionskosten, der Veranstalter von seinem Anteil die örtlichen und überörtlichen Kosten. Dieser Modus hat den Vorteil, daß nach jedem Konzert auf Grund der Konzerteinnahmen abgerechnet werden kann.

Die bessere Partnerschaft ist jedoch die Teilung der Nettoeinnahmen nach Abzug aller Steuern und aller Unkosten. Hier wird ein gerechtes Ergebnis erzielt, aber die genaue Abrechnung kann erst nach der Tournee erfolgen, wenn alle Kosten erfaßt sind. Diese

Teilung der Nettoeinnahmen ist mein bevorzugter Abschluß, und ich freue mich, nach diesem Modus mit Künstlern wie Udo Lindenberg, Peter Maffay, Howard Carpendale, Ulla Meinecke und vielen anderen seit Jahren arbeiten zu können.

Wenn nun der Umfang der Tournee und der Produktion feststeht, die Erfassung der Kosten und der Tourneeabschluß mit dem Künstler erreicht sind, wird der Promotionplan für die Tournee erarbeitet. Promotion ist weit mehr als nur die Werbung. Sie muß für jeden einzelnen Künstler individuell ausgearbeitet werden. Hier sollte es keine Konfektion geben, nur Maßanzüge. Man kann nicht sagen: »*Ich habe tausend Tourneen hinter mir und dabei Erfahrungen gesammelt.*« *Zwar hat man im Laufe der Zeit ein gewisses Instrumentarium für die Promotion entwickelt, aber für Künstler einer gewissen Größenordnung muß man sich jedesmal etwas Neues einfallen lassen.*

Beispiel Udo Lindenberg: Im Normalfall erscheint zuerst eine Schallplatte, die wird erfolgreich, dann macht man die Tournee; die wird ausverkauft, und jeder sagt sich: Na ja, die Platte hat's mal wieder gebracht. Bei Lindenberg haben wir es bei den beiden letzten Tourneen umgekehrt gemacht. Zwar erschien auch in diesen Fällen die Platte im Januar, und wir gingen erst im Februar/ März auf Tournee. Aber wir begannen schon Mitte November des Vorjahres mit dem Kartenvorverkauf: Die Konzertkassen konnten ein Festgeschenk für Weihnachten offerieren. Gleichzeitig erfolgte in ganz Deutschland der Plakatanschlag. Das Din-A-Null-Plakat war Teil der Kampagne. Es war mit der Hülle der LP identisch, die erst im Januar erschien und trug den Titel von LP und Tournee – »*Götterhämmerung*«*. Als die Platte herauskam, kannte also bereits jeder die Hülle und den Titel. Die Identifikation mit Lindenberg war viel schneller gesichert.*

Ein anderes Beispiel, Peter Maffay: Die LP erschien im Frühjahr, und wir gingen erst im Sommer auf Tournee, weil Maffay zu den wenigen Künstlern gehört, die sogar die riesige Freilichtbühne in Bad Segeberg mehrfach hintereinander ausverkaufen - mit denen man also »*open air*« *gehen kann. Wir legten den Tourneebeginn deshalb auf den Spätsommer, zum Ende der Ferien. Mit dem Kartenverkauf mußten wir rechtzeitig beginnen. Denn bei einem Künstler, der sogar von einer Märchenplatte (*»*Tabaluga*«*), an deren Verkaufserfolg niemand so recht geglaubt hatte, sechshunderttausend Stück verkauft, ist die Erwartung natürlich ungeheuer. Da einfach nur ein paar Plakate aufhängen und warten – das geht nicht.*

Also haben wir den Peter-Maffay-Tag erfunden. Der erste Samstag im Mai wird zum Maffay-Tag erklärt. Da hängen die Plakate, da werden Anzeigen geschaltet, da beginnen die Presse-Kampagne und der Kartenvorverkauf. Wenn man bei einem Künstler seines Umsatzpotentials bei einer so langen Vorverkaufzeit über den normalen Kartenvorverkauf geht, werden die guten Karten vielfach unter der Hand verschoben. Also beschlossen wir, am Maffay-Tag alle Karten an Konzertkassen und Stadionkassen unter notarieller Aufsicht anzubieten. Das heißt, wer zuerst kam, erhielt auch wirklich die besten Karten. Resultat: Wir haben an diesem Tag achtzigtausend Tickets abgesetzt.

Es muß also eine Kampagne geben, in der der Künstler, sein Manager, der Tourneeveranstalter und die Plattenfirma zusammenarbeiten. Es wäre dumm, wenn der Veranstalter sagen würde: Mich interessieren die Schallplatten nicht – Hauptsache, ich verkaufe genügend Karten. Oder wenn die Plattenfirma sagen würde: Was gehen uns die Konzerte an? Beides hängt unmittelbar zusammen.

Nach der Promotion und dem Start des Kartenverkaufs ist der nächste Schritt die unmittelbare Vorbereitung der einzelnen Konzerte vor Ort. Die Bühnenanweisung muß ein Werk sein, in dem alles für den örtlichen Veranstalter steht, um die Bedingungen zu schaffen, die sich der Künstler und seine Berater vorstellen. Es ist eine Checkliste, die er nur noch abzuhaken braucht. Je präziser unsere Anweisungen sind, desto besser kann er arbeiten.

In sehr vielen Fällen sind die örtlichen Veranstalter auch meine Berater. Ich rufe an und frage: Was hältst Du von der Band Frankie goes to Hollywood? Oder ich frage: In welcher Halle würdest Du Udo Lindenberg machen? Natürlich lasse ich mir nicht vorschreiben, wo Lindenberg auftritt, das entscheiden Udo und ich schon selbst, aber ich hole Ratschläge ein. Ebenso teste ich im Vorfeld, welche Eintrittspreise die örtlichen Veranstalter in ihrer Region für angemessen halten. Die Entscheidung fällt dann auf nationaler Ebene – aber nicht ins Blaue hinein.

Ich habe mir örtliche Veranstalter herangezogen, als wären es meine Söhne. Ich habe ihnen mein ganzes Know-how vermittelt. Ich will, daß sie die besten Veranstalter sind und halte ihnen die Treue. Nur in ganz seltenen Fällen, wenn ich merke, daß es für sie Loyalitätskonflikte gibt, trenne ich mich von ihnen.

Es gibt dann noch fortlaufende Promotion-Anweisungen für die örtlichen Veranstalter, die ich aus der Summe aller Briefe und Telefongespräche zu diesem Thema formuliere, nicht zuletzt beim wöchentlichen Studium der Vorverkaufszahlen in den einzelnen Städten. Wenn der Vorverkauf überall gut läuft, nur in einer Stadt nicht, dann muß das örtliche Gründe haben. Die muß man heraus-

finden, den Fehler abstellen und sein ganz besonderes Augenmerk
auf diese Stadt richten.
Wie aber kommt man mit dem ganzen schweren Equipment in
all die Hallen der Tournee? Diese Arbeit machen für uns die
Roadies. Das sind zum Teil wilde Gesellen, Abenteurer der Arbeit.
Sie haben oft Übermenschliches zu leisten: aufbauen, unmittelbar
nach dem Konzert ganz schnell wieder abbauen, das ganze Equip-
ment verladen, ab in eine andere Stadt – und am nächsten Morgen
beginnt schon wieder der Aufbau. Diese Leute arbeiten praktisch
Tag und Nacht. Für sie gleicht eine Tournee der Besteigung eines
Achtausenders im Himalaya. Wenn man da in der Seilschaft hängt,
kann man ebenfalls nicht von einem Acht-Stunden Tag sprechen.
Solche Männer kann man unterwegs auch nicht in irgendeine
Gaststätte schicken und ihnen sagen: Verpflegt euch selbst. Die
müssen in der Halle verpflegt werden. Das hat sich inzwischen
mehr und mehr verselbständigt. Ich habe einmal ein Doppelkon-
zert mit Santana und Zappa in der Kölner Sporthalle veranstaltet,
dort zwei Tourneen zusammengeführt. Da wurde für insgesamt
sechzehntausend Mark gut gegessen. Und da man die Musiker
nicht hungrig dabeistehen lassen kann, wird also auch für sie
Essen zubereitet. Es gibt ja den berühmten Satz: »A well fed crew
make a happy tour.«

Wenn die *Stones* kommen, wenn Dylan kommt, wissen wir
vorher ganz genau, welche Weinsorten oder welche Obstsorten die
Künstler in der Garderobe bevorzugen. Das alles ist »Catering«.
Das erstemal hab' ich das wohl begriffen, als Janis Joplin Tequila
verlangte und wir keinen hatten, weil wir dachten, sie trinkt Sou-
thern Comfort. Catering ist alles, was dem Wohlbefinden des
Künstlers und seiner Gruppe dient.
Daß wir da auf einem schmalen Grat wandeln, ist mir klar. Es
gibt ein Buch über die *Rolling Stones*, in dem behauptet wird, am
Ende einer Deutschlandtournee hätten die Plattenfirma WEA und
die Tourneeveranstalter, also Lipmann + Rau, den Musikern in
München eine ausschweifende Sex- und Rauschgift-Orgie ausgerichtet. Ich weiß, daß es eine Party am Ende der Tour gab, die sehr
turbulent war. Ich habe aber keine Mädchen besorgt, ich habe
kein Rauschgift besorgt. Ich weiß nicht, ob irgendwo gebumst
worden ist. Ich weiß aber, daß Siegfried Loch, der Chef der zustän-
digen Plattenfirma, nicht reinkam und wir ihn einholen mußten.
Er hatte ebenfalls nichts »ausgerichtet«.
Es ist nicht ungewöhnlich, daß ein Künstler nach dem Streß
eines Konzerts und in Erwartung des nächsten nach Sex verlangt.
Da gibt's Telefonnummern in jeder Stadt, die kriegt er. Da kann er

hingehen, da kann auch ein Bodygard mitgehen. Man kann auch einen Tisch reservieren. Aber für ihn Tanten zu reservieren ist nicht mein Job. Es kann auch vorkommen, daß ein Künstler rauschgiftsüchtig ist und vor dem Konzert Heroin verlangt. In diesem Fall würde ich zu jeder Zeit einen Arzt besorgen. Wenn der entscheidet, der Mann braucht 'ne Spritze und das auf seinen Eid des Hypokrates nimmt, hat sie der Künster vom Arzt bekommen.

In diesem Zusammenhang möchte ich mir ein paar Worte über das deutsche Opiumgesetz erlauben. Ich halte es für menschenfeindlich, für dumm und überholt. Ich spreche jetzt als Jurist: menschenfeindlich, weil es sich hier um kranke Menschen handelt, dumm (auch unter kriminalpolitischen Gesichtspunkten), weil es zwischen Rauschmittel und Rauschgift nicht unterscheidet. Man müßte Rauschmitteln wie Marihuana, die nicht zur Sucht führen, freigeben, um sich mit dem Problem der Rauschgifte, die Menschen vernichten, wirklich konkret auseinandersetzen zu können. Wer Marihuana oder Haschisch verkauft, ist in meinen Augen kein Mörder. Wer Heroin verkauft, ist ein Mörder.

Es ist eine ungeheure Heuchelei, daß Alkohol, die Volksdroge und Jugenddroge Nummer eins, akzeptiert, ein Typ, der einen Joint raucht, dagegen kriminalisiert wird. Marihuana ist keine Einstiegsdroge, es wird nur in einem Einstiegsmilieu verdealt. Die unterschiedliche Behandlung dieser beiden Rauschmittel hat natürlich gesellschaftliche Gründe. Der Typ, der Joints raucht, wird vielleicht eher auf seine Leistungsbereitschaft verzichten als einer, der einen Alkoholkater hat, möglicherweise aber auch nicht. Dieses Vorurteil ist noch viel zu wenig untersucht worden. Das zum einen.

Zum anderen liegt die größte Gefahr der Rauschgiftverbreitung im Schneeballsystem, nach dem jeder Abhängige automatisch zum Kleindealer werden kann. Sobald man akzeptieren würde, daß jeder Mensch über seinen Körper bestimmen und verfügen kann, würde ein Abhängiger unter medizinischer Betreuung erstens nur guten Stoff bekommen, zweitens im Sinne einer Rehabilitation beraten werden und drittens nicht in die Gefahr kommen, aus ökonomischem und psychischem Zwang andere Leute verführen zu müssen. Das würde die Rauschgiftgefahr wesentlich eindämmen, und deshalb halte ich die Handhabung des Opiumgesetzes für gefährlich und von der gefährlichen Wirklichkeit überholt.

Ich hasse Dealer abgrundtief und würde schon deswegen keine verbotenen Rauschmittel nehmen, weil ich keinen Dealer unterstützen will. Und wenn ich gesagt habe: Catering ist alles, was dem

175

Wohlbefinden des Künstlers und der Gruppe dient, so ist hier die Grenze. Ich muß an dieser Stelle einen Satz sagen, der wichtig ist für das ganze Buch: Wir sind eben nicht die Sklaven des Künstlers. Wir sind die Diener des Publikums an der Seite des Künstlers. Aber wir müssen uns im Ausnahmefall auch einmal gegen den Künstler entscheiden dürfen, wenn er seine Aufgabe gegenüber dem Publikum vernachlässigt.

20. Kapitel: Entertainment

Im Schlafzimmer des Reihenbungalows brennt nur noch eine Nachttischlampe. Fritz liegt halb auf die Seite gerollt, seine linke Hand hält die von Hildegard. Es ist einer jener wenigen friedlichen Abende Anfang der siebziger Jahre, an denen die Welt im Rau'-schen Schlafzimmer noch in Ordnung ist. Weit entfernt hört Fritz in seinem ersten Anflug von Träumen das beruhigende Gemurmel des Fernsehgeräts. Plötzlich stößt Hildegard einen kleinen Schrei aus, zieht ruckartig ihre Hand zurück und sitzt aufrecht im Bett.

Schlaftrunken kommt Fritz ebenfalls hoch, sieht in das Gesicht seiner Frau, auf dem sich totale Verblüffung breitmacht. Starr glotzt sie in die Röhre. Fritz folgt ihrem Blick und ist ebenfalls schlagartig wach. Ein etwas pummeliges Mädchen mit schwarzge-lackten Haaren und den riesigen Augen eines Kinderclowns erweckt die Illusion, daß Judy Garland wieder jung und quickle-bendig ist. Dieses Mädchen fegt über den Bildschirm, tobt über die Bühne, singt und tanzt, daß an Schlaf nicht mehr zu denken ist: Liza Minnelli.

Uns beiden ist der Unterkiefer runtergefallen, was sie dort in einer Show aus dem Pariser ›Olympia‹ abgeliefert hat. Wir hatten von der Minnelli bereits gehört. Wir wußten, daß sie eine Zeitlang in Paris lebte und an der Sorbonne studierte, daß sie sang und tanzte, aber gesehen haben wir sie in dieser Nacht zum allerersten Mal. Was sie da auf der Bühne losmachte hat uns einfach umgeworfen.

Dieser Eindruck ist Fritz noch ganz stark in Erinnerung, als 1974 aus den USA die Offerte einer Deutschlandtournee mit Liza Minnelli kommt. Er will sie um jeden Preis machen – aber wirklich um *jeden* Preis? Denn zum erstenmal wird für eine komplette

Show mit Band, Sound und Licht eine Summe gefordert, die bei Lippmann + Rau bisher weit jenseits der Kalkulationsgrenze lag: pro Abend fünfzigtausend Dollar. Fritz überlegt einen ganzen Tag. Liza Minnelli ist kein Schallplattenstar mit aktuellen Hits, also gibt keine Plattenfirma Promotionhilfe oder auch nur eine Mark Subvention. Die ganze Kohle muß vor Ort verdient werden, das bedeutet Preise von vierzig bis achtzig Mark. Er schluckt ein paarmal, dann sagt er zu.

Das Premierenkonzert der Europatournee im Pariser Palais de Congrés ist für Liza Minnelli fast ein Heimspiel. Entsprechend rasch sind die Karten verkauft. Fritz erhält für sich und ein Dutzend Journalisten aus der Bundesrepublik nur noch Balkonplätze und hat böse Vorahnungen: Wenn die Jungs, die mit ihrem Anspruch auf Plätze in den vorderen Reihen recht eigen sind, nun etwas übelnehmen? Demonstrativ setzt er sich neben den gefürchteten Klatschkolumnisten Michael Graeter von der Münchner »AZ«. Aber Graeter ist selber ein Show-Business-Freak; er klatscht im Konzert begeistert und schreibt das dann auch in seiner Kolumne.

Nach der Show wird der Tournee-Promoter aus Deutschland mit seinem Star bekannt gemacht. »You are«, stammelt Fritz, »you are fucking good!« Liza lacht, und er hat den Eindruck: Das ist'n Kumpel. Aber er hat Angst vor der nach allen bisherigen L + R-Maßstäben überteuerten Deutschlandtournee. Hinter der Bühne sieht er sie dabei nur selten, hat auch keine Gelegenheit, sie zum Essen einzuladen. Liza Minnelli wird von einer amerikanischen Clique abgeschirmt, von der Fritz annimmt, daß sie anderen Zeitvertreib bevorzugt, als in einer Kneipe zu sitzen und Ochsenbrust mit Bratkartoffeln zu essen. Doch er ist in den meisten ihrer Konzerte im Zuschauerraum.

Wenn Liza Minnelli auf die Bühne rast, sich das Mikrophon schnappt und atemlos zu singen anfängt, dann sitze ich da und lach' und heul' wie alle anderen im Publikum, dann geh' ich mit ihr durch alle Gemütsbewegungen, die man sich vorstellen kann. Dann ist sie meine Tochter, mein Weib, meine Mutter, und hinterher bin ich völlig fertig von meinen eigenen Gefühlen.

Während das Saallicht verlöscht, geht Fritz sehr oft in die Halle – nicht nur bei Liza Minnelli. Im ausverkauften Haus noch gedämpftes Stimmengemurmel. Langsam wächst die Spannung bei den zweitausend, dreitausend oder fünftausend Leuten. Fritz hat feuchte Hände. Die Bühnenscheinwerfer gehen an, die Band legt los. Er weiß, nach genau zweiunddreißig Takten wird der Star einsteigen. Die ersten Zeilen singt er hinter der Bühne. Fritz hält den Atem an. Es funktioniert. Die Magie der Bühne wirkt wieder einmal. Der Funke springt über. Spot auf den Künstler, Beifall brandet auf, gewonnen!

Mein Lieblingsplatz in der Frankfurter Jahrhunderthalle ist die Treppe oben auf dem Balkon. Da spüre ich jede Stimmungsschwankung im Publikum, da hab' ich den Überblick. Deshalb tun mir manche meiner Kollegen leid, die immer zu spät kommen, aber einen Platz in der ersten Reihe haben, damit sie gesehen werden. Solche Leute kriegen nichts mit, können nichts dazulernen. Bei Rock-Konzerten hock' ich mich am liebsten neben den Mixer. Da läuft in mir ein Lernprozeß ab: Hab' ich mein Klassenziel erreicht? Haben die Leute etwas von dem Abend, für den sie Geld bezahlt haben? Außerdem lerne ich jedesmal viel über die Show, wie sie aufs Publikum wirkt. Dann kann ich auch Detailkritik üben, für die Musiker Berater sein. In der ersten Reihe bist du kein Berater, sondern ein Ignorant, der sich zur Schau stellt.

Fritz ist sich längst darüber im klaren, daß er »the sweet smell of success«, das süchtigmachende Geräusch des Beifalls, den Duft des Erfolges ebenso braucht wie die Artisten, die er präsentiert. Er ist längst kein Jazzveranstalter mehr, kein Rockveranstalter. Der Zauber des Entertainments hat ihn gepackt: Unterhaltungszigeuner.

Es war 1970, als Horst Lippmann zum erstenmal ins Büro kam und sagte: »Fritz, wir sollten Harry Belafonte machen.« Fritz blickt vom Schreibtisch hoch. Er ist sich nicht sicher, ob Horst einen Witz macht oder den Vorschlag ernst meint. Vorsichtshalber entgegnet er erst mal ähnlich zweideutig: »Ja, aber dann müssen wir natürlich auch Fred Astaire und Ginger Rodgers machen, die hab' ich im Kino immer mächtig bewundert.« Horst verzieht keine Miene: »Und wir sollten auch mal über Bing Crosby nachdenken.«

Fritz ist perplex. Show Business dieser Art war in Jazzkreisen offiziell immer abgelehnt worden, war ein Privatvergnügen, dessen heimlichen Genuß man nicht öffentlich zugab. Lippmann + Rau standen für's Authentische, für Folk Music, nicht für Glamour. Und Elvis Presley war für sie beide tatsächlich nicht mehr als ein Schnulzensänger gewesen, der clever vermarktet wurde. Doch offenbar hat die Beschäftigung mit der Rockmusik bei ihnen beiden das Verständnis für Show-Business-Abläufe und die besondere Qualität des Entertainments geschärft.

Die Tournee »Slawische Seele« 1968: Nun ja, das war eine eher halbherzige Mischung von Buntem Abend und Authentischer

Dokumentation, die jedenfalls dadurch gerechtfertigt war, daß das Publikum seinen Spaß hatte. Horst hatte eine wunderschöne Sängerin namens Dunja Rajter aus Jugoslawien geholt, mit der er Platten produzierte. Eine Tournee? Aber doch nicht mit Dunja allein! Wir holten die Schauspielerin Tatjana Iwanow dazu, die in der deutschen Erstaufführung des Musicals »Hello Dolly« im Düsseldorfer Schauspielhaus die Dolly gespielt hatte: eine echte Russin. Der dritte Star war weniger echt: ein Opernsänger, der sich in die Folksong-Bewegung der Burg Waldeck eingebracht hatte, für CBS Records zaristische Lieder sang und die Meise hatte, ein Russe zu sein.

Er hieß Iwan Rebroff. Ich mag Leute mit einer Meise. Er hat die Leute unterhalten und auf dieser Tournee wie verrückt abgeräumt. Wir haben uns nicht geniert, mit Iwan ein paar Jahre lang viel Geld zu verdienen. Er war von einer faszinierenden Faulheit, sang nicht nur immer dieselben Lieder, sondern machte auf jeder Tournee auch ungeniert dieselben Ansagen und dann noch den Fehler, sich vom WDR als TV-Showmaster verpflichten zu lassen. Er dachte, er wird damit super-populär, aber das war – nach sechs Sendungen – sein Ende. Nicht mal Rudi Carrell würde es schaffen, im Fernsehen höchste Einschaltquoten zu erringen und die Leute daneben noch in Konzertsäle zu locken.

Zu Iwan Rebroff bekennen sich Lippmann + Rau als naive und konsequente Dorf- und Großstadtbuben. Später haben wir unserem schlechten Gewissen gegenüber dem russischen Volk insofern Genüge getan, als wir mit den Don-Kosaken aus Rostow 1978 die erste erfolgreiche Tournee sowjetrussischer Volkskunst in der Bundesrepublik veranstalteten und mit dem Alexandrow-Ensemble, dem Chor der Roten Armee, 1979 mehr als zweihunderttausend Mark verloren. Das war für das Geld, das wir mit Iwan verdient hatten, Strafe genug.

Die frühen siebziger Jahre sind für Fritz, den Veranstalter, voller Abenteuer. Er entdeckt Swinging London, und erstmals durchbricht er das jahrelang praktizierte Firmenschema Lippmann = Einkäufer, Rau = Verkäufer. Für Horst hatte eigentlich immer nur Amerika etwas gegolten. Er hatte als erster Plattenproduzent Eric Clapton und die *Yardbirds* an der Hand gehabt und sie weggegeben. In den *Rolling Stones* sah er jahrelang nicht mehr als Epigonen seines *American Folk Blues Festivals,* und als 1968 in England das Trio *Cream* seines früheren Protegés Clapton kommerziell explodierte, hörten Horst und Fritz – starrer Blick auf Amerika – haarscharf daran vorbei. Rock hatte für Lippmann + Rau in den sechziger Jahren nun einmal aus den USA zu kommen: Zappa, Hendrix, Morrison, Janis Joplin – das war's.

180

Als Leser der britischen Musikblätter »Melody Maker« und »New Musical Express« ist Fritz mit der Londoner Szene wohl vertraut. Er ist, als kontinentaler Partner der mächtigen Londoner Harold Davison Agency, auch sehr oft vor Ort.

Ich hab' plötzlich kapiert, daß da etwas ganz Eigenständiges, Eigenwertiges entstanden war. Also sind wir um 1970 konsequent in die progressive Londoner Rockszene eingestiegen: Jethro Tull, Ten Years After, John Mayalls Bluesbreakers, Emerson, Lake & Palmer, Led Zeppelin, Rolling Stones. Und das tollste am Horst war, daß er auch dabei sowohl mein Partner als auch meine Kontrollinstanz blieb und mich immer wieder bestätigte.

Colosseum, die Jazz-Rock-Band des Drummers Jon Hiseman mit dem Saxophonisten Dick Heckstall-Smith ist 1970 ein heißer Tip. Fritz will die Band unbedingt präsentieren und verpflichtet sie bei Harold Davison für eine Tournee. Davison hat aber noch ein anderes Rock-Ass auf der Hand, das er unbedingt in Europa ausspielen will: die junge Band *Free.* »Also, Fritz«, sagt er, »du kannst *Colosseum* für die erste Konzerthälfte haben, wenn du *Free* in der zweiten Halbzeit spielen läßt.« Doch Hisemans Truppe war beim deutschen Publikum bereits gigantisch groß und *Free* noch total unbekannt. Die *Colosseum*-Fans rannten in der Pause raus, *Free* spielte vor halbleerem Saal.

Da habe ich mich, wenn ich mich richtig erinnere, zum erstenmal massiv in ein importiertes Tourneekonzept eingemischt. Ich hab' mich mit den vier Free-Musikern hingehockt und ihnen erklärt: ›So geht's ja nicht. Ihr müßt das Konzert eröffnen. Da habt ihr eine faire Chance, das Publikum, das auf Colloseum wartet, zu überzeugen.‹ Und ich hab' die Haltung des Sängers und Bandleaders Paul Rodgers bewundert, der in seinem Land schon ein umsatzträchtiger Jung-Star war, als er sagte: ›Jawohl, das machen wir. Wir fahren nicht nach Hause, wir fighten.‹ Die Tournee war gerettet.

In diesen Jahren, 1970 bis 1974, brodelt es im Tingeltangel der Bundesrepublik. Fürs deutsche Show Business bricht »the age of aquarius« an, das glückverheißende Zeitalter des Wassermanns. Das Musical »Hair« hat die amerikanische Blumenkinder-Mentalität in alle Welt katapultiert. In München wird eine »Hair«-Truppe zusammengestellt, aus der Künstler hervorwachsen, die im deutschen und internationalen Schaugeschäft künftig ein gehöriges Wörtchen mitreden werden, allen voran Donna Summer als Superstar.

Auch in Hamburg versammelt sich Talent, das zumindest für

zwei Jahrzehnte überdauern wird: James Last kommt aus Bremen und gründet die erste deutsche Bigband mit Millionenumsätzen auf dem internationalen Plattenmarkt. Ein Komiker namens Otto (Waalkes) erscheint aus Ostfriesland und schießt auf der Bühne des Audi-Max total unakademisch seine lockeren Sprüche ab. Udo Lindenberg aus Gronau hausiert mit seinen ersten Demos bei den Plattenfirmen: Rock auf deutsch – geht das? Hamburger Szene, Entertainment made in Germany: Es geht.

Eines Tages steht ein Pianist aus England, der in Hamburg zur Gruppe *Wonderland* gehört, den Nachfolgern der *Rattles,* bei Günther Gayer im Musikverlag Sikorsky auf der Matte und offeriert eine Idee. Der Mann heißt Les Humphries und ist mit seinen fünfundzwanzig Jahren bereits »Master Band Sergeant«, ein britischer Musikoffizier im Ruhestand.

Der schwarze Pop-Gospel-Chor *The Edwin Hawkins Singers* war zu dieser Zeit mehrfach durch Europa gezogen, eine clevere Kreuzung aus *Gospel-Musik* und dem Musical »Hair«. Zu ihrem Erfolg gehörten ebenso die bunten Klamotten wie ihre enorme Show-Business-Disziplin. »Also«, sagt Les Humphries zu Günther Gayer, »stampfen wir doch in Hamburg einen solchen Chor aus dem Boden. Schwarze, Weiße, Gelbe und Grüne, die singen können, werden wir auftreiben. Das Repertoire wird aus eigenen Stücken und auch aus ungeschütztem Folkloremateriel bestehen, das ich arrangiere. Die Copyrights gebe ich euch in den Verlag.«

Das ist eine Offerte, die kaum ein Musikverlag ablehnen wird. Gayer gewährt Produktionskosten, finanziert Studiozeit, knüpft Kontakte zur Plattenfirma Teldec und zum Konzertveranstalter Hans Werner Funke, der auch – als die Truppe steht – zwei Tourneen auf die Bühne bringt. Aber so recht funkt die Sache noch nicht. Da wendet sich Günther Gayer an Lippmann + Rau mit einer gigantischen Forderung: »Fritz, die Nummer ›Mexico‹ von den *Les Humphries Singers* geht augenblicklich in vielen Ländern wie verrückt los. Würdest du die Tournee übernehmen? Wir denken an ungefähr fünfzig Konzerte.«

Fritz weiß, daß die *Les Humphries Singers* 1972 bereits sehr populär sind. Damit ist Geld zu verdienen, aber L + R hatten Entertainment dieser Art zuvor nie gemacht. Er berät sich mit Horst. »Weißt du was?« sagt der: »Für mich ist das, was Les Humphries da anstellt, viel besser als der *Edwin-Hawkins-Chor.«* Und er hält Fritz ein kleines Popmusik-Kolleg: »Einen neuen Sound zu finden ist in der Unterhaltungsmusik sauschwer. Aber wenn man ihn dann gefunden hat, erscheint er genial einfach. Das Geheimnis des berühmten Glenn-Miller-Klanges beruhte bloß darauf, daß Miller den Saxophonsatz von einer Klarinette anfüh-

Einstieg ins Entertainement: Les Humphries mit Ehefrau Dunja Rajter

ren ließ. Woody Hermans Erfolg mit seiner *Four-Brothers*-Band erklärt sich ebenso simpel: Er besetzte den Sax-Satz drei Tenorsaxophonen. Und Les Humphries ist jetzt auf den genialen Trick gekommen, in seinem Chor die hohen Stimmen von Männern und die tiefen von Mädchen singen zu lassen.«

Für Fritz kommt noch etwas anderes hinzu. Klar, der Klang ist bei einer musikalischen Darbietung das Ausschlaggebende, aber die *Les Humphries Singers* swingen und rocken außerdem. Dazu stehen bei ihnen höchst pittoreske und höchst attraktive junge Männer und Frauen auf der Bühne, die für beinahe jeden Publikumsgeschmack zumindest eine Identifikationsmöglichkeit geben.

Da war eine deutsche Hausfrau dabei, eine blonde Schwedin, ein schwarzer Sänger aus der Karibik und ein anderer vom Broadway, ein stattlicher Hüne und eine kleine Zierliche zum Knuddeln, jeder war Solist und Chorsänger. Und das Verrückteste war, daß Les auf der Bühne den Eindruck entstehen lassen konnte, wie es später nur noch Udo Lindenberg gelungen ist, er hätte sich just an diesem Nachmittag diese sympathischen jungen Leute von der Straße zusammengeholt – obwohl zuvor monatelang hart geprobt worden war. Die Show war für mich der genialste Bunte Abend der Welt. Wir haben uns also zusammengesetzt und auch hart verhandelt: Gewinnteilung fünfzig zu fünfzig und nicht mehr als

183

rund dreißig Konzerte. Dabei blieb es aber nicht. Die Europatour-
nee »Sound '73« mit den Les Humphries Singers & Orchestra
wurde immer wieder verlängert und unser bis dahin größter wirt-
schaftlicher Erfolg.

Aus der Begegnung mit Les Humphries wird eine Partnerschaft,
eine Freundschaft, und dann kühlt sie ab. Solange Les noch der
»Street Fighter« ist, der Junge aus der Szene, der sich in Hamburg
auf St. Pauli und in Frankfurt im Bahnhofsviertel wohl fühlt, sprechen er und Fritz die gleiche Sprache. Doch der Geldsegen aus
Plattenumsätzen und Tournee-Erlösen läßt bei Les ganz andere
Ansprüche entstehen, und das reißt Klüfte auf. Daß er Dunja
Rajter, die in seinen Augen schönste Frau der Welt, heiraten will,
ist ja okay. Doch der neue Playground des frischgebackenen Ehe-
paares wird Marbella in Spanien für den Sommer, St. Moritz in der
Schweiz für den Winter. Dazu eine Villa im Hamburger Nobelvier-
tel Blankenese, in dem für den Freund »Fritzie's Room« eingerichtet wird. Fritz hat nie darin übernachtet, aber die Zusammenarbeit
hält an.

Es war das erste Mal, daß in Deutschland eine Teamarbeit
zwischen Künstler, Musikverleger, Plattenfirma und Konzertver-
anstalter in dieser Größenordnung etabliert worden ist. Bei Les
Humphries waren Lippmann + Rau engros und en detail drin. Wir
haben zum erstenmal Werbestrategien entwickelt, haben den
scheuen Künstler Les Humphries, der auf der Bühne immer ganz
weit hinten am Klavier saß, für's Publikum personalisiert, indem
wir ihn selbst und nicht seinen Chor auf dem Plakat zeigten. Wir
haben einen wirklichen Star aus ihm gemacht.

Aber für Fritz selbst bröckelt das Image:

Les war ein hochtalentierter Arrangeur, aber nicht der geniale
Komponist, für den er sich hielt. Er hatte nach »Mexico« einen Hit
mit dem Titel »Mama Loo« und glaubte damit, den Stein der
Weisen gefunden zu haben. »Es ist alles ganz einfach«, erklärte er
mir: »Mach' Songs mit dreisilbigen Titeln, und die Leute fressen
dir aus der Hand.« Nun haben mir böse Menschen erzählt, der
Les-Humphries-Hit »Mexico« klinge wie der US-Oldie »Battle Of
New Orleans«. Und noch bösere Menschen haben mir einen
Schock versetzt, indem sie mir »Barbara Ann« von den Beach
Boys *vorspielten, das klang wie »Mama Loo«. Er machte gewaltig*
Kohle mit diesen Liedern und einigen anderen, die dann genauso
klangen.
Eines Tages kommt er zu mir und sagt: »Fritze, du bist doch
verrückt, soviel Steuern zu bezahlen. Da gibt's doch Mittel und

Wege, und ich hab' ein paar gute Berater. In meiner einfachen Art
eines Ittersbacher Bauernbuben hab' ich ihm geantwortet:» Weißt
du, Les, mein Vater hat mir gesagt, ich soll' Steuern bezahlen. Ich
kann dir auf diesem Wege nicht folgen, weil mir dabei schwindlig
wird!« Die Steuerfahndung hat dann auch auf Les Appetit bekom-
men, Verhaftungen vorgenommen, aber er konnte sich absetzen.
Ich bedaure diese Entwicklung zutiefst. Denn Les Humphries ist
für mich einer der Männer, die für die Entwicklung des Show
Business in Deutschland sehr viel getan haben. Und ich wäre
jederzeit bereit, wieder mit ihm zu arbeiten, wenn seine Steuerpro-
bleme geklärt sind und er künstlerisch wieder bei Kräften ist.

Ja, mit den *Les Humphries Singers* haben Lippmann + Rau
zwischen 1973 und 1975 viel Geld verdient. Der Einstieg ins
internationale Entertainment scheint mit dieser Truppe gelungen
zu sein. Fritz hält den deutschen Musikmarkt für reif, derartige
»Acts« zu präsentieren – und verkalkuliert sich. Denn die Medien
ziehen nicht mit. Er holt das schwedische Quartett *Abba* nach
Deutschland, unmittelbar nach dessen spektakulärem Sieg beim
Grand Prix der Eurovision in London. Im Rundfunk rümpft man
die Nase: Schlagermusik, eine Eintagsfliege. Der Tourneeverlust in
Höhe von siebenunddreißigtausend Mark hält sich in Grenzen,
aber er schmerzt. Fritz will es jetzt wissen. Er veranstaltet Konzerte
mit Shirley Bassey, den *Three Degrees,* den *Pointer Sisters,* den
Carpenters und Herb Alperts Band *Tijuana Brass,* macht aber
auch damit keinen Gewinn.

Horst beobachtet diese Entwicklung nicht ohne Skepsis, aber er
will Fritz nicht stoppen. Denn die Bilanzen sind ja dank Les
Humphries mehr als ausgeglichen. Les ist Fritz Raus Projekt, und
Experimente müssen sein. Was Horst Lippmann viel mehr ärgert,
ist die Schlafmützigkeit der bundesdeutschen Sender: »Die haben
Les Humphries als außergewöhnliches Produkt aus deutschen
Landen eigentlich erst wahrgenommen, als das Ensemble bereits
nicht mehr kreativ war«, erzählt er. »Die meisten Disc-Jockeys
ritten noch immer die seichte deutsche Schlagerwelle zu Tode.
Englisch gesungene Titel wurden in den Jugendfunk verbannt, und
dort regierten die regionalen Rock-Fürsten, für die Entertainment
nur Bullshit war.«

Im Sommer 1974 ist Fritz in London und erlebt in der ausverkauften Royal Albert Hall eine Sängerin aus Griechenland, die mit
ihrer gleichermaßen sanften wie glockenhellen Stimme in England und Frankreich bereits ein Superstar ist: Nana Mouskouri. Er
holt sie nach Deutschland und stellt sie, vorsichtig, zunächst mal
in kleineren Sälen vor. Aber so kleine Säle, um einem zumindest

angehenden Weltstar in Deutschland volle Häuser zu garantieren, gibt es kaum. Nana Mouskouri singt auf dieser Tournee pro Abend vor durchschnittlich dreihundert Besuchern. Sie ist bescheiden bei ihrer Gagenforderung, aber es werden noch nicht einmal die örtlichen Kosten eingespielt.

Das Abschlußkonzert findet im Saal Zwei des Hamburger Congress Centrums statt. Hier, in der Stadt der Medien und des Musikgeschäfts, kommen ein paar Leute mehr, aber unter'm Strich bleibt noch weniger übrig, denn es müssen eine Menge Ehrenkarten ausgegeben werden. Nach dem Konzert ist eine Party im CCH. Nana ist weltweit beim holländischen Philips-Konzern unter Vertrag, in Deutschland mithin bei der Firma Phonogram. Die Chefs sind auch vollzählig erschienen. Sie sind hanseatisch nobel gekleidet und wissen sich gegenüber einer ausländischen Künstlerin fein zu benehmen, aber sie können auch Stahl in der Stimme haben, wenn es um ihre Interessen geht:

»Das Repertoire, Madame Mouskouri, werden wir wohl ändern müssen, wenn es mit Ihnen auf dem deutschen Markt etwas werden soll.«

»What do you mean by that?« Nana hat während dieser ganzen Tournee ihr internationales Programm gesungen: Lieder in griechischer, französischer und englischer Sprache.

»Was wir meinen, ist, daß Sie in deutscher Sprache singen müssen, wenn Sie unsere geschäftliche Hilfe in Anspruch nehmen wollen und Ihnen das deutschsprachige Publikum am Herzen liegt.«

Nana Mouskouri versteht. Bei Fritz rotiert das Gedankenkarussell. Wie weit *kann* er gehen, um nicht den »Lippmann + Rau-Typ« an der Konzertkasse zu verlieren, der Alternativen zum deutschen Schlager erwartet: Wie weit *muß* er gehen, um nach all den Verlusten mit Entertainment-Experimenten die Firma vor den unausweichlich absehbaren roten Zahlen zu retten? Wie weit *will* er gehen, wenn er sich die Frage nach der künstlerischen Verantwortung eines Konzertveranstalters stellt?

Die Antwort wird ihm wieder einmal durch ein Schlüsselerlebnis abgenommen. Les Humphries und vor allem dessen Frau Dunja Rajter hatten in den rosigsten Farben geschildert, wie nett das Ehepaar Peter und Hilde Alexander sei, und daß dieses so gern mal den Fritz Rau kennenlernen möchte. Im Haus der Alexanders in Wien wird ein Treffen vereinbart. Hilde Alexander begrüßt ihn, und im oberen Stockwerk der großzügigen Villa jazzt ein Swing-Piano. »Sie haben da aber 'ne dufte Scheibe von Teddy Wilson aufliegen«, sagt er. Frau Alexander blickt ihn etwas verständnislos an: »Nicht Teddy Wilson, das ist bloß der Peter, und der spielt selbst.«

Der Mann ist ein Jazzer. Den Anstoß, Entertainer zu werden, so hat er mir erzählt, gab ihm Ende der vierziger Jahre Frank Sinatra. Peter war damals auf der Schauspielschule, und seine Mutter hatte ihm eine Reise zu einem Sinatra-Konzert in London spendiert. Wir verstanden uns und wurden uns schnell einig, zusammen eine Peter-Alexander-Tournee machen zu wollen. In der Vorbereitungsphase, zu Weihnachten 1974, hab' ich ihm die von Norman Granz produzierte ›Art Tatum Collection‹ geschenkt, sozusagen das Hauptwerk dieses genialen Jazzpianisten auf vielen LPs. Darüber hat er sich mörderisch gefreut. Ich hatte schon in den fünfziger Jahren von den Berliner Spree City Stompers gehört, Peter Alexander habe bei den Proben zu den ganzen Schwachsinnsfilmen, die er damals drehte, im Studio enorm geswingt. Ein Schlagersänger, der nicht swingen oder rocken kann, wird nie ein Entertainer werden. Peter Alexander kann swingen: Er war mein Mann.

Als Fritz aus Wien zurückkommt und von dem Abschluß erzählt, mustert ihn Hildegard kurz: »Sag mal, haben wir das eigentlich nötig?« Diese Frage, die er sich ja selbst pausenlos stellt, bringt ihn auf die Barrikaden; er brüllt wieder mal: »Ja, erstens haben wir es nötig, und zweitens ist es nicht unter unserer Würde!«

Beim Premierenkonzert in Köln ist Hildegard hingerissen von dieser One-Man-Show eines deutschsprachigen Künstlers der Leichten Muse, der zweieinhalb Stunden lang sein Publikum bestens unterhält. Eine liebevolle, fast philosophische Hommage an Hans Moser, ein parodistischer-biographischer Rückblick auf die Peter-Alexander-Schnulzen der fünfziger Jahre und eine österreichische Bigband, der Jazz-Solisten wie Art Farmer (Trompete), Karl Drewo (Tenorsax) und Fritz Pauer (Piano) die Glanzlichter aufsetzen.

»Peter«, sagt Fritz vor den Proben zur Tournee 1975, »laß uns einen Swing-Set einbauen. Ich bin sicher, die Leute werden es mögen.« Peter Alexander: »Swing ist meine Privatsache, war es immer, das kann man meinen Schlagerfans nicht zumuten.« Fritz: »Sei jetzt mal ausnahmsweise Avantgarde, sei jetzt Entertainer. Ich schwöre, es funktioniert!« Auf der Tournee 1975 spielte die ORF-Bigband ein Medley der größten Swing-Hits, eingeleitet von Peter Alexander am Klavier mit Duke Ellingtons »Take The A Train«. Bei der Tournee 1982 singt Peter Alexander sogar zwanzig Minuten in englischer Sprache: »Over The Rainbow«, »Take The A Train« ..., und das Publikum tobt.

Peter Alexander ist ein Profi des Show-Business. Das sind er und seine Gattin, die sich von beinharten Anwälten beraten lassen, allerdings auch hinter den Kulissen. Fritz hier und Fritz dort. Das

Tourneefinale 1982: Eine Torte für Peter Alexander und Frau Hilde
(mit Fritz) und den Ariola-Chefs Monti Lüftner und Friedrich Schmidt

Konzertbüro wird tagtäglich bombardiert: Peter Alexander Superstar. Während der Alexander-Tournee 1982 drohen Lippmann +
Raus erfahrenste Mitarbeiter ihre Kündigung an.

*Peter Alexander war auf der Bühne eine der erfreulichsten
Erscheinungen, die ich betreuen durfte. Aber die Daumenschrauben im geschäftlichen Bereich, die er mir ansetzte, waren härter,
als man es selbst als Show-Masochist erträgt. Am Beispiel Alexander möchte ich noch einmal sagen, daß auch die Würde eines
Konzertveranstalters unantastbar bleiben muß.*

1975 hatte Fritz sein seelisches Karussell überdreht. Konzerte,
die keinen Gewinn bringen, aber künftige Kontakte garantieren
und mit großer Sicherheit einen Konzertmarkt für morgen eröffnen werden. Tourneen, die Geld bringen, Büro-Kosten decken,
aber keinen Spaß machen. Ein US-Import, den er seiner Seele
schuldig zu sein glaubt und den er wegen überhöhter Finanzforderungen ablehnen muß: Sinatra. Und ein anderer, der die Finanzkraft der Firma, vielleicht auch die des Publikums überfordert:
Liza Minnelli. Zuviel Streß für einen einzelnen Menschen.

Fritz Rau hat noch einmal die Minnelli-Bilder vom Pariser
Olympia aus dem Fernsehen vor seinem geistigen Auge, als ihm
schwarz wird. Er greift nach Hildegards Hand, aber die ist diesmal
nicht da. Er greift ins Leere. Nervenzusammenbruch.

21. Kapitel: Kulturpolitik

In die deutsche Kulturpolitik bin ich arglos hineingestolpert. Als Horst Lippmann Anfang der fünfziger Jahre die ersten Jazzkonzerte veranstaltete, geschah das ausschließlich, weil keine Konzertdirektion Jazz so präsentierte, wie Lippmann ihn sah, nämlich als Hör-Ereignis in einem vernünftigen Konzertrahmen und nicht bloß als Tingeltangel im Nachtclub. Seit es Lippmann + Rau gibt, haben wir Musikformen vorgestellt, die es in ihrer authentischen Form im deutschen Kulturleben bis dahin nicht gab: Jazz, Blues, Gospelsongs, Flamenco, Bossa Nova und so fort. Wir wollten Musik, keine Politik, aber unversehens standen wir mit beiden Beinen in der Kulturpolitik. Wir sind Unterhaltungszigeuner.

Wenn man die überkommene europäische Kunstmusik derart ernst nimmt, daß man sie allen Ernstes E-Musik nennt, wäre es doch nur logisch, den Begriff Unterhaltungsmusik zu Un-Musik abzukürzen. Nichts anderes ist in den Köpfen der Hüter unserer bourgeoisen Hochkultur: Sie verachten die Unterhaltung. Dabei ist dieser weihevolle Kunstmusik-Begriff nichts anderes als ein Unfall, der am Anfang des vorigen Jahrhunderts der Musik als unterhaltender Muse zustieß. Noch Mozart hat meines Erachtens nichts anderes als Unterhaltungsmusik komponiert, seine »Kleine Nachtmusik« ist vielleicht die genialste Schnulze der Welt.

Unterhaltung ist für mich das Gegenteil von Amüsement. Natürlich kann Unterhaltung auch amüsieren, aber das ist nur ein Teil. Das Wort Amüsement kommt, wenn man ihm auf den Grund geht, von a-musisch, unmusisch – eine Zerstreuung, ein Zeitvertreib. Die Unterhaltung, wie wir sie auf der Bühne präsentieren, hat aber mit Haltung zu tun; es gibt keine Unterhaltung ohne die Haltung eines Künstlers. Die muß unter die Haut, aber sie darf nicht unter die Gürtellinie gehen; das hat sehr wesentlich mit dem Menschen-

*bild zu tun, das man vor sich hat. Wer sich als sein Publikum
Lieschen Müller vorstellt oder – wie es zynischerweise einige
deutsche TV-Produzenten tun – einen nicht existierenden Ruhr-
kumpel, gerät zwangsläufig auf ein Unterhaltungsniveau, das
nichts mehr mit Haltung, nichts mit Sensibilität zu tun hat.*

*Wir sehen in den Adressaten unserer Unterhaltung dagegen den
mündigen Menschen. Wir produzieren Live-Erlebnisse, lebendige
Eindrücke und Erinnerungen. Die Leute kommen in Konzertsäle,
die alles andere als ideal sind. Sie dürfen nicht rauchen, nicht
trinken, außer in der Pause, wenn sie sich lange genug anstellen. Es
muß also auf den Bühnen dieser großen Hallen irgend etwas
Wichtiges geschehen, das so viele Menschen in seinen Bann zieht.*

*Früher gab es die Schlagersänger, die schlecht und recht drei
Liedchen trällern konnten, dafür gab es die Bunten Abende mit
zehn Sängern. Heute haben wir Entertainer, die in der Lage sind,
ihr Publikum allein zwei oder mehr Stunden lang zu unterhalten.
In ihnen sehe ich Medizinmänner, Verzauberer, Zärtlichmacher,
Mutmacher, die Menschen zum Jasagen oder zum Neinsagen cou-
ragieren können – Menschen, die nicht nur in die Konzerte gehen,
um eine Melodie nach der anderen zu hören, sondern um dieses
psychische Erlebnis zu haben.*

*Für mich ist Unterhaltung ein notwendiges Lebensmittel, das
live, unkonserviert, um so wichtiger wird, je mehr die mechani-
schen Medien – auch die sogenannten neuen – in Konformität
erstarren. Eine Demokratisierung der Kultur kann nur Sinn
machen, wenn sie gleichzeitig eine Sensibilisierung bewirkt und
nicht mit dem Einschaltquoten-Hammer des Fernsehens jeglichen
Ansatz zu eigenem Empfinden erschlägt.*

*Keine Mißverständnisse bitte: Ich habe beim Jazz schon nach
relativ kurzer Zeit keine Befriedigung mehr darin gefunden, am
Elfenbeinturm weiterzumauern und zu sagen: Wir Jazzer sind der
auserwählte Teil des Volkes, alle anderen sind Idioten. Natürlich
gab es in den fünfziger Jahren zwischen unserer Musik und den
Schlagerparaden einen gewaltigen Qualitätsunterschied. Doch
mit der Morgenröte der Rockmusik bei den* Beatles, den Rolling
Stones, *Bob Dylan und all ihren Nachfolgern, die Millionen elek-
trisieren, ergab sich plötzlich eine ganz neue Hörqualität und eine
neue Rezipientenqualität.*

*Der Anspruch der Massen an einen Künstler, der über Jahre
hinweg populär bleiben will, ist höher als jemals zuvor, und unsere
Künstler wissen das. Ich habe den Eindruck, daß Musikanten vom
Schlage Lindenberg, Udo Jürgens, Maffay, Carpendale sich heute
sagen: Egal, wie groß meine Begabung ist, ich will das Beste aus
mir herausholen. Ich orientiere mich an Vorbildern von Beetho-*

ven bis Bruce Springsteen, aber ich kopiere sie nicht, ich strebe ihnen nach.

Natürlich ist der Begriff Unterhaltung in Deutschland noch aus der Nazizeit belastet, in der es ein Josef Goebbels perfide genial verstand, mit Schlagern Durchhaltepolitik zu betreiben. Zarah Leanders »Ich weiß, es wird einmal ein Wunder gescheh'n« sollte den Deutschen nicht weniger suggerieren, als daß es noch kurz vor zwölf eine Wunderwaffe geben werde, die den Endsieg ermöglicht. Der Katzenjammer danach und das Gefühl: Bloß nicht daran rühren, haben ebenfalls das Verhältnis zur Unterhaltung verkrampft.

Schließlich ist der Aderlaß der besten Komponisten, Texter, Musiker, Musikverleger und auch Interpreten wie den Comedian Harmonists zu beklagen, die von den Nazis als rassisch oder weltanschaulich Verfemte vertrieben oder umgebracht worden sind. Sie fehlten der Unterhaltungsszene im Nachkriegsdeutschland jahrzehntelang ebenso sehr, wie wir seit 1945 darunter leiden, keine intakte Metropole wie Paris, London, New York mehr zu haben, deren von hochtalentierter Konkurrenz bestimmtes Reizklima Entertainer zu Höchstleistungen treibt. Es mag ein kleiner Trost sein, daß auch aus Regionalkulturen in den letzten Jahren Unterhaltungsspitzen wie BAP (Köln) oder die Rodgau Monotones (Hessen) gewachsen sind.

Allerdings treibt der deutsche Kultur-Föderalismus und -Provinzialismus auch noch ganz andere Blüten. Eigennutz und Kleingeisterei von Politikern, Finanzbeamten und Kulturreferenten lähmen die optimale Entfaltung der regionalen Szenen. In den fünfziger Jahren war Hessen das erste Land, das Jazzkonzerte nicht mehr mit Vergnügungssteuer belegte. Frankfurt war die unbestrittene Hauptstadt des Jazz in Deutschland und zu Beginn der siebziger Jahre durch unsere Präsentationen der aufregendsten Rock-Interpreten zudem ein »Mekka der Popmusik« (so damals Werner Burkhardt in der »Welt«). Zwei Jahrzehnte lang wurden unsere Konzerte automatisch als »künstlerisch hochstehend« anerkannt und waren damit frei von der Vergnügungssteuer wie auch Klassische Konzerte oder Theateraufführungen einschließlich Operetten. Wobei ich das Bewertungssystem und die Vergnügungssteuer prinzipiell als dubios empfinde, denn es müßte doch belohnt und nicht bestraft werden, Menschen Vergnügen zu bereiten.

Für alle Veranstalter, die in Frankfurt arbeiten, war das Prädikat »künstlerisch hochstehend« durch jahrelange Übung nur noch eine Formalie, bis es uns eines Tages für Konzerte von Procol Harum und Billy Cobhams Rockjazz verweigert wurde. Nun tritt der Frankfurter Kulturreferent Hilmar Hoffmann ins Bild. Der

Mann hatte früher einmal die Oberhausener Filmtage organisiert und sich im Filmwesen Verdienste erworben. Wenn ich ihn besuchte, hatte ich immer den Eindruck: Das ist dein bester Freund. Wir sind auch per Du. Er gab mir in allem recht, doch wenn ich ein paar Kilometer von seinem Amtssitz weg war, hatte ich das Gefühl, es stecke ein Dolch in meinem Rücken. So war's auch.

Herr Hilmar Hoffmann war der Meinung, daß man mit öffentlichen Mitteln Konzerte zum Nulltarif veranstalten müsse – nichts anderes als Propagandakonzerte für die jeweilige Stadtregierung, damit sie wiedergewählt wird. Er dient als SPD-Kulturreferent dem Frankfurter CDU-Bürgermeister Wallmann übrigens genauso effektiv wie der früheren SPD-Regierung, der er auch nicht geholfen hat. Konzerte zum Nulltarif sind eine öffentliche Lüge, denn sie kosten – da bei allen anderen Rock- oder Jazzveranstaltungen in städtischen Sälen Höchstmieten verlangt werden – die Kommune sehr viel Geld.

Ich bin heute noch erstaunt, daß Albert Mangelsdorff einen Blutzoll akzeptiert hat, indem er gegen Gage eines der vier oder fünf Freikonzerte im Frankfurter Museum absolvierte. Denn diese Konzerte haben dazu geführt, daß heute in Frankfurt kaum noch größere Jazzveranstaltungen möglich sind. Man kann Stan Getz oder Gerry Mulligan nicht mehr in der Jahrhunderthalle gegen Eintritt präsentieren, wenn die Frankfurter hochkarätigen Jazz gratis gewöhnt sind.

Noch einmal: Nulltarif ist eine Lüge, denn bereits die Fahrt mit der U-Bahn zu den Konzerten kostet drei Mark. Was erzielt werden müßte, sind Billigkonzerte. Die Stadt müßte Produktionsmittel zur Verfügung stellen, die Säle und die Städtereklame kostenlos anbieten, damit ein Lindenberg-Konzert (oder jedes andere) nicht mehr zwanzig Mark, sondern zehn oder fünfzehn Mark kosten könnte. Dadurch könnten die jungen Leute mehr Konzerte erleben – und zwar von Stars wie auch von noch unbekannten Künstlern, zumal in einer Stadt wie Frankfurt, wo mehrere überregionale Tourneeveranstalter auch örtlich arbeiten.

Wir gelten Herrn Hoffmann offenbar als Kapitalisten, als Klassenfeinde. Angeblich soll es einen Beschluß des Unterbezirksausschusses der hessischen SPD gegeben haben: Wenn der Hoffmann diese teuren Konzerte zum Nulltarif finanzieren möchte, dann soll er sich doch das Geld bei diesen Millionären holen, die Konzerte veranstalten. Dagegen habe ich mich gewehrt. Ich habe dafür gesorgt, daß Udo Lindenberg den Sachverhalt erkannte, als er von Herrn Hoffmann das Angebot bekam, für fünfunddreißigtausend Mark Gage aus Steuergeldern bei einem Nulltarifkonzert »Lieder

im Park« der Stadt Frankfurt mitzuwirken. Und ich habe gegen die
Verweigerung des Prädikats »Künstlerisch hochstehend« geklagt
und selbstverständlich bereits in der ersten Instanz gewonnen.
Es gibt jetzt ein Filmmuseum in Frankfurt, das jährlich dreihun-
dertsechzigtausend Mark kostet. Darüber läßt sich reden. Total
undiskutabel ist jedoch die Theaterpolitik, die einen Intendanten
nach dem anderen, einen Regisseur nach dem anderen, eben sogar
den Generalmanager der Alten Oper verschleißt. Rainer Werner
Faßbinder warf das Handtuch im Frankfurter »Theater am Turm«.
Skandale, Skandale. Doch der Kulturreferent, der das alles ver-
bockt und nichts verantwortet, sitzt im Amt, und es ist kaum zu
hoffen, daß er irgendwann dorthin kommt, wohin er gehört, nämlich ins Filmmuseum.

In den fünfziger und sechziger Jahren, als wir unsere Schlachten
um die Vergnügungssteuer in den Bundesländern schlugen,
besonders intensiv in Niedersachsen und Nordrhein-Westfalen,
hatte ich oft den Eindruck, daß nach dem Krieg die Kulturfunktio-
näre aus der Zeit vor 1945 nahtlos übernommen worden seien –
wie der Reichstrainer oder der Präsident des Deutschen Fußball-
bundes.

Heute hat sich dieselbe unterhaltungsfeindliche Mentalität im
ganzen politischen Spektrum von rechts bis alternativ links einge-
nistet. Ausgerechnet der CSU-regierte Freistaat Bayern hat als
erstes Bundesland ein Vergnügungssteuergesetz, nach dem alle
Konzerte, die vor Stuhlreihen stattfinden, die also keine Tanzver-
anstaltungen sind, a priori von der Vergnügungssteuer befreit sind.
Da sind E-Musik und U-Musik gleichberechtigt – hochinteressant.

Doch sobald sich junge Leute in großer Zahl außerhalb des
Korsetts einer Konzerthalle zum Musikgenuß einfinden, wird
kräftig abgesahnt. Beim Open-Air-Konzert von Bob Dylan und
anderen auf dem Nürnberger Zeppelinfeld 1978 haben die Stadt
Nürnberg und der Freistaat Bayern fast eine halbe Million Mark
kassiert, die natürlich die Besucher zahlen mußten. Der Nürnberger Kulturdezernent Hermann Glaser ist ein intelligenter Mann,
der Bücher schreibt und ungewöhnliche Experimente wagt. Ich
habe für ihn einmal das Jazztreffen Ost-West entwickelt, das bisher
einzige europäische Jazz-Festival mit programmatischem Brük-
kenschlag zwischen den Ländern der NATO und des Warschauer
Pakts. Doch wenn's um Rock-Festivals geht, ist Herr Glaser mein
Gegner.

Problematisch sind auch andere Institutionen des offiziellen
Kulturbetriebs. Da gibt es die von den Plattenfirmen finanzierte
Deutsche Phono-Akademie, die sich zum Ziel gesetzt hatte, die

Barrieren zwischen der E-Musik und der Un-Musik niederzurei-
ßen. Ich empfand es als eine Ehre, daß ich als Veranstalter von
Unterhaltungsmusik in dieses ehrwürdige Kuratorium berufen
wurde. Siegfried Schmidt-Joos amtierte neben Professor Wolfgang
Fortner als Vizepräsident, später kamen noch der Saxophonist
und Komponist Klaus Doldinger sowie der Songtexter Michael
Kunze hinzu. Wir waren die Unterhaltungszigeuner, die einen
langen Marsch durch die Institutionen angetreten hatten, ohne zu
bemerken, daß man uns nur als nützliche Idioten mißbrauchte.

Denn der einzige – und durchaus respektable – Zweck der
Phono-Akademie war es anscheinend, soviel kulturellen Schaum
zu schlagen, daß sich die Gesetzgeber in Bonn bemüßigt fühlen
würden, die Umsatzsteuer für Schallplatten und Musik-Cassetten
von vierzehn auf sieben Prozent zu senken. Ich halte es für eine
Kulturschande, daß das nicht sowieso geschehen ist. Die Schallplatte ist für mich als kulturelle Erscheinung so wichtig wie das
Buch oder die Konzertkarte, und ich kann es nur als unglaubliches
Versagen der Kulturpolitiker in Bonn empfinden, daß diese Steu-
ersenkung bislang nicht erreicht wurde. Nur: Die Phono-Akademie war dafür ein untaugliches Instrument.

Guten Glaubens und ohne Honorar, versteht sich, habe ich
dieser Institution einen Nachwuchswettbewerb entworfen und
die Organisation in den ersten beiden Jahren auch geleitet. Man
könnte sich damit brüsten, daß Künstler wie der Songliterat Heinz
Rudolf Kunze und die Sängerin Anne Haigis aus diesem Wettbewerb hervorgegangen sind, aber die hätten es wohl auch ohnedies
geschafft.

Ein Erlebnis in München gab mir einen Schock. Da hatte ich
nun drei Tage meines sehr arbeitsreichen und familienarmen
Lebens damit verbracht, diese Veranstaltung im Zirkus Krone
durchzuziehen. Die Plattenbosse hatten ihre Verbandstagung auf
den Tag des ersten Konzerts gelegt und kamen mittags zum Händ-
chenschütteln zu den Proben (der Bayerische Rundfunk schnitt
mit), und plötzlich, noch vor der Show, waren sie wieder weg. Es
war ja Freitagabend. Sie waren nach Hause zu ihren Familien
geflogen. Das ist mir danach in Würzburg nochmal passiert, und
das hat mir gestunken. Siegfried E. Loch hatte die Phono-Akademie ins Leben gerufen und versucht, sie nach dem Modell der
amerikanischen NARAS*, die die Grammy-Preise vergibt, mit
Leben zu erfüllen. Ich bin sicher, daß er genauso frustriert war von
der Nichtachtung seiner Kollegen.

* National Academy of Recording Arts and Sciences

*Die Deutsche Phono-Akademie war nicht mehr als ein Früh-
stückskartell. Fast alle Anregungen, die wir brachten – und ich
trage meine ja sehr lebendig, undiszipliniert und unakademisch
vor –, wurden belächelt. Denn es kam nicht wirklich darauf an,
etwas zu ändern oder in Bewegung zu setzen, sondern den
Anschein zu erwecken, daß hier akademisches Leben herrsche.
Ich halte die Unterhaltung nicht für akademiereif, und zwar nicht,
weil die Unterhaltung minderwertig ist, sondern weil der elitäre
Anspruch der Akademien minderwertig ist.*

*Zunächst einmal hatte unser langer Marsch durch die Institutio-
nen etwas Faszinierendes. Denn sogar, wenn es darum geht, eine
Lobby zu bilden, um in Bonn eine Gesetzesänderung durchzu-
bringen, bildet man sich ein, mit am Drücker zu sein. Es hat ja
keinen Zweck, immer nur über die falsche Besteuerung des Kul-
turguts Schallplatte zu schimpfen, wenn man nicht bereit ist, etwas
dagegen zu tun. Das ist die eine Seite. Die andere ist die lähmende
Umklammerung, mit der die Funktionäre der etablierten Kultur
die Unterhaltung wie einen minderwertigen Bruder ans Herz
drücken, wenn es ihnen ganz persönlich nützt.*

*In der Hamburger Hochschule für Musik und Bildende Künste
hat Professor Hermann Rauhe einen über zwei Jahre laufenden
Fehlversuch Popularmusik etabliert. Zweimal sechs Wochen im
Jahr wurden Studenten von Leuten aus der Praxis mit Theorie und
Wirklichkeit im Jazz, im Rock, bei den Liedermachern, in der
Popmusik vertraut gemacht. Ich habe die Berufung zum Dozenten
zuerst geehrt angenommen und dann sehr schnell gemerkt, daß
man bei diesem sogenannten Hamburger Modell über die lebendige, brodelnde, eruptive Szene der Unterhaltung wieder mal eine
akademische Käseglocke stülpt.*

*Ich hielt es für eine Frechheit, den Begriff Popularmusik zu
gebrauchen, denn auch Bach ist populär, Mozart ist populär. Hier
hat man einfach Pöbelmusik gemeint: Man muß jetzt für die Pöbelmusik etwas tun. Das ist der Ausgangspunkt, das ist der Zungen-
schlag, und damit wird man unserer Unterhaltungsszene, die keineswegs immer populär ist, überhaupt nicht gerecht. Ich hab's
auch bis obenhin satt, mir immer wieder ein Qualitätssiegel für die
Unterhaltungsmusik geben zu lassen, indem man sich auf Jazzbei-
spiele von Ella bis Ellington beruft.*

*Es mag ja richtig sein, diese klassischen Jazzformen in den
Bereich der E-Musik einzubeziehen, aber das sagt überhaupt
nichts aus über die Unterhaltungssituation von heute und ändert
auch nichts an der katastrophalen Teilung von E und U. Deshalb
sind die Jazzanhänger in den Kulturverwaltungen, Menschen in
meinem Alter, auch durchaus nicht diejenigen, mit denen man*

195

*eine Situation neu durchdenken oder konzipieren könnte. Sie
ziehen einfach den Jazz rüber und konzentrieren ihren Haß auf die
zeitgenössische Rockmusik der Jungen oder auf Howard Carpendale, eben auf die Pöbelmusik. Und wenn solche Leute auch
gutwillig und betriebsam sind wie Professor Rauhe, dann gehen sie
dennoch vollkommen weltfremd an die Sache heran.*

*Ich wurde einmal, zusammen mit der Sängerin Inga Rumpf, die
ich sehr schätze, einer Jury zugeteilt, die sich junge Rockstimmen
anhören sollte, um zu entscheiden, ob sie förderungswürdig sind.
Das ist einfach hanebüchen. Man kann in einem Nachtclub oder
in einem Show-Theater wie dem »Apollo« in Harlem Band-Wett-
bewerbe vor Publikum veranstalten und dabei eine Ella Fitzgerald
oder einen James Brown entdecken. Aber man kann doch nicht
ein junges Mädchen oder einen Typ aus der Szene womöglich
morgens um neun in einem saublöden Hochschulsaal vor einem
Gremium aus alten und mittelalterlichen Gesichtern irgend etwas
vorsingen lassen. Udo Lindenberg würde da mit Glanz und Gloria
durchfallen, da bin ich sicher. Das ist die Käseglocke. Ich hatte
Bob Dylan auf Tournee und konnte schon deswegen nicht hingehen. Wichtig wäre es aber, an den Hochschulen angehende Musiklehrer durch Praktiker mit der Szene der Unterhaltungsmusik
vertraut zu machen.*

*Ich möchte auf den Denkfehler der aus Vertretern von E und U
gemischt besetzten Jurys hinweisen, der sich aus dem am meisten
abgenutzten Klischee in der Diskussion über Musik ergibt. »Ich
kenne keine Grenzen zwischen E und U, ich kenne nur gute und
schlechte Musik«: Dieser Satz, den vermutlich zum erstenmal
Leonard Bernstein plakativ in einer Fernsehsendung gesprochen
hat, wird heutzutage von vielen Leuten nachgebetet und für sich
reklamiert: von Peter Hofmann bis Karajan. Der Satz ist nicht nur
töricht, denn wir alle kennen ja die objektiven stilistischen Grenzen innerhalb der Musik, er ist schlichtweg falsch.*

*Als wir bei Lippmann + Rau in den sechziger Jahren Jazz,
authentischen Blues, authentische Gospelmusik, Bossa Nova,
Countrymusik, Flamenco in Deutschland präsentierten, konnten
die meisten Menschen im Publikum die Qualität dieser Klänge
zwar ahnen – es waren ja auch große Konzerterfolge –, aber
wirklich kritisch beurteilen konnten sie sie nicht. Denn ein Bossa
Nova, ein Blues oder ein Flamenco kommen aus einer jeweils ganz
andersartigen musikalischen und soziologischen Tradition, und
für jede dieser Traditionen gelten andere Qualitätsmerkmale. Das
darf man nicht zukleistern.*

*Wenn zum Beispiel der erste Geiger der Berliner Philharmoni-
ker den sensationellen Rock-Geiger Jerry Goodman von den ehe-*

maligen Gruppen Flock *und* Mavishnu Orchestra *hört, wird er an dessen Bogenstrich wohl einiges auszusetzen haben. Als wir zum erstenmal authentischen Country Blues nach Deutschland brachten, haben sich die etablierten Frankfurter Jazzer über dessen vermeintliche Primitivität krankgelacht. Wenn aber der angeblich unrichtig spielende Bluesmusiker Big Joe Williams seine primitiven, archaischen Akkorde anschlug, kriegte man etwas mit von dem Leben, das er geführt hatte, und dann war es im Saal mucksmäuschenstill.*

U-Musik ist für mich ein Lebensmittel, in vielen Fällen ein Überlebensmittel. Und jede Musik berührt ein anderes, anders empfindendes Publikum. Dem Himmel sei Dank für diese Vielfalt. Es geht also nicht nur um gute und schlechte Musik, sondern um die Musik, die dem Anhänger der spezifischen musikalischen Ausdrucksform gut tut oder nicht gut tut. Ich habe viele künstlerisch sicher respektable Jazzkonzerte erlebt, in denen die Leute frustriert und verständnislos waren. Von Konzerten der E-Musik-Avantgarde will ich nicht reden, weil ich da nicht mitreden kann. Aber ich will mich auch nicht dem Urteil von Akademikern und Juroren unterwerfen, die keine Ahnung haben von den vielfältigen musikalischen Möglichkeiten außerhalb des europäischen Kunstbetriebs, pathetisch gesagt: von der Musik der Welt.

Doch diese Welt beginnt heutzutage schon an der nächsten Ecke. Musikkneipen wie das Hamburger »Onkel Pö« oder das Berliner »Quasimodo« und die vielen Keller im Land sind die eigentlichen Akademien für Unterhaltungszigeuner. Jedes unserer Konzerte, ob in der Frankfurter »Batschkapp« mit seinen sechshundert Plätzen, in der Berliner Waldbühne mit zwanzigtausend oder auf dem Nürnberger Zeppelinfeld mit achtzigtausend ist praktischer Musikunterricht. Aber man muß hingehen, und das kostet Geld. Wenn sie aber sogar dann nicht hingehen, wenn sie's umsonst kriegen, und dennoch Kultur verwalten, sind sie für mich mausetot.

Herr Hilmar Hoffmann hat in seiner zwölfjährigen Frankfurter Amtszeit ganze zwei Mal bei Lippmann + Rau Karten bestellt: für Hildegard Knef und Mireille Mathieu. Er hat keine Rolling Stones erlebt, keinen Springsteen, keinen Stevie Wonder, keinen Lindenberg und keinen Maffay. Mit solchen Leuten möchte ich nicht das Geringste zu tun haben, sie bringen uns nicht weiter. Sie stülpen Käseglocken übers Leben. Professor Hermann Rauhe, der die ersten drei Buchstaben seines Nachnamens überhaupt nicht verdient, hat sich dem Erlebnis von Unterhaltung noch nie mit Körper und Seele ausgesetzt.

Um zu verstehen, was junge Leute bei der Musik empfinden und was die Musik ausdrückt, muß man sich Nächte um die Ohren hauen können, entweder mit Schallplatten oder im »Onkel Pö«. Man muß Unterhaltung vor allem erst mal auf der Haut erleben, mit dem Bauch, mit den Augen, dann vor allem natürlich mit den Ohren, mit der Intelligenz, mit dem Verstand. Aber diese pseudo-liberalen Musikspießer haben doch alles nur gelesen: Aber ja, die Beatles, *die* Rolling Stones, *selbstverständlich.*

Ich klage an.

Ich klage alle an, die ihre Augen und Ohren verschließen vor irgendeinem für viele andere Menschen wichtigen Zweig der zeit-genössischen Musik-Kultur. Ich klage den Klassik-Freak an, der den Jazz als Urwaldmusik bezeichnet, ich klage den Jazzfan an, für den Rock Un-Musik ist, und ich klage den Swinganhänger an, dem Free Jazz als Untergang des Abendlandes gilt.

Ich klage alle an, die aufgrund ihres Jobs, ihrer vom Publikum an sie delegierten Aufgabe, ihrer Machtposition und ihrer Einfluß-möglichkeit die Pflicht hätten, ihre verdammten Ohren und Augen zu öffnen für eine sich rasch ändernde Wirklichkeit. Die die Pflicht hätten zu studieren, sich zu befassen, sich zu befragen, sich aufklä-ren zu lassen, und die statt dessen ihr Kulturbild abgeschlossen haben – im doppelten Sinn.

Ich klage den Musiklehrer in der Schule an, den ersten Kontakt zur Musikwelt im Leben eines jungen Talents, das jetzt übt, das imitiert, das innerlich zu brennen anfängt und vor Begeisterung womöglich den ungeheuerlichen Entschluß faßt, Musiker zu wer-den, wenn er sagt: Ich kenne Ella Fitzgerald nicht, Jazz interessiert mich nicht. Und ich klage denselben Mann an, wenn er sagt: Ella Fitzgerald singt heute in der Stadt; Gott sei Dank, daß so viele junge Leute die Schnauze voll haben von dieser lauten Rock-musik.

Ich klage die Fanatiker einer Musik an, die als ein Sound der Toleranz, der Rassenmischung, der Menschenliebe in die Welt gekommen war. Ich klage die Intoleranz der Jazzfans gegenüber anderen Musikformen an, die sich fortsetzt in der Intoleranz der Rockanhänger untereinander zwischen den einzelnen Fraktionen und gegenüber den Schlagersängern, von denen einige inzwischen zu hochqualifizierten Entertainern geworden sind.

Ich klage die Rock-Opas an, die sich immer noch ausschließlich ergötzen an Songs wie »Hey Jude«, »Satisfaction«, »Blowin' In The Wind« *und die Antennen einziehen gegenüber den Klängen von* Frankie Goes to Hollywood, Spandau Ballet *und* Culture Club. *Boy George ein aufgemotzter Schwuli? Vielleicht ist er übermorgen eine Jahrhundertfigur wie* Lennon, Jagger, Dylan, *vielleicht auch nicht. Aber es reicht auch schon, wenn ein Drei-*

*zehnjähriger beim Intro von »Do You Really Want To Hurt Me?«
glänzende Augen bekommt.*
  *Ich klage jene Journalisten an, die ihren für die Öffentlichkeit
unverzichtbaren Job als Entree zu kostenlosem Entertainment
und Kalten Buffets mißbrauchen, die an der Bar in der Lobby
herumhängen, statt sich das Konzert von Anfang bis Ende anzuhören, und dann über Stücke schreiben, die gar nicht gespielt
worden sind. Künstler wollen kein ungerechtfertigtes Lob. Fal-
scher Jubel ist peinlich, ein Verriß kann aufbauend sein.*

  Was wir verlangen, ist Fairness.

22. Kapitel: Die Krise

An diesem Morgen trödelt Fritz besonders lange im Badezimmer herum. Die Kinder sind schon in der Schule, Hildegard sitzt am Frühstückstisch. Sie wartet auf ihn, doch er hat nicht die geringste Lust, mit ihr dort zu sitzen und ihren Blick aushalten zu müssen. Es ist dieser Mein-Gott-wie-soll-es-nur-weitergehen-Blick, der stumme Vorwurf, der bei ihm das permanente schlechte Gewissen, aber keine erlösende Aussprache hervorruft. Nach achtzehn Ehejahren sind sie beide Weltmeister in der Kunst geworden, Probleme auszuschweigen.

Als er endlich doch Platz nimmt, unlustig den Kaffee in sich hineinschlürft, fragt Hildegard: »Wie hast du dir den morgigen Tag vorgestellt, soll ich ein paar Gäste einladen?« Fritz ist nicht in der Lage, ruhig zu antworten. Er schreit gleich: »Bist du wahnsinnig geworden? Ich will niemanden sehen!« Hildegard macht noch einen Versuch: »Aber Fritz, morgen ist dein Geburtstag, schließlich wirst du fünfundvierzig.« Fritz wirft das Brötchen, das er gerade in der Hand hält, auf den Teller zurück, springt auf: »Laß mich in Ruhe mit deinen scheißbürgerlichen Veranstaltungen. Ich habe keinen Geburtstag.«

Er rennt aus dem Zimmer, reißt den Mantel von der Garderobe und schlägt die Haustür hinter sich zu. Eine tief verletzte Hildegard bleibt zurück. Wütend und verzweifelt marschiert Fritz um ein paar Häuserecken. Er haßt sich dafür, daß er nicht ausdrücken kann, was ihn bewegt. Aber wie soll er der Hildegard erklären, was in ihm vorgeht?

Ausgerechnet er, der beruflich so brillant und geschliffen argumentieren kann, ist privat nahezu sprachlos. Er verweigert sich dem einzigen Menschen, der ihn trotz aller Widrigkeiten nicht aufgibt und das Leben mit ihm zu teilen versucht. Oder er hält,

200

wenn er die Last des Schweigens zwischen ihnen beiden nicht mehr erträgt, Hildegard stundenlange Monologe, die jedes Gespräch ausschließen und eine noch subtilere Form der Sprachlosigkeit sind.

Tief in seinem Innern weiß Fritz schon lange, daß Hildegard nahtlos die Mutterrolle übernommen hat und – wie in Ittersbach Mutter Marie – ihm als Ehefrau nun mit ihrer raumgreifenden Fürsorge die Luft zum Atmen abschnürt. Das Vertrackte daran ist nur, daß er immer beides braucht: Fürsorge und Freiräume.

An diesem 8. März 1975 macht er kurz vor dem Büro kehrt, geht direkt zum Bahnhof und setzt sich in den Zug nach Heidelberg. Es ist nur eine kleine Flucht, aber er steckt in einer großen Krise. Im Moment denkt er nicht an die Auswirkungen, nur an das Naheliegende. Er will in seine Höhle zurück, ins »Cave«. Nichts hat sich geändert. Das Kind rennt in den Wald, wenn es nicht mehr weiter weiß, der Mann macht es genauso: Wald, Keller, Kino, Kneipe. Öffentliche Plätze sind für ihn immer noch Orte der Hoffnung, endlich den Mutterbauch wiederzufinden.

Mike Scheller, der an diesem Tag seinen Chef nicht zu Gesicht bekommt, ruft Horst Lippmann an, doch weder er noch Hildegard ahnen, wo Fritz sich aufhält. Sie schieben es auf die Angst vor der magischen Zahl fünfundvierzig: eine typische *midlife crisis,* die die meisten Männer vor einem solchen Geburtstag erwischt. Sie bleiben erst einmal gelassen.

Die Geburtstagsnacht im »Cave« ist eine herbe Enttäuschung. Das alte Lebensgefühl will sich nicht mehr einstellen. Zuviel ist inzwischen passiert, zu lächerlich hören sich die Probleme der alten Freunde an, die in ihrem Dunstkreis steckengeblieben sind und immer nur von alten Zeiten schwatzen wollen. Auch bei größter Anstrengung gelingt es ihm diesmal nicht, sich das Leben wieder schönzutrinken. Als er am nächsten Morgen aufwacht, ist er überzeugt, daß er die Lösung gefunden hat: Er wird sich umbringen. Der Suizid-Gedanke ist ihm ja seit der Kindheit vertraut. Doch Heidelberg ist der falsche Ort dafür. Er ruft Mike Scheller in Frankfurt an und sagt: »Macht, was ihr wollt, schließt die Firma oder führt sie weiter. Sag dem Horst Bescheid. Für mich ist Schluß, ich kann nicht mehr.«

Vor ein paar Tagen, am letzten Abend der erfolgreichen Peter-Alexander-Tournee, hatte er bei der Abschlußfeier eine interessante Frau kennengelernt, die in Salzburg wohnt und ihm von der herrlichen Landschaft dort vorschwärmte. Dorthin fährt er nun, mietet sich im »Hotel Kobenzl« ein, liegt im Bett, starrt die Zimmerdecke an, bestellt sich etwas zu trinken. Er telefoniert mit der Frau, trifft sich mit ihr. Doch was er empfindet, bringt ihn nicht weiter: ein bißchen Haut auf fremder Haut, auf keinen Fall die Lösung.

Drei Tage lang geht er auf dem Salzburger Judenberg spazieren, denkt über alle Möglichkeiten nach, sich aus dem Leben davonzumachen. Doch das passende Handwerkszeug hat er niemals dabei. Am vierten Tag fährt er nach München, schlägt sein Quartier im Hilton-Hotel auf und brütet weiter vor sich hin, bis ihn nach vierzehn Tagen Mike Scheller dort aufspürt. Er nimmt Fritz mit zurück nach Frankfurt und fährt ihn gleich zu seinem Haus nach Oberursel/Stierstadt.

Fritz klingelt an der Tür. Hildegard öffnet und sieht das verlegene Lächeln auf dem Gesicht ihres Mannes. »Da bin ich wieder«, sagt Fritz, als ob nichts geschehen wäre. Hildegard holt ihn ins Haus und tut das einzig Richtige: Sie bringt ihn zum Arzt. »Totale Erschöpfung und Nervenzusammenbruch«, diagnostiziert der und schickt ihn gleich für drei Wochen in ein Krankenhaus.

Die erzwungene Ruhe gibt ihm Gelegenheit, noch einmal gründlich nachzudenken. Seit einiger Zeit hat Horst Lippmann nur noch zehn Prozent Anteil an der Firma. Nach dem Tod seines Vaters 1969 hatte Horst die elterlichen Betriebe übernehmen müssen und sehr schnell gemerkt, daß die Belastung von dort und das Konzertgeschäft unvereinbar waren. In einem längeren Gespräch waren sie 1974 übereingekommen, daß Fritz die alleinige Geschäftsführung übernehmen müsse – einer der Gründe für seinen jetzigen Zustand.

Einerseits hatte ich erkannt, daß ich meine Familie nur zusammenhalten konnte, wenn ich weniger tun würde. Andererseits kann ich, wenn ich arbeite, nichts mehr kalkulieren. Dabei gehe ich immer weit über die Erschöpfungsgrenze hinaus. Also gab es nur zwei Möglichkeiten, entweder die Firma Lippmann + Rau sterben zu lassen oder von mir den doppelten Einsatz zu fordern.

Erst im Krankenhaus gesteht er sich ein, daß es nicht nur der physische Kraftakt war, der ihn zusammenbrechen ließ, sondern auch eine Summe von Enttäuschungen. Eine, die ihn mehr gekostet hat, als er wahrhaben will, ist der Sinatra-Konflikt.

Frank Sinatra war uns von einem Londoner Agenten angeboten worden, und ich war ganz wild darauf, diesen einmaligen Sänger in Deutschland zu präsentieren. Für Horst und mich ist er nun einmal Mister Show Business schlechthin. Nachdem wir unsere Bereitschaft erklärt hatten, begann ein Höllentanz. Die Hauptforderung des Managements waren hundertfünfzigtausend Dollar pro Abend, der absolute Wahnsinn. Ich hab' dem Agenten klarge-

202

macht, daß diese Forderung unerfüllbar ist. Doch der entgegnete
cool, es gäbe Veranstalter in Deutschland, die bereit seien, diesen
Betrag zu zahlen. Ich erfuhr, daß um diese Tour bereits in ganz
Europa gepokert wurde. Eine Agentur versuchte die andere auszu-
stechen. In solchen Fällen steige ich grundsätzlich aus. Das ist
nicht unser Stil. Ich wäre für die Amerikaner total unglaubwürdig
geworden, nachdem ich jahrelang geraten hatte, finanziell auf dem
Teppich zu bleiben.

Als Frank Sinatra, der offensichtlich von den falschen Leuten beraten wurde, von Fritz' Absage hört, läßt er seinen persönlichen Agenten noch einmal anrufen und nachfragen. Doch da ist das Nein, gut begründet, längst ausgesprochen. Die Tournee wird ein Desaster. Sinatra sagt das Konzert in Berlin ab und verläßt Deutschland tief enttäuscht. Auf der Bühne der Londoner Royal Albert Hall verkündet er kurz darauf seinem englischen Publikum: »Die Deutschen haben in diesem Jahrhundert dreimal den Krieg erklärt. 1914 Kaiser Wilhelm den Franzosen, 1939 Hitler den Polen und 1975 das deutsche Volk mir, Frank Sinatra.«

Wenn man Fritz in späteren Jahren danach fragt, welche seiner Tourneen er für seine persönlich erfolgreichste hält, sagt er: »Sinatra, weil ich sie *nicht* gemacht habe.« In Amerika bekommt er damit das Image eines vertrauenswürdigen Veranstalters: »The man who refused Frank Sinatra« – womit letztlich gemeint ist, nicht erpreßbar zu sein. Das hilft Fritz zwar bei Verhandlungen mit Superstars, beschleunigt aber auch seinen Zusammenbruch. Er hätte sein persönliches Idol gar zu gern präsentiert, doch er nimmt es nicht Sinatra übel, sondern dem Clan um ihn herum, der nur eins im Sinn hatte: Money um jeden Preis.

Psychologisch bucht er die nicht gemachte Tournee auf seiner persönlichen Verlustliste. Als ihn Hildegard nach drei Wochen aus dem Krankenhaus abholt, hat Fritz eine Entscheidung getroffen. Er bietet Mike Scheller, den er vor zwölf Jahren in die Lehre genommen hatte, eine Partnerschaft von dreißig Prozent an.

Sie kennen sich, seit Mike Türsteher im Frankfurter ›Domicile‹ war, ein Jazzfreak wie er, ein abgebrochener Jura- und Psychologie-Student, mit einer Anwaltstochter verheiratet. Fritz hatte ihn zu Zeiten des Konzertbüros Hildegard Rau erstmals als Tournee-Begleiter verpflichtet und ihn wie einen Sohn an sich herangezogen. In der ersten Zeit der Partnerschaft ist Mike für Fritz eine große Hilfe. The show must go on, und Fritz Raus Krisenphase ist nach dem Krankenhausaufenthalt noch lange nicht zu Ende.

Die Eheschwierigkeiten zerren an seinen Nerven. Hildegard hat ihn zwar heimgeholt, aber nichts hat sich geändert. Ihre und seine

Bedürfnisse sind und bleiben so grundverschieden, daß höchstens ein Nebeneinander möglich, ein Miteinander nicht mehr zu verwirklichen ist. Hildegard gibt sich noch für vier Jahre der Illusion hin, daß Fritz irgendwann wirklich nach Hause komme. Er hat diese Illusion schon lange nicht mehr. Doch während sie zu Hause sitzt und zusehen muß, wie langsam auch die Kinder aus dem Haus streben, hat Fritz wenigstens die Möglichkeit, seine innere Leere mit Betriebsamkeit zu überspielen.

1976 erfüllt er sich einen anderen amerikanischen Traum. Er holt Shirley MacLaine nach Deutschland. Er hat ihre Show zuvor in Amerika gesehen und weiß, daß sie keine große Sängerin, aber dafür als Entertainerin eine Klasse für sich ist. Und das ist sie auch als Mensch:

Mit ihr konnte ich über alles reden. Sie war ein Schlappmaul, wie man in Frankfurt sagt, hat sich auf witzige, intelligente Weise über alles belustigt, hat mir die amerikanische Politik klargemacht und was für ein gefährliches Bürschchen dieser Henry Kissinger ist. Ich hab' ihre Vitalität bewundert, denn sie war ziemlich krank. Sie hatte ihre Diät-Assistentin immer dabei, die ihr alle paar Minuten etwas Eßbares in den Mund stopfen mußte, weil sie eine besondere Art von Zuckerkrankheit hat. Zweimal ist sie hinter der Bühne zusammengebrochen, doch in der Show hat sie mit ihren vierzig Jahren die Beine geschmissen, als wäre sie nur halb so alt.

Nach der sehr erfolgreichen ersten Tournee, die Fritz volle Häuser und Shirley MacLaine ein Titelbild auf dem »Stern« einbringt, schenkt sie Fritz eine goldene Uhr, die er zu Hause in seinem Nachttisch verwahrt: »Denn mein Handgelenk war ja schon von Marlene Dietrich besetzt.« Nach der zweiten Tournee, ein Jahr später, überreicht sie Fritz einen goldenen Schlüssel: »The key to real happiness is you.« Fritz stutzt und wundert sich. »Ich soll der Schlüssel zu deinem Glück sein?« fragt er Shirley. Die lacht ihn an: »Nein, Fritz, so habe ich es nicht gemeint. Was ich dir sagen wollte ist, daß der Schlüssel zu deinem Glück nur in dir selbst zu finden ist.« Doch für diese Suchaktion fehlt Fritz ganz offensichtlich das Talent.

Aus dem Hollywood-Clan, zu dem neben Sinatra auch Shirley MacLaine gehörte, holt er sich in diesem Jahr auch seinen nächsten Künstler: Sammy Davis jr. Ein Konkurrent formuliert darauf spitz: »Fritz Rau beginnt die Altersversorgung von Hollywood.« Trotz aller Presse-Unkereien wird auch diese Tournee sehr erfolgreich. Doch bevor er Sammy Davis nach Deutschland bringen kann, muß er ein heikles Problem lösen. Er besucht das Eröffnungskonzert der Europatournee in Amsterdam und findet es miserabel. Im Vorprogramm tanzen die inzwischen fett gewordenen *Nicholas Brothers*, ein Vaudeville-Act jenes amerikanischen Tingeltangels, das in Deutschland noch nie angekommen ist. Danach tritt Billy Eckstine auf. Er war als Jazzsänger der Lehrmeister von Sammy Davis, doch sein Plüsch-Sound ist 1976 total out.

Fritz weiß, daß er mit einem solchen Konzertbeginn in Deutschland eine Bauchlandung machen wird. Extra eingeflogene deutsche Journalisten bestätigen es ihm ebenfalls. Doch Fritz reagiert kühl: »Wartet nur ab. Die Stärke meines Charakters werdet ihr an der Kürze des Vorprogramms messen können.« Er geht ins Hotelzimmer seines Stars und macht Sammy Davis behutsam klar, daß auch er ein großer Fan von Billy Eckstine sei.

»Nicht wahr, er ist der Größte!« strahlt Sammy. Für ihn ist Billy ein Idol, mit dem er sich gerade jetzt solidarisch fühlt, weil er keinen Erfolg mehr hat. »Ja«, antwortet Fritz, »er ist der Größte. Und darum könnte ich es nicht aushalten, wenn man ihn in Deutschland auspfeifen würde. Dann müßte ich auf die Bühne gehen und das Publikum beschimpfen, verstehst du?«

»Du meinst, sie werden ihn auspfeifen?« Fritz nickt: »Das werden sie, ich weiß es. Es sei denn, er singt nur drei Lieder, und dann kommst du – ohne die *Nicholas Brothers*.« Die psychologische Verhandlungsführung zeigt Resultat. Sammy Davis schickt die tanzenden Brüder nach Hause, läßt Billy Eckstine nur kurz als Gaststar auftreten und kassiert seinen wohlverdienten Applaus auf der ganzen Tournee.

In diesem Jahr präsentiert Fritz auch zum ersten Mal Diana Ross als Solo-Star. Vor acht Jahren war sie schon einmal auf einem L + R-Plakat gewesen, damals jedoch noch als Leadsängerin der *Supremes*. Inzwischen hatte die ehemalige Sekretärin des mächtigen Mowtown-Chefs Berry Gordy bewiesen, daß der Boss der ersten schwarzen Plattenfirma, die Hits für die Weißen produzierte, den richtigen Riecher gehabt hatte, sie 1963 aus der Büroarbeit in Detroit direkt ins Show Business zu holen.

In Diana Ross begegnet Fritz wieder einmal eine Traumfrau, im wahrsten Sinne des Wortes. Sie regt ihn zum Träumen an: »Wenn ich ihr auf den Mund gucke, dann denk' ich nur noch eins, aber sublimiert in einer unglaublichen Verehrung, sie ist ja 'ne richtige Lady.« Doch erst bei der zweiten Tournee, sechs Jahre später, kommt er ihr näher. Da schwebt der Show-Business-Engel vom Himmel auf die Erde von Bad Homburg herab.

Nach dem Konzert in Frankfurt habe ich die ganze Tourneegruppe in mein Stammlokal in Bad Homburg eingeladen, ins »Wasserweibchen«, auch die Lady. Aber sie mußte noch ein Inter-

*view geben und wurde später zu uns gebracht. Plötzlich geht also
die Lokaltür auf und sie kommt wütend reingebraust. Bevor ich sie
begrüßen kann, schreit sie mich an:* »*Das ist einfach eine Frechheit, wir sind hier auf einer harten Tournee, und dann muß ich
endlos aus der Stadt herausfahren, um dich zu treffen, Fritz. Was
soll das?*«

*Ich hab' sie einfach am Arm genommen, sie neben mich gesetzt
und gesagt:* »*Look, Diana, deine Leute sind alle happy, jetzt pro-
bierst du erst mal unseren Äppelwein und die Grüne Soße, und
dann bist du auch happy.*« *Sie hat tatsächlich brav getrunken und
brav alles gegessen, und dann übermannte sie in dieser familiären
Atmosphäre die Trauer über ihre gescheiterte Ehe mit Bob Ellis,
den ich gut kenne, über Berry Gordy, den sie immer noch verehrt
und liebt und dessen Firma sie trotzdem verlassen hat. Da flossen
die Tränen. Als wir morgens um halb sieben aus dem Lokal stolper-
ten, ging bereits die Sonne auf.*

Das Jahr 1976 ist für Fritz voller Begegnungen mit Künstlern, die
wichtige persönliche Gesprächspartner werden. David Bowie ist
einer von ihnen. In den Augen von Fritz, dem Mann mit den
ausgebeulten Hosen und den ewig bekleckerten Hemden, ist
Bowie der Dandy par excellance, dessen elegantem Outfit nicht
einmal Grüne Soße etwas anhaben kann. Sie hocken die halbe
Nacht zusammen, und Fritz beglückwünscht sich und ihn, daß sie
endlich zusammenarbeiten. David grinst: »Irrtum Fritz, ich hab'
schon mal für dich das Saxophon geblasen – 1963 nach dem
American Folk Blues Festival. Ich war in der Band hinter Sonny
Boy Williamson, der eine eigene Anschlußtournee unternahm.«
»Na, hoffentlich hab' ich dich damals wenigstens anständig
behandelt?« fragt Fritz. »Nett warst du schon, aber schlecht
bezahlt hast du mich, nur ein Pfund pro Konzert«, lacht David. Sie
freunden sich an, und als dann 1983 Bowie wieder weltweite
Hiterfolge hat, macht sich die persönliche Beziehung auch
bezahlt. Bowies New Yorker Agent für die Welttournee bestellt
Fritz nach London zu einem Verhandlungsgespräch. Und
obgleich sich dort so gut wie alle deutschen Konzertveranstalter
die Tür in die Hand geben und Fritz durchaus nicht das höchste
Angebot macht, bekommt er den Zuschlag.
Trotz aller Aktivitäten des Konzertbüros Lippmann + Rau sind
in den Jahren 1976 bis 1978 die Ausgaben zum ersten Mal höher
als die Einnahmen. Die geschwächte Lebenskraft von Fritz schlägt
auf der Soll-Seite der Buchhaltung durch. Zwar sind es die Jahre,
in denen sinnvolle Investitionen gemacht werden. Al Jarreau, Tina
Turner, *Manhattan Transfer* und viele Acts, die erst sehr viel später

Geld bringen, werden dem großen Publikum präsentiert, aber ohne die Rücklagen aus früheren fetten Jahren wäre die Situation nicht durchzustehen gewesen. Fritz ist angeschlagener, als er selber erkennen kann. Und er hat keinen vollwertigen Partner an der Seite wie früher Horst Lippmann. Mike Scheller wäre gern dieser Partner, doch es stellt sich mehr und mehr heraus, daß er immer nur ein guter Zweiter Mann bleiben wird.

Nach meinem Zusammenbruch war ich nicht mehr derselbe. Ich hatte nicht mehr den Biß und die Schärfe im Detail. Ich war nicht mehr der selbstsichere Buchhalter in der Welt der Träume. Bis dahin beruhte ja unser Erfolg auf jener ungeheuren Akribie, mit der wir die wirtschaftlichen Vorgänge im Griff hatten. Wenn man mal eine Viertelmillion verlor, holte man sie mit der nächsten Tournee wieder herein. Aber dazu muß man einen sehr klaren Kopf haben, und den hatte ich in dieser Zeit nicht.

Zu Hause vergräbt er sich in seinem Zimmer. Auch von Samstag bis Montagmorgen bekommt ihn die Familie kaum zu Gesicht. Das Essen läßt er sich auf sein Zimmer bringen, es herrscht Kommunikationsstille im Reihenbungalow. Und wenn er das Haus dann am Wochenanfang verläßt, ist er mit den Nerven so fertig, daß er kaum Kraft für die nächsten anstrengenden Arbeitstage hat. Wieder einmal werden kleine runde Pillen seine besten Freunde. Doch diesmal sind es keine Uppers, sondern Downer. Er nimmt Librium in rauhen Mengen, einmal sogar dreißig Stück, doch für den ewigen Schlaf reicht das nicht.

Er hat sich in seiner Privathölle recht unkomfortabel eingerichtet, und nun gibt auch Hildegard langsam auf. 1978 eröffnet sie mit einer Partnerin in Steinbach eine Boutique. Fritz gibt ihr das Anfangskapital und macht noch einmal einen hilflosen Versuch, ihr trotz allem seine Zuneigung zu zeigen. Er bittet seinen Freund, den TV-Talkmaster Alfred Biolek, die Eröffnungsmodenschau zu konferieren und läßt heimlich von Günther Kieser ein Plakat entwerfen.

Die Boutique heißt »La Gatta«, und Kiesers Plakat zeigt eine stolze Katze.

Als Hildegard am Eröffnungstag morgens in ihr Auto steigt, um die letzten Vorbereitungen in der Boutique zu beaufsichtigen, traut sie während der Fahrt kaum ihren Augen. Im ganzen Taunus hat Fritz über Nacht die Katzenplakate kleben lassen. Es ist der Beginn eines langen Abschieds, der niemals beendet wird.

23. Kapitel: Dylan in Nürnberg

Die kritische Situation ergab sich am vierten Verhandlungstag. Bob Dylan hatte, Frühjahr 1978, eine höchst erfolgreiche Japantournee hinter sich gebracht, bei der auch ein Live-Doppelalbum (»Dylan at Budokan«, CBS) produziert wurde, und war jetzt bereit für Europa. Wir hatten die Offerte. Harvey Goldsmith, mein Londoner Freund und Partner und ich saßen Dylans damals neuem Manager Jerry Weintraub in Los Angeles gegenüber. Dylan nach Deutschland zu bringen, war für mich ein Traum, nicht anders als bei Frank Sinatra, und wie immer in solchen Größenordnungen ging es um sehr viel Geld.

Am vierten Tag schiebt mir Jerry Weintraub mit süffisantem Lächeln das Telex eines unserer deutschen Mitbewerber über den Tisch:» Fritz, die anderen bieten mir ein Drittel mehr Garantie.« Ich schluckte kurz und konterte:» Wenn du den zweitbesten Promoter für einen erstklassigen Künstler willst, dann nimm das Angebot.« Er lacht. Es bleibt bei der zwischen uns ausgemachten Summe. Der zweite Schlag fällt unmittelbar danach:» Fritz, die Japaner haben mir die Hälfte der ausgemachten Garantiesumme vor der Tournee bar überwiesen.« Es ging um eine Garantie von einer Million Dollar, und in diesem Moment fiel mir zur Sache überhaupt nichts mehr ein. Ich schluckte zweimal, holte tief Luft und sagte treuherzig:» Geht nicht. Das ist gegen meine religiöse Überzeugung.«

Jerry Weintraub, ein gläubiger Jude, schlug sich auf die Schenkel vor Vergnügen, rief sofort seine Frau an und sagte:» Honey, ich bringe dir heute einen zum Essen nach Hause, über den lachst du dich schief.« Wobei man wissen muß, was es in feinen jüdischen Kreisen in Amerika bedeutet, nach Hause gebeten zu werden. Als er zum Tisch zurückkommt, ist der Spaß aus dem Gesicht ver-

schwunden, und Jerry Weintraub wird wieder sehr sachlich. Ich sage: »Du willst das Geld doch nur im voraus, um zu testen, ob Harvey und ich in der Lage sind, dafür geradezustehen. Was hältst du von einer selbstschuldnerischen Bankbürgschaft?«

»An irrevocable letter of credit«: Das bedeutet, daß die Bank eine ausgemachte Summe am Tag nach dem stattgefundenen Konzert unwiderruflich überweist, ohne daß der Kontoinhaber das noch stoppen kann. Wir hatten dieses Verfahren, bei einer Peter-Alexander-Tournee 1975, einmal notgedrungen anwenden müssen, und Horst Lippmann und ich mußten der Bank gegenüber privat dafür haften. Als ich diesmal, aus Los Angeles zurück, bei der Bank für Gemeinwirtschaft die Bürgschaft für Dylan beantragte, wurden keine privaten Absicherungen verlangt. Für die Firma Lippmann + Rau war das eine Art Adelsprädikat. Aber ich greife vor. Jerry Weintraub hat dieses Angebot akzeptiert.

Nun sind wir also bei Weintraubs eingeladen, und plötzlich ist Bob Dylan im Raum. Der ist bekanntermaßen wortkarg, und ich dachte mir: Was wird er sagen? Wahrscheinlich klopft er nochmal den Tournee-Deal ab. Keine Rede davon: »Fritz, I wanna talk to you about the American Folk Blues Festival of 1963.« Er hatte in jenem Jahr, damals durchaus noch kein Superstar, per Anhalter Europa bereist und das Bluesfestival-Konzert in Kopenhagen besucht. Da sah und hörte er zum erstenmal Bluesleute live, die er bis dahin nur aus weiter Ferne in schwachen Umrissen kannte, und er verwickelte mich sofort in eine Diskussion darüber, ob es damals geschickt war, mit der kleinen Mundharmonika von Sonny Boy Williamson anzufangen. Mir brannte aber die Dylan-Millionentournee auf den Nägeln, und ich brachte sobald wie möglich die Sprache darauf. Ich sagte ihm, daß wir Konzerte in der Dortmunder Westfalenhalle, in der Berliner Deutschlandhalle sowie auf dem Nürnberger Zeppelinfeld planten, das früher einmal Reichsparteitagsgelände hieß.

Dylan schüttelte den Kopf: »I think, Nuremberg is the wrong place.« Und dann erzählte er mir von Leni Riefenstahl und ihrem Film »Triumph des Willens«, von Albert Speer und seiner gigantomanischen Architektur. Er kannte das alles und wußte, wofür das Reichsparteitagsgelände steht. Er überlegt, und ich merke, daß das für ihn eine sehr herbe Entscheidung ist. Plötzlich grinst er und nickt. Er hatte instinktiv kapiert, weshalb wir gerade ihn an dieser Stätte auftreten lassen wollten.

Er kam mit ungefähr der gleichen Band, die auf dem Live-Doppelalbum »Dylan at Budokan« zu hören ist – ein phantastisches Ensemble, zu dem auch Background-Sängerinnen gehörten. Aber der »Spiegel«, der ja immer seiner Zeit etwas voraus sein will, schickte der Tournee einen Artikel mit dem Motto vorweg, Dylan sei nun endgültig zum Schlagersänger degeneriert. Damals sagte ich: Es ist keine Schande, ein Schlagersänger zu sein, und wenn Bob Dylan der Welt erfolgreichster Schlagersänger wär', wäre die Welt in Ordnung. Aber dieser »Spiegel«-Artikel und ähnlich geartete Beiträge in Tageszeitungen hatten eine Tendenz gesetzt, daß man es diesem Verräter Dylan nun doch mal zeigen müsse.

Er hatte in Dortmund zwei recht mittelmäßige Konzerte gegeben und kam nun nach Berlin, in eine schwierige Konzertstadt, schon von 1968 her. Die Leute, die damals mit ihren Demos noch die Straßen bevölkert hatten, waren nun auch alle wieder im Konzert, aber sie kamen jetzt aus ganz anderen Positionen. Sie haben ihren lautstark verkündeten Marsch durch die Institutionen nie zu Ende gebracht, sondern sind sehr commode in den Medien, den Rathäusern, den Parteibüros hängengeblieben. Sie schwelgten in peinlicher Nostalgie, in ihren musikalischen Jugenderinnerungen, als sie sich selber ja noch so toll fanden. Und sie konnten es Dylan nicht verzeihen, daß der nicht rausging und wie anno Tobak seine Mundharmonika vors Maul klemmte und zum zigtausendsten Mal »Blowin' In The Wind« zur Laute sang.

Es fing mit Buhrufen an, dann flogen die ersten rohen Eier. Ein paar konnte ich abfangen, ein paar klatschten auf die Bühne. Es gab keine Gewalttätigkeit, die Leute waren nur unfreundlich zu ihm. Aber er hat das Konzert durchgezogen. Als er dann zum Schluß seine Musiker und auch seine Sängerinnen vorstellte, erhob sich ein Pfeifkonzert. Der Chor war für die Herren und Damen Ignoranten im Publikum ja die Dokumentation von Dylans Ausverkauf. Hinter der Bühne schaut er mich an und sagt: »Die schwarze Sängerin haben sie am meisten ausgepfiffen. Haben die Deutschen immer noch Rassenkomplexe?« Er ist dann wieder rausgegangen, hat drei Zugaben gespielt und damit bei vielen Konzertbesuchern eine Menge Punkte gutgemacht. Aber das Licht im Saal ließ ich dabei vorsichtshalber lieber an.

Tags zuvor waren wir im Hotel Kempinski eingetroffen, und beim Einchecken winkte er mir mit den Augen, ging an mir vorbei, murmelte: »Your care for a walk?« und marschierte davon. Ich hinterher. Wir sind den Kudamm rauf und wieder runter gelaufen; kein Mensch hat ihn erkannt. Er schwärmte von der Stadt. Berlin fasziniere ihn, sagte er, hier würde er gern mal für ein halbes Jahr leben. Nach dem Konzert hat er dieses Bedürfnis nicht mehr gehabt. Die Stadt hatte ihm zu sehr wehgetan. Als wir nach Nürnberg flogen, war er sehr still und sehr nachdenklich.

Dieses Open-Air-Konzert 1978 war für uns alle der absolute Höhepunkt unserer Arbeit. Ein Jahr zuvor hatten wir dort ein

Open-Air mit Santana, Chicago, *Udo Lindenberg und anderen gemacht und die Bühne auf die alte Hitlertribüne gebaut, die ja immer noch nicht weggesprengt worden ist. Aber in dieser gewalttätigen Architektur des Professor Speer gab es keine guten »Vibrations«. So haben wir diesmal die Bühne genau gegenüber aufgebaut. Wir haben drei Tage und drei Nächte malocht. Ich habe rund zwanzig Captagon durch meinen Blutkreislauf gejagt und bin im zarten Alter von achtundvierzig zum Kettenraucher geworden. In der Mitte des Feldes wurde eine zweite Sound-Anlage aufgebaut – wir nannten sie Delay-Verzögerungs-Tower –, damit die Musik überall gleich laut und vor allem gleichzeitig zu hören war.*

Harvey Goldsmith in London war es gelungen, Eric Clapton mit seiner Band für dieses Konzert zu gewinnen. Clapton fing an und spielte einen ganz unglaublichen Set: voller Spannung einerseits und total relaxed andererseits, aber beides in einem. Dann wurde die Bühne geräumt und ein ganz normales Ballhaus-Piano nach vorn geschoben. Der alte und ewig junge Bluespianist Champion Jack Dupree mit seinen Goldzähnen und dem Ring am Ohr nahm daran Platz und zelebrierte seinen Kneipen-Blues eine halbe Stunde lang für achtzigtausend Menschen, und die waren fasziniert.

Dann wurde das Klavier weggeschafft, man sah eine leere Bühne, und die Leute dachten: Okay, jetzt geht der Aufbau los. Aber nichts dergleichen. Denn am Abend zuvor war das gesamte Dylan-Instrumentarium für diese große Band bereits auf eine fahrbare Oberbühne gebaut worden. Und kaum war Dupree weg, schob sich diese Bühne langsam nach vorn. Das Stadion tobte. Das sind die Dinge, die aus der Sicht des Veranstalters ein Festival ausmachen. Ich dankte für diesen Tag unserem Freund Patrick Stansfield aus den USA, den Bob Dylan als technischen Leiter mitgebracht hatte, und ich dankte meinem eigenen technischen Leiter Laudi Lautenfeld, der das alles realisierte. Vor allem dankte ich natürlich Bill Graham, der mir so viele kostenlose Lehrstunden für Mammutveranstaltungen gegeben hat.

Das muß ich erklären. Mammut-Rockkonzerte unter freiem Himmel gab es bereits in den sechziger Jahren, das erste 1967 im kalifornischen Monterey. Nach Woodstock im Staat New York kamen im Sommer 1969 fast eine halbe Million Menschen. Das »Festival of love, peace and happiness« ist heute eine Legende; es wurden durch die Medien-Auswertung für die Platte und fürs Kino Millionen daran verdient. Dann kam, im Dezember 1969, der Horror von Altamont, als bei einem von den Rolling Stones veranstalteten Open-Air auf einer abgewrackten Autorennbahn nördlich von San Francisco buchstäblich Mord und Totschlag herrsch-

211

ten. Danach wurden fast all diese ambitionierten wie monströsen Festivals zu Desastern – bis hin zu jenem im Herbst 1970 auf Fehmarn, bei dem Jimi Hendrix zum letztenmal öffentlich auftrat.

Anfang der siebziger Jahre wollte zunächst niemand mehr an derartige Superveranstaltungen heran und wir schon gar nicht. Wir hatten über Woodstock sehr genaue Berichte von beteiligten Musikern eingeholt und wußten, daß es ein Unding war, fünfhunderttausend Leuten Musik vermitteln zu wollen, die sie auch wirklich hören konnten. Für dieses akustisch-ästhetische Problem gab es die technische Lösung einfach noch nicht. Und dann erfuhren wir Anfang 1974, daß Bill Graham in Amerika sich wieder mit diesem Problem beschäftigte.

Bill ist im Veranstaltungsgewerbe eine Legende wie Norman Granz. Er wurde 1931 in Berlin geboren und heißt eigentlich Wolfgang Grajonca. Er machte seinen ersten Tanzabend als Veranstalter im Dezember 1965 im Fillmore in San Francisco, in einem Augenblick, als die Rock-Szene dieser Stadt explodierte. Er begriff die Gunst der Stunde und entwickelte den Fillmore-West-Tanzpalast zum Mekka der jugendlichen Subkultur. Am Monterey Pop Festival 1967 war er als Organisator ganz wesentlich beteiligt. 1968 eröffnete er in New York einen zweiten Rock-Tempel, das Fillmore East an der Second Avenue. Ein Gutteil der Rockgeschichte jener Jahre ist dort passiert, wofür es ausreichend Belege »live at Fillmore« auf Schallplatten gibt.

Woodstock und die anderen Mammutfestivals hatten Bill Graham indes zutiefst verunsichert. 1971 machte er seine beiden Etablissements zu und begründete das in einer Philippika gegen das Rock-Establishment und die Schallplattenindustrie:

»Rock wurde von einem Tausend-Dollar-Business zu einem Multimillionen-Dollar-Geschäft. Damit wurde die Musik gleichsam nebensächlich, denn alles konzentrierte sich auf die Frage, wie das Geschäft noch besser laufen kann. Wenn Musiker und Manager in finanziellen Kategorien denken, ist es okay. Wenn sie aber die künstlerischen Probleme über dem Geldmachen vernachlässigen, ist das der Anfang vom Ende.«

Daß ein solcher Mann drei Jahre später erkennen ließ, er denke über Open-Air-Großveranstaltungen nach, war für uns hochinteressant. Wir wußten seit vielen Jahren voneinander. Immer wieder kamen Musiker auf mich zu: »Hey, you're the Bill Graham of Europe.« Umgekehrt hörte er, wie er mir später gestand, zu seiner Überraschung auch oft den Spruch: »You're acting like an American Fritz Rau.« Wir brüllten beide. Wir waren eigentlich siamesische Zwillinge, die nie zusammengewachsen waren.

212

Soul Brothers: Veranstalter Bill Graham, USA,
und Fritz Rau, Bad Homburg

*Er wußte alles von Lippmann + Rau. Im Fillmore East und im
Fillmore West hingen Plakate von Günther Kieser an den Wänden.
Als wir uns zum erstenmal leibhaftig begegneten, war es, wenn
ich's mal ironisieren darf, wie die Begegnung zwischen Goethe
und Schiller, bei der jeder den anderen fragte: »Bisch's?«, und
jeder antwortete: »Ja, ich bin's.«*
    *»Billboard«, das weltweit tonangebende Branchenblatt der
Musikindustrie, veranstaltet jährlich irgendwo auf dem Erdball
eine »convention«mit Vorträgen, Seminaren, Diskussionsrun-
den. 1974 war das in Los Angeles. Horst und ich fuhren hin. Bill
Graham war furchtbar beschäftigt. Er wollte uns unbedingt treffen, aber er sauste von einer Veranstaltung zur anderen, und es
klappte nicht. Schließlich lud uns sein damaliger Partner Barry
Imhoff für die Woche darauf nach San Francisco ein.*
    *Wir logierten luxuriös im Fairmont-Hotel. Wir genossen diese
Stadt, die sehr europäisch und dennoch ganz zum Pazifik hin
orientiert ist. Dann waren wir zuerst bei Barry Imhoff zu Hause,
dann bei Bill Graham, als seltene Gäste aus dem Business, die er in
sein privates Heiligtum einlud. Wir empfanden, daß er in seinem
ganzen Reichtum mit seiner überbordenden Phantasie ebenso
einsam war wie Norman Granz zwischen all seinen Picassos, und*

daß er es unglaublich schön fand, sich gegenüber Leuten, die seine Tradition und sein Geschäft teilten und irgendwo auf dem gleichen Level waren, mal eine Spur öffnen zu können.

Bei diesen Gelegenheiten wurde übers Geschäft nicht gesprochen. Das geschah dann am nächsten Tag, es war wohl ein Montag, im Büro. Es ging um europäisch-amerikanische Zusammenarbeit auf dem Tourneesektor, um Open-Airs und ganz aktuell um eine Europatournee von Santana. Barry Imhoff und ich feilschten stundenlang über die Konditionen. Bill Graham kam immer mal rein, fragte: »Wie geht's, wie steht's?« und raste wieder raus. Horst saß da wie ein Buddha. Er nickte nur oder schüttelte mit dem Kopf, sagte an entscheidenden Stellen der Verhandlung nicht mehr als ja oder nein; das hat den Barry Imhoff fast wahnsinnig gemacht. Wir verpaßten drei Flugzeuge, weil wir nicht miteinander klar kamen. Endlich erreichten wir einen für alle Beteiligten tragbaren Kompromiß. Als wir nach New York zurückkehrten, hieß es zu Unrecht in Branchenkreisen bereits: Jetzt haben Graham und Imhoff, Lippmann + Rau die Welt – gemeint war die Rockwelt – unter sich aufgeteilt.

Bill Graham ist zwar gebürtiger Berliner, aber er ist, wie auch Norman Granz, ein typischer Amerikaner jüdischer Herkunft, der erstens nicht jüdisch und zweitens kein Amerikaner sein will. Das heißt, er macht alles, was in Amerika gerade nicht en vogue ist, verdient damit aber eine Menge Geld. Immerhin ist für Bill Graham wie für Norman Granz Money der wichtigste Maßstab.

Wir trafen bei diesem USA-Trip 1974 auch die Rolling Stones. 1973 hatten wir deren Europatournee organisiert. Pete Rudge, ihr neuer Tourneemanager, hatte uns eingeladen. Mick und die ganze Crew wohnten im San Antonio Hilton, da zogen wir auch für ein paar Stunden ein: abgeschirmte Zimmerfluchten, Bodyguards.

Das Konzert war ein Open-Air im Sportstadion von San Antonio. Ich werde nie den Moment vergessen, in dem wir mit der Band und der Crew privilegiert in dieses Stadion einfuhren. Eine tolle Bühne war da gebaut worden, die man nur durch eigens für diese Tour konstruierte, transportable Aufzüge erreichen konnte. Das war für die damalige Zeit eine revolutionäre Erfindung, und ich dachte mir: Irgendwann wird die Entwicklung des technisch dafür notwendigen Equipments soweit sein, daß auch wir in Europa nicht mehr um Open-Air-Konzerte herumkommen. Es dauerte noch zwei Jahre, bis wir es 1976 in Stuttgart mit den Rolling Stones wagten.

Bob Dylan sitzt, nun wieder 1978 auf dem Nürnberger Reichsparteitagsgelände, aufgeregt backstage, während das Klavier von

Bühnenaufbau open air: Dylan kommt nach Nürnberg

Champion Jack Dupree von der Bühne gerollt wird. »*Fritz, I have to go on stage!*« *Das ist kein Vorwurf, eher ein Hilferuf. Er muß jetzt raus. Aber es ist ja alles für ihn vorbereitet. Plötzlich hat er 'ne Lederjacke an, den Kragen hochgeschlagen, und in dem Moment, als er an die Rampe tritt, reißt der bedrohliche Regenhimmel auf, und die untergehende Sonne beleuchtet diesen Mann. Ich hatte Gänsehaut, und der Textanfang eines alten Naziliedes schoß mir in den Kopf:* »*Als die gold'ne Abendsonne sendet ihren letzten Schein.*« *Das sind Momente, die man nur aushalten kann, wenn einem ein Märchen einfällt.*

Mein Märchen geht so: Kurz vor dem Nürnberger Konzert tritt ein Herr mit einem Pferdefuß auf mich zu und sagt: »*Seit du Lippmann + Rau machst, hast du mir oft ganz schön viel Spaß gemacht. Du hast einen Wunsch frei.*« *Ich sage:* »*Okay*«, *aber was soll ich mir wünschen? Ein ewiges Leben? Ich war ja todmüde und überanstrengt und dachte: Irgendwann muß es doch auch mal Ruhe geben für einen wie mich. Die schönste Frau der Welt? Ich hatte ja schon eine, die für mich die schönste, klügste, vollkommenste Frau der Welt war, aber ich hatte nie die Zeit, ihr gerecht zu werden. Also ewiger Reichtum? Da würde ich mich ja nie wieder auf den Wahnsinn eines Open-Air-Festivals einlassen und auf den ganzen Spaß verzichten müssen.*

Der Mann hat geduldig dagestanden und mich gemustert. Nach ein paar Minuten sag' ich, weil's schon tagelang nach Regen aussah: »*Ich wünsch' mir für das Festival gutes Wetter und ein bißchen Sonne, wenn Bob Dylan auf die Bühne geht.*« *Von da an wird meine Erinnerung undeutlich. Ich glaube, ich habe noch so ein komisches Schriftstück mit einem Federkiel unterzeichnet, das von rechts nach links beschrieben war, und ich habe heute noch eine Einstichwunde am Handgelenk – wohl von dem Federkiel. Der Mann war weg, aber irgendwann wird er schon kassieren kommen.*

Die Abendsonne hat die Bühne vergoldet. Das war Kirche, das war Bayreuth, wie es sich der Herr Richard Wagner vielleicht einmal vorgestellt hat. Dylan steht draußen, hat die kleine Mundharmonika vor dem Gesicht, singt drei, vier Lieder allein, und plötzlich holt er sich die junge schwarze Chorsängerin nach vorn für eine Art Gospelsong. Horst und ich gucken uns fassungslos an: Die singt ja so umwerfend wie eine junge Aretha Franklin. Dylan hatte Berlin noch nicht verwunden. Er wollte uns zeigen: Seht mal, was ich euch da mitbringe, sogar im Background-Chor. Dann ist Eric Clapton eingestiegen, nach Jimi Hendrix für mich der genialste Gitarrist der Welt. Die Sonne ging unter und steigerte die Dramatik des Abends, indem die Schatten immer länger wurden, die Nacht hereinfiel, die Bühne im Glanz der Scheinwerfer erstrahlte und die monströse Hitlertribüne in der Dunkelheit verschwand.

Wir hatten ein Feuerwerk vorbereitet, das bei der zweiten Strophe von »*Forever Young*« *beginnen sollte. Als die zweite Strophe anfing, schrie ich:* »*Feuer*«, *und in diesem Moment gingen die ersten Raketen hoch. Ich bin zusammengebrochen, auf den Boden gefallen, hab' einen Heulkrampf gekriegt. Ich war in einer persönlichen und beruflichen Krise und hatte dem Horst ganz kurz vorher noch gesagt:* »*Ich muß eine Weile pausieren oder aufhören mit dem Job.*« *Ich fühlte mich wie ein Bergsteiger, der weiß, daß er jetzt zum letzten Mal auf den Gipfel geht. Ich weinte, und dann kam Dylan von der Bühne. Er hatte in diesem Konzert wie ein Weltmeister um das Publikum gekämpft, hatte alles gegeben. Aber anstatt erschöpft wegzugehen, kommt er auf mich zu, nimmt mich in den Arm und sagt:* »*What's the matter, Fritz? Everything has been alright!*«

Am nächsten Morgen fuhren wir mit dem Zug nach Paris. In der zweiten Nacht ruft er mich im Hotelzimmer an und fragt: »*Fritz, what happened in Nuremberg? I did not understand.*« *Ich antwortete:* »*Du mußt fragen, was in Nürnberg und in Berlin geschah. Das gehört zusammen.*« *Und ich erklärte ihm nochmal, daß wir*

216

seine Bühne der Hitlertribüne gegenüber aufgebaut hatten, und daß achtzigtausend Deutsche Hitler den Rücken zudrehten und sich Bob Dylan und seiner Musik zuwandten. Er zögerte einen Moment, als ob er nachdächte. »Ja«, sagte er, bevor er das Gespräch beendete, »so könnte es gewesen sein ... maybe.« Vielleicht.

24. Kapitel: Einmal München und retour

1979 macht Fritz seinen radikalsten Versuch, die Nabelschnur zur Ersatzmutter Hildegard zu durchtrennen. Er geht nach München. Schon lange reizt ihn die voralpenländische Landschaft, die so ganz anders ist als die Gegend um Frankfurt, und das südlich inspirierte dolce-far-niente-Gefühl schlägt bis zur bayerischen Hauptstadt durch. Warum also nicht München?

Zwei interessante Angebote von dort reizen ihn zusätzlich. Das BMW-Museum will mit dem Projekt »Zeitsignale« 1980 wieder eröffnen, und man hat Fritz einen Millionen-Etat angeboten, wenn er die Produktion dafür übernimmt. Daneben braucht das Deutsche Theater einen neuen Direktor. Zwei Projekte, ganz nach seinem Geschmack.

Für die Bayerischen Motorenwerke entwickelt er mit dem Komponisten Eberhard Schoener ein hochkarätiges Ausstellungskonzept, ein total-technisches Environment in permanenter akustischer und optischer Bewegung, das er zusammen mit dem Bühnenbildner Wilfried Minks, dem Architekten Bernhard Furtwängler und Schoeners Musik verwirklichen will. Fritz legt zwei Kalkulationen vor: Kosten von einer Million oder von zweieinhalb Millionen. BMW akzeptiert den höheren Rahmen. Für Fritz ist jedoch wichtig, daß das Budget und der Termin eingehalten werden. Die hochmoderne History-Show des Automobilkonzerns wird zum weltweit beschriebenen, weltweit umstrittenen und, für eine Weile, zum meistbesuchten Museum der Welt.

Das zweite Projekt kommt seinen geheimen Träumen am nächsten. Das Deutsche Theater in München könnte ein deutsches Pendant zum Pariser Olympia, zum Londoner Palladium, zur New Yorker Radio City Music Hall werden: ein Show-Tempel schlechthin. Ein »moderner Striese« zu sein, ein Theaterdirektor, der inter-

218

nationalen Künstlern endlich mal mehr bieten kann als nur eine Tournee, der die Chance hat, eine Show mit Caterina Valente, Shirley MacLaine oder Lena Horne ensuite laufen zu lassen wie in Paris, London, New York üblich: Das ist eine leuchtende Zukunftsprojektion, die sogar Depressionen überlichten kann.

Bruno Coquatrix, der Chef des Olympia, hat viele Nächte mit ihm darüber gesprochen. Zusammen mit dem Palladium in London ließe sich sogar ein Dreier-Bündnis schließen, das den besten Künstlern dieser Welt ein europäisches Triumvirat potenter Theaterdirektoren an die Seite stellen würde. Mit diesen Gedanken und Hoffnungen macht er Horst Lippmann den Umzug plausibel. Horst hat Bedenken, doch er ist klug genug, sie nicht zu äußern. Er weiß, daß Fritz eine Art Totaloperation braucht, um seine innere Zerrissenheit zu überwinden.

Er kennt Fritz lange genug, um zu wissen, daß nur räumlicher Abstand einen Neubeginn möglich macht. Aber er weiß auch, daß es ein höchst riskantes Unternehmen wird. Als die ersten Pressekommentare vom Ende der legendären Firma Lippmann + Rau, vom Zusammenbruch eines Imperiums lamentieren, hält er sich klug zurück. Fritz sieht das ganz anders. Es wird statt einem L + R Büro nun eben zwei geben.

In München arbeitet er seit Jahren mit einem örtlichen Veranstalter, der den partnerschaftlichen Background bietet, den er jetzt braucht. Rüdiger Hoffmann hat Volkswirtschaft studiert und steht durchaus auf dem Boden der Tatsachen. Im Juni 1979 mietet Fritz am Bavariaring 38, in einem Altbau, ein großes Büro, hängt sein kleines Schild »Lippmann + Rau« an die Tür und hofft, daß ihn Rüdiger Hoffmann endlich von seinem Buchhalter-Trauma befreien wird. Rüdiger sollte ein besserer Buchhalter sein als er selbst, damit er sich nur noch seinen Träumen hingeben kann.

Münchens Stadtväter sehen diesen Umzug mit Interesse. Fritz Rau erscheint ihnen als Direktor des Deutschen Theaters durchaus als opportuner Kandidat. Man läßt ihn wissen, es sei politisch geschickt, sich eine Lobby bei einer der großen Parteien zu besorgen. Auf diesem Ohr hört Fritz nicht besonders gut. Das lehnt er ab. Das kulturpolitische Karussell in München dreht sich ein paar Monate. Schließlich bleiben zwei Kandidaten übrig, der Sohn des gegenwärtigen Intendanten, ein Favorit der CSU, und Fritz Rau.

Man bestellt ihn ins Münchner Rathaus und läßt sich von ihm seine Pläne und Konzeptionen für das im Umbau befindliche Deutsche Theater vorlegen. Fritz entfaltet seinen ganzen dialektischen Zauber und läßt äußerst beeindruckte Herren im Münchner Rathaus zurück: »Sie werden von uns hören, Herr Rau.«

Es scheint, daß der Umzug nach München neue Energiequellen

in ihm freimacht. Er stürzt sich mit Feuereifer in die Arbeit, doch privat kann er sich noch nicht zur endgültigen Seßhaftigkeit entschließen. Er logiert im Hotel. Im »Residence«, nahe der Leopoldstraße in Schwabing, steigen viele Künstler ab. Dort fühlt sich der Gast nicht so anonym wie in einem großen Hotel, aber die Herberge ist unverbindlicher als eine private Behausung. Für Fritz ist das gerade die richtige Mischung von Distanz und Intimität, denn eigentlich kann er nur schwer allein sein. Die Trennung von Hildegard und vor allem von den Kindern, an denen er mit großer Liebe hängt, belastet ihn – uneingestandenermaßen – sehr.

Trotzig sitzt er am 24. Dezember 1979 mutterseelenallein in seinem Hotelzimmer. Er hat keine Einladung angenommen. Nur eine Flasche Pernod mit Cola und im Fernsehen die »Glenn-Miller-Story« leisten ihm Gesellschaft. Weihnachten wie gehabt. Wenn er morgens aus dem Hotel geht, trifft er in der Lobby sehr oft eine Frau, die er nicht kennt. Sie hat blonde Locken, einen handfesten Gang, eine Ausstrahlung von Lebenslust, die ihn fasziniert.

Fritz ertappt sich mehrmals dabei, ihr etwas zu lange auf den Busen zu starren. Doch er ist viel zu schüchtern, sie anzusprechen, obwohl sie ein ebensolcher Dauergast in diesem Hotel zu sein scheint wie er. Im Frühjahr 1980 übernimmt die Dame an der Rezeption die Rolle des Schicksals. Als Fritz am Abend nach Hause kommt und nach seinem Schlüssel verlangt, sagt sie: »Herr Rau, Frau Gabriele gibt heute ihre Ausstandsparty, da müssen sie unbedingt hin. Das ist eine sehr nette Person. Ich soll Sie einladen.«

Fritz weiß natürlich sofort, daß es *die* Frau ist, die seit Monaten seine Phantasie beschäftigt, aber daß sie Gabi heißt und in einer Münchner Werbeagentur arbeitet, erfährt er erst jetzt. Kaum spricht er die ersten Worte mit ihr, ist er bereits hoffnungslos verliebt. In der Nacht zuvor hat er noch, allein und unzufrieden in seinem Hotelzimmer, ein paar Gedichtzeilen geschrieben: »Ich möcht aus München weg, doch nicht in Frankfurt landen.« Nun hat dieser Wunsch keine Gültigkeit mehr.

Nach langen Jahren psychischer Enthaltsamkeit stürzt er sich in die Liebesgeschichte, die nun gar nicht mehr nach seiner üblichen Regel des Weglaufens verläuft. Gabi ist eine fordernde Person, sie gibt sich nicht mit Ja-wenns und Nein-abers zufrieden, sie will die totale Zuwendung.

Mein Leben erfuhr plötzlich einen unglaublichen Schock. Ich hab' mit ihr alle Höhen und Tiefen eines Gefühls erfahren, das meinen Bauch entmauert hat. Bei der Hildegard wurde ja immer das Licht ausgemacht. Bei der Gabi nicht, bei ihr hat die Lampe

gebrannt. Wenn ich neben der Hildegard geschlafen hab', kam in
den guten Jahren immer die große Ruhe über mich. Neben der
Gabi konnt' ich kaum atmen vor Erregung und Spannung. Horst
Lippmann hat uns einmal beobachtet und dann gesagt: › Wenn du
der Hildegard in ihrem Leben jemals soviel Aufmerksamkeit
gewidmet hättest wie der Gabi an nur einem Nachmittag, hättest
du zu Hause das Paradies auf Erden gehabt!‹ Gabi war eine
menschliche und eine weibliche Herausforderung an mich. Sie hat
mich glücklich gemacht, eifersüchtig, inspiriert, durcheinanderge-
bracht, alles gleichzeitig.

Die neue Frau verordnet ihm eine Abmagerungskur und achtet
darauf, daß er in vielem bewußter lebt. Fritz wird aktiver und
gleichzeitig aggressiver. Doris Link, seine wichtige Sekretärin, die
mit ihm nach München gezogen ist, kann das aushalten, Rüdiger
Hoffmann nicht. Der sieht, daß er dem übermächtigen Derwisch
Rau nichts Adäquates entgegenzusetzen hat. Er gibt auf, wirft
Mitte 1980 das Handtuch.

Für Fritz ist das Ausscheiden des neuen Partners eine kleine
Katastrophe, die ihn völlig überrascht, die Horst Lippmann aber
von Anfang an vorausgesehen hat. Und als er eines Morgens in der
Münchner »Abendzeitung« auch noch die Leute-Kolumne von

Bad Homburg, Louisenstr. 121: Arbeitsplatz mit Mitarbeitern
(r. Doris Link, 3. v. r. Hermjo Klein)

Michael Graeter liest, fühlt er sich wie vor den Kopf gestoßen. Da erfährt er nämlich, daß Fritz Rau beim Deutschen Theater aus dem Rennen ist. Den Zuschlag hat der CSU-Kandidat erhalten – für Kenner Münchner Verhältnisse nicht anders als erwartet. Doch Fritz ist schockiert.

Nun gibt es eigentlich nichts mehr, das ihn in dieser Weltstadt mit (dem manchmal etwas harten) Herz noch hält. Auch Gabi will fort. Sie bewirbt sich bei einer Frankfurter Werbeagentur, und ordentlich schließt Fritz sein bayerisches Großstadtkapitel ab. Am 31. Dezember 1980 verläßt er die blauweiße Provinz. Nach langen Überlegungen und auch der Einfachheit halber sucht er seinen neuen Stützpunkt dort, wo die meisten seiner Mitarbeiter wohnen: in Bad Homburg. Das liegt sehr nahe bei Frankfurt und auch nicht weit weg von Oberursel-Stierstadt.

Ausgerechnet Gabi bringt ihn der Hildegard wieder näher. Sie hat ihm in den letzten Monaten klargemacht, wie armselig das Leben eines Menschen ist, der den Hauptzweck seines Lebens darin sieht, die Achtzig-Stunden-Woche einzuführen. Damit hat sie, ohne es zu wollen, das Bedürfnis in ihm geweckt, wieder vernünftige freundschaftliche Beziehungen zu seiner Familie herzustellen.

Wahrscheinlich hat sie gespürt, daß ich von der Hildegard innerlich nicht wirklich loskam. Sie hat zwar nie verlangt, daß ich mich scheiden lasse, aber wahrscheinlich hat sie doch erwartet, daß ich irgendwann eine saubere Entscheidung treffe. Dazu allerdings war ich nicht bereit.

Gabi zieht nach Düsseldorf, arbeitet dort bei einer Werbefirma, die ihr bessere Konditionen bieten kann als die in Frankfurt. Fritz wird fortan zwischen Bad Homburg, Frankfurt, Stierstadt, seinen Tournee-Orten und Düsseldorf zum Pendler. Einmal pro Woche trifft er sich mit Hildegard und den Kindern. Sie gehen zusammen essen, machen Spaziergänge und entwickeln eine neue Art Zuwendung.

Hildegard hat Spaß an ihrem Modegeschäft. Sie hat Selbstbewußtsein gewonnen, und Fritz ist eigentlich ganz zufrieden mit seinem Leben. Das neue Lebensgefühl wirkt sich auch auf die Firma aus. Seit München sind L + R aus der Gefahrenzone heraus. Es geht aufwärts, in den Bilanzen werden wieder schwarze Zahlen geschrieben.

Und wie in seiner besten Zeit zelebriert er im neuen Büro wieder seine gefürchtete, aber auch respektierte One-Man-Show, mit den denkbar besten Assistenten, einem ausgesuchten Solisten-Ensemble, das ihm die Treue gehalten hat. Mike Scheller hat sich inzwischen selbständig gemacht und ein eigenes Konzertbüro eröffnet. Fritz unterstützt ihn in seinen Anfängen und setzt Hermjo Klein an seine Stelle. Der hat sich seit Ende der sechziger Jahre langsam bei L + R hochgedient und alle Niederungen des Konzertgeschäfts durchlaufen. Nun gesteht ihm Fritz mehr und mehr Eigenverantwortung zu. Doris Link ist leider in München hängengeblieben. Es dauert bis Ende 1983, bis sie nach einer privaten Trennung Fritz wieder als vollwertige Rechte Hand zur Verfügung steht.

Solange ist die stärkste Kraft im Haus eine Frau. Heidi Jung hatte einmal den Titel Stadtinspektorin in Frankfurt. Dort hatte sie Fritz kennengelernt, als er noch Jazzkonzerte mit Hilfe des Jugendamts organisierte. Und weil sie ihm oft bei Verhandlungen auf die Nerven ging, fragte er sie eines Tages scherzhaft, ob sie nicht irgendwann mal die Schnauze vom Beamtendasein voll haben und lieber bei ihm einsteigen werde. Das hat sie 1975 tatsächlich getan.

Vor dieser Frau habe ich einen Riesenrespekt. Sie ist eine Mischung aus Anwalt, Steuerberater und Buchhalter. Sie macht die Kalkulationen mit einer bewundernswerten Sturheit, weicht keinen Zentimeter von ihren Forderungen, daß sie sogar die härtesten amerikanischen Agenten und Anwälte von Neil Diamond, Bob Dylan oder den Rolling Stones respektieren. Ihr hab ich unter anderem zu verdanken, daß wir sogar in Krisenzeiten über die Runden gekommen sind.

Auch Laudi Laudenfeld ist bei der Stange geblieben. Er hat seit 1975 nur an eins gedacht: wie man eine noch bessere, größere, ungewöhnlichere Bühne bauen kann. Der Sohn eines Fischhändlers aus Frankfurt, der eigentlich Werbekaufmann werden wollte, entwickelt sich im Laufe der Jahre autodidaktisch zu einem Spezialisten für Bühnentechnik und -architektur. Er geht mit genialer Einfachheit ans Werk. An anderen Aspekten als der perfekten Bühne ist er nicht interessiert, aber die baut er optimal.

Fritz macht sich in dieser Zeit, nach seiner Krise, dem Gastspiel in München und der Rückkehr, darüber Gedanken, wie *er* auf seine Mitarbeiter wirkt:

Ich bin ein Patriarch und arbeite mittelalterlich, ich misch' mich in alles ein. Aufgrund des spezifischen Könnens von Laudi Laudenfeld pfusch' ich dem zwar nicht ins Handwerk, aber ich will immer von ihm wissen, was läuft. Ich überlasse der Frau Jung zwar selbständig manche Verhandlungen, verlange aber anschließend Berichterstattung über jedes Detail. Wenn Hermjo Klein mir erzählt, daß Plakate in der Stadt nur in einer bestimmten Größe

Trennung: Fritz geht nach München

gehängt werden können, und ich will DIN-A-Null an den Wänden
kleben haben, dann insistiere ich solange, bis auch in dieser Stadt
schließlich DIN-A-Null-Plakate hängen.
  Ich weiß, daß ich manchmal wie ein Zahnarzt wirke, der auf
dem Nerv herumbohrt, aber ich bin auch davon überzeugt, daß ich
auf diese Weise die Leistung meiner Mitarbeiter steigere. Die Firma
Lippmann + Rau ist ein Orchester. Ich bin der Dirigent, und die
anderen spielen. Sie spielen verdammt gut.

Selbstverständlich hat die Woche immer auch ein Weekend. Da
erlebt sich der so außergewöhnlich begabte Worcoholic Fritz in
Bad Homburg oft allein. Die starke Gabi ist absolut nicht bereit,
ihr Leben seinem Tourneegeschäft unterzuordnen und auf Abruf
zu leben. Sie hat so gar nichts von der duldsamen Resignation der
Hildegard, sie will alles oder nichts. Mehr als einmal droht die
Gefahr, daß die Beziehung endet, wenn er nicht mehr Zeit und
Hingabe investiert. Fritz nimmt die Signale aus Düsseldorf zwar
auf, kann und will an seiner konfusen Lebensdramaturgie trotz-
dem nichts ändern.
  So sitzt er, für ihn ganz überraschend, bei beiden Frauen draußen vor der Tür. Auch Hildegard ist nicht immer verfügbar, wenn
ihm gerade mal nach einem Gespräch zumute ist. Sie hat einen
Mann kennengelernt, der sich auf sie einstellt, sich nach ihren
Wünschen richtet und den *sie* abrufen kann. Die Kinder gehen

Hildegard, Saskia und Andreas bleiben zurück

längst ihre eigenen Wege und sind stark an der Mutter orientiert.
Andreas gleicht Hildegard in allen charakterlichen Eigenschaften
und ist oft spröde im Umgang mit seinem Vater. In Saskia erkennt
er seinen eigenen Dickschädel wieder, der ihm zeitlebens soviel
Kopfschmerzen verursacht hat. Nach dem Versuch, ihr bei einem
Familienwochenende wieder näher zu kommen, drückt sie ihm
eine eigene Fassung eines arabischen Gedichtes von Kahlib
Cidran in die Hand:
Deine Kinder sind nicht deine Kinder.
Sie sind Söhne und Töchter der Sehnsucht des Lebens nach
sich selbst.
Sie kommen durch dich, aber nicht von dir,
und obwohl sie bei dir sind, gehören sie dir nicht.
Du kannst ihnen deine Liebe geben, aber nicht deine Gedanken,
denn sie haben ihre eigenen Gedanken.
Du kannst ihrem Körper ein Heim geben, aber nicht ihrer Seele,
denn ihre Seele wohnt in dem Haus von morgen,
das du nicht besuchen kannst,
nicht einmal in deinen Träumen.
Du kannst versuchen, ihnen gleich zu sein, aber versuche nicht,
sie dir gleich zu machen,
denn das Leben geht nicht rückwärts und verweilt nicht beim
Gestern.

225

Du bist der Bogen, von dem deine Kinder als lebende Pfeile abgeschickt werden.
Laß die Bogenrundung in der Hand des Schützen ihm zur Freude werden.

Poesie hat Fritz Rau in emotional überhöhten Situationen von Ankunft und Abschied schon immer begleitet. Als er von Hildegard nach München davonlief, legte er bei ihrem letzten Gespräch wieder mal eine Platte auf wie damals, als er sie mit »Angel Eyes« vom *Modern Jazz Quartet* zur Ehe bewegte, diesmal das total resignative »Nobody Wins« von Kris Kristofferson: »Keiner gewinnt«.

Die Krise zwischen Gabi und Fritz erreicht im Februar 1982 ihren Höhepunkt. Verzweifelte Treffen, eilige An- und Abreisen, endlose Aussprachen. Trotz aller Sehnsucht nach privater Erfüllung bleibt er in der Quintessenz stur: kein Zugeständnis, das sein (unerfülltes) Leben total umkrempeln würde. Wem ist er nun eigentlich angetraut: der Show oder einer Frau? Gabi gibt auf. Neun lange Monate dauert die Trennung. Schließlich findet sie einen neuen Freund. Im November '82 trennt sie sich endgültig von Fritz. Er schickt ihr zum Abschied ein Lied Kris Kristoffersons: »I'm Not Enough For You.«

Nicht genug für dich: Das ist eine Position, in der wirklich keiner gewinnt.

25. Kapitel: Udo Lindenberg

»Vadder, hör mal nach Hamburg, da oben passierts!«
»Was passiert, Bub? Da passiert nix.«
»Da passiert Lindenberg, Vadder, den mußt du machen!«
»Jetzt hör' mal her. Ich kenn' den Udo Lindenberg. Der war
Schlagzeuger im Klaus-Doldinger-Quartett, ein guter Jazz-Drum-
mer. Aber jedesmal, wenn ich in Hamburg zur Plattenfirma Teldec
komme, steht er da rum, hat eine Platte unter'm Arm, die er mir
vorspielen will, redet von Rock'n' Roll in deutscher Sprache. Und
ich sage dir: Das ist nix.«
»Doch, Vadder, das ist es. Gerade das ist es, was jetzt in Ham-
burg passiert.«

Der Dialog zwischen meinem Sohn Andreas und mir begab sich
– so oder ähnlich – im März 1974 in unserem Bungalow in Stier-
stadt; Andreas war gerade sechzehn geworden. Ich ignorierte sei-
nen Rat. Ich hatte mir die Platten der Nürnberger Band Ihre
Kinder angehört, die als erste Rocktexte in der Landessprache
vortrugen, und war nicht sonderlich beeindruckt. Die Hamburger
Szene, in der Udo Lindenberg wuchs und die ich mit ihren humo-
rig gemeinten Dixieland-Nachklängen überhaupt nicht komisch
fand, kam auf meiner Landkarte nicht vor. Ich besuchte auch erst
Jahre später die heute schon legendäre Hamburger Musikkneipe
»Onkel Pö«.

Als die erste Lindenberg-Tournee mit einer Konkurrenzfirma
vor leeren Häusern stattfand, fühlte ich mich in meinem Urteil
bestätigt. Dann stieg der Hamburger Tournee-Impresario Hans-
Werner Funke, mit dem wir sehr oft zusammengearbeitet haben, in
das Thema Lindenberg ein und machte mit ihm und seinem Panik-
Orchester drei Konzertreisen, nachdem er Udo bereits bei seinem
Plattenvertrag mit Teldec geholfen hatte. Funke und ich bedienen

unsere Tourneen gegenseitig als örtliche Veranstalter: er in Hamburg für L + R, ich in Frankfurt für ihn. Ich hatte also bereits zwei Lindenberg-Konzerte erlebt, als es während der dritten Tour zwischen ihm und Funke kriselte.

Von unterwegs rief mich Udos damaliger Berater an und sagte: »Fritz, hättest du unter Umständen Lust, in die Tournee einzusteigen?« Ich antwortete: »Ihr habt doch mit Funke einen Vertrag. Gebt ihm die Chance, ihn zu erfüllen.« Doch Hans-Werner ging auf Konfrontationskurs, schickte einen völlig hilflosen Tourneeleiter mit, und der Bruch wurde unausweichlich.

Das letzte Konzert dieser Tournee fand ausgerechnet in der Frankfurter Kongreßhalle statt, von uns örtlich betreut. Das Gemunkel hatte schon vorher eine unüberhörbare Lautstärke angenommen: Udo Lindenberg will mit dir reden. Zugegebenermaßen wollte ich Eindruck schinden, also gab ich Udo in der Kongreßhalle eine kleine private Garderobe und fuhr für die Band in einer großen Garderobe schon vor der Show ein kaltes Buffet mit Obst und Getränken auf. Das fand bei den Musikern viel Gegenliebe, aber in Udos Privatgarderobe kam ich nicht mehr rein. Die hatten die Herren von »Mama Concerts« mit etwa zehn Helfershelfern besetzt.

Marek Lieberberg und Marcel Avram, aus deren Vornamen sich das Kürzel »Mama Concerts« fügt, wollten Udo Lindenberg unbedingt gewinnen. Als das Konzert vorüber war, sah ich ihn nur noch flüchtig, während er von »Mama« ins Frankfurter Nachtleben abgeführt wurde. Ich: »Wir wollten doch reden?« – Er: »Komm morgen mittag um zwei ins Hotel.« Ich war pünktlich, Udo immer noch so gut wie tot. Er hat mir nie geschildert, was er in dieser Nacht erlebt hat. Ich vermute: alles, was Rock'n' Roll in Frankfurt für Geld hergeben kann. Die Wiederbelebungsversuche dauerten jedenfalls rund eine Stunde.

Ich war mit dem Auto und einem Fahrer gekommen, um ihn in unseren Bungalow zur Hildegard zu bringen, weil ich in Ruhe mit ihm reden wollte. Meine Frau hatte merkwürdigerweise jedes Frankfurter Lindenberg-Konzert in den Jahren vor 1976 besucht. Ich durfte nicht viele Menschen aus meinem Business mit nach Hause bringen, aber den Udo akzeptierte sie sofort für einen Besuch. Sie buk sogar den besten Käsekuchen der Welt, auch noch mit Sauerkirschen obendrauf: Da hatte eine Schwester ihren seelenverwandten Bruder erkannt. Udo kam rein, trank eine Kanne Kaffee und fiel über den Käsekuchen her. Ich hielt meinen seit langem vorbereiteten Vortrag, wie ich mir die nächste Tournee vorstelle. Aber ob er davon etwas wahrgenommen und möglicherweise behalten hat, weiß ich nicht.

Liebeserklärung:
Cartoon von Udo
Lindenberg im
Cover seiner LP
»livehaftig«

Abends aßen wir in einer typischen hessischen Kneipe im Nachbarort Steinbach Rumpsteak mit Bratkartoffeln. In Windeseile sprach sich bei der Dorfjugend herum, daß Lindenberg da sei, und dann kamen sie alle. Udo gab ein Autogramm nach dem anderen – ohne Bodyguards, ohne abgesperrte Garderoben, ganz privat und ganz relaxed. Wir sind uns an diesem Abend wirklich begegnet, zwei Jungs von der Scholle – er aus Gronau in Westfalen, ich aus dem badischen Ittersbach. Wir waren beide ausgezogen, keine Buchhalter zu werden, und wenn man derart aus derselben Ecke kommt, faßt man sich natürlich bei der Hand, wenn's dunkel ist im Wald, ich meine: im Dschungel der Großstädte und des Show Business. Dabei hat er eine Art, einen anzugucken, daß einem schummrig wird.

Beim Nachdenken über mein Verhältnis zu Udo Lindenberg habe ich oft auch an Albert Mangelsdorff gedacht. Albert hat auf der Posaune seinen ganz eigenen Stil entwickelt, der im wesentlichen auf Überblastechnik beruht. Das heißt, er kann auf einem

Blasinstrument Akkorde und mit sich selber Duett spielen. Für mich jedoch war er immer der größte Balladeninterpret der Welt. Wenn er eine Geschichte auf dem Instrument ganz nahe an der Melodie erzählt, geht mir das Herz auf. Horst Lippmann will mit ihm seit dreißig Jahren eine Balladenplatte produzieren, doch Albert hat zuviele andere Sachen im Kopf. Dasselbe bei Udo Lindenberg. Er ist wahrscheinlich der beste Balladensänger, den es in der Rockmusik gibt. Er singt die langsamen, erzählenden Songs gar nicht so gern. Aber er hat in diesen Liedern die Fähigkeit, Zärtlichkeit optimal in Gesang umzusetzen. Davon bin ich berührt.

Zudem hat er die Fähigkeit, Menschen durch Zuwendung für sich einzunehmen und sie für sich wirken zu lassen. Er schafft keine Abhängigkeiten, indem er Kommandos gibt, sondern indem er einem den Eindruck vermittelt, in diesem Moment der wichtigste Mensch auf der ganzen Welt für ihn zu sein, ohne den er die nächsten Stunden nicht überstehen könnte. Er fordert in mir ohne Unterlaß den Beschützer und Ratgeber heraus. Ich kann nicht beurteilen, ob meine Ratschläge für ihn tatsächlich so wichtig sind, aber er gibt mir dieses Gefühl.

Unsere erste gemeinsame Tournee war im Januar 1978 »Panische Nächte«. Dafür hatten wir einen prozentualen Abschluß mit Garantie ausgehandelt. Das nächste sollte, ein Jahr später, die Rock-Revue sein, für die wir Peter Zadek als Regisseur gewonnen hatten. Eines Nachts ruft mich Udo an: »Ist dir auch klar, daß diese Sache sehr teuer werden wird?« Das war mir durchaus klar, obgleich sich Peter Zadek später sehr kostenloyal verhalten hat. »Nun gut«, sagte Lindenberg: »Das ist eine Situation, in der ich keine Garantiesumme haben möchte. Diese Tournee erfüllt mir einen Traum. Ich schlage vor, daß wir uns den Gewinn, aber auch das Risiko teilen.«

Dieses Angebot hat mich völlig fertig gemacht. Als Höchstes kann ich von einem Künstler erwarten, daß man sich am Ende der Tournee den Überschuß teilt. Aber daß ein Künstler nicht nur auf die Garantie verzichtet, sondern auch noch mit ins Risiko geht, war mir mein Leben lang noch nie passiert. Die Show wurde in einem Probenraum in der Nähe von Hamburg eingerichtet. Ich flog morgens hoch und hatte eine Retour-Buchung für neunzehn Uhr. Ich bin auch um neunzehn Uhr zurückgeflogen, aber erst vier Wochen später, als die Tournee vorbei war.

Udos Mutter war zu dieser Zeit schwer krank. Sie hatte Krebs, und Udo hatte sie zu sich nach Hamburg geholt. Sie war die wichtigste Bezugsperson in seinem Leben, und ihr Siechtum belastete ihn schwer. Als ich ihn zu den Proben abholen wollte, hatte

er überhaupt keine Stimme. Ich hab' ihn zum Arzt gebracht. Nach
der Probe gingen wir wieder ans Krankenbett, und als die Mutter
dann spät nachts Schlaf fand, auf den Kiez, nach St. Pauli.

Da gab es, unmittelbar neben den gemütlichen kleinen Puff-
Häusern der Herbertstraße, die Kneipe »Chicago«, ein höchst
ehrenwertes »Hangout« für Nutten, die gerade mal Pause mach-
ten, und ihre Pimps. Im Winter '78 auf '79 war nach zwei oder drei
Uhr morgens dort gelegentlich die Hölle los. Bernie Schulz, ein
Rock'n' Roll-Pianist mit riesigem Kiez-Renommée, organisierte
die heißesten Rock-Sessions seit der guten, alten Kaiserkeller- und
Starclub-Zeit. Eric Burdon wohnte damals wochenlang bei Bernie
und röhrte sich im »Chicago« die Seele durch die Kehle. Und
Lindenberg trommelte bis zum Morgengrauen wie ein Besessener.
Er arbeitete in dieser und manch' anderer Nacht seine Probleme
ab, in seiner Angst, seiner Hilflosigkeit und seinem Schmerz um
die Mutter total in sich gekehrt: der einsamste Schlagzeuger der
Welt.

Udo ist ein Mensch, der Verpflichtungen vermeiden möchte und
in seiner Flexibilität seine Umwelt manchmal zum Wahnsinn
treibt, aber er hat andererseits ein ungeheuer ausgeprägtes Verant-
wortungsgefühl. Ich merkte an diesem Tag und in dieser Nacht,
daß es ihn zwischen der Mutter und der Tournee fast zerriß.
Irgendwann sagte ich: »Mach dich nicht verrückt, ich bleib' bei
dir, ich flieg' erst morgen«, und ging ins Plaza-Hotel – verschwitzt,
ungewaschen, ohne Gepäck, als es schon hell wurde. Udo hatte
mich zwar eingeladen, bei ihm zu übernachten. Aber da war die
kranke Mutter, die ihn brauchte, und ich bin ungern in fremden
Wohnungen. Ich brauch' irgendwo ein Zimmer für mich allein.

Tags darauf habe ich meinen Rückflug abermals aufgeschoben.
Ich liege in meinem Hotelzimmer im Plaza im Bett, als die Tür zum
Nebenzimmer aufgeht. Da war Udo Lindenberg eingezogen. Er
hatte zu Hause eine Tante einquartiert, die für die Mutter sorgte,
und wollte in meiner Nähe sein. Ich lese beim Einschlafen, bis mir
die Sportzeitung oder das Buch aus der Hand fällt. Dann brennt
immer die Nachttischlampe, weil ich Dunkelheit seit meiner Kindheit nicht gut vertrage. Jede Nacht kam Udo leise ins Zimmer,
nachdem ich eingeschlafen war, und löschte das Licht. Es war wie
beim August Rau. Udo hat auch das Frühstück bestellt. Es klingt
vielleicht lächerlich, aber er hat vor der Rock-Revue-Tournee in
Hamburg mehr für mich gesorgt als ich für ihn.

Ich hab' dann die ganze Tournee mitgemacht, hab' Queen vernachlässigt, Frank Zappa vernachlässigt, aber ich glaube, wir
haben mit dieser Rock-Revue ein bißchen Musikgeschichte
geschrieben. Daß es in den Feuilletons der großen Tageszeitungen

plötzlich doppelt soviel Platz für die Rockmusik gab, war einzig und allein das Verdienst von Udo Lindenberg. Dabei haben ihm der Name und die Leistung von Peter Zadek enorm geholfen. Daß sich ein Theaterregisseur wie Zadek mit seinem Ruf als genialisch-spektakuläres Enfant-terrible der Bühne in die vermeintlichen Niederungen der Rockmusik begab, war eine für uns sehr hilfreiche Sache. Darüber hinaus aber hat er Udo Lindenberg kräftig Bühnenhandwerk beigebracht. Das schönste für uns war, daß Zadek nach dem Premierenkonzert zu Udo sagte:»Du bist saustark, und es macht Spaß, in eurer Truppe zu sein!«

Zu den ganz großen Vorzügen von Udo Lindenberg, die man psychologisch gar nicht überbewerten kann, hat immer gehört, daß er sich mit der besten gerade verfügbaren Mannschaft umgibt. Das ist in der Öffentlichkeit manchmal mißverstanden worden. Er hat Eric Burdon in seine Show geholt und ihm im besten Teil des Konzerts drei Songs zugestanden. Darunter war Erics berühmtes »House Of The Rising Sun«: drei Überflieger. Danach schrieben ein paar Journalisten, die nichts verstanden hatten: Lindenberg wird auf seiner eigenen Tournee an die Wand gesungen – zuerst von Eric Burdon, später von Gianna Nannini und Helen Schneider. Jeder würde erwarten, daß wir nach Eric Burdons Auftritt Udo jetzt hochkochen. Wir machten das Gegenteil. Udo kommt ganz allein auf die Bühne getorkelt. Kein großes Bühnenlicht, ein Spot und sonst nichts. Jean-Jacques Kravetz sitzt irgendwo im Dunklen an einem akustischen Klavier, mehr Band gibt es nicht. Es ist eine Szene wie zwischen Frank Sinatra und seinem Pianisten Bill Miller im Song »One For My Baby And One More For The Road«: after-hours-Stimmung, totale Intimität. Udo singt:»Bis ans Ende der Welt.« Sogar in Utrecht in Holland, wo die Leute fast ausschließlich wegen Eric Burdon in dieses Konzert gekommen waren, wurde nicht wie erwartet gepfiffen und gebuht, sondern der Beifall wuchs zum Orkan. Das meine ich, wenn ich von Udo Lindenberg als einem großen Balladensänger spreche.

Ich sagte: er torkelte. Das hat nichts Abwertendes, es beschreibt lediglich den Stil, der von Kritikern allerdings mehr als einmal abgewertet worden ist. Udo ist von Hause aus Schlagzeuger. Er hat ein ganz besonderes und nur ihm eigenes Verhältnis zur Schwerkraft, auch zum freien Fall. Ja, er fällt manchmal vorsätzlich – früher, als er noch Alkohol trank, auch schon mal im Suff – auf den Boden.

Dann steht er wieder auf. Das geht eins, zwei, drei, vier – genau auf dem Beat, und genau auf der Vier ist er wieder da, wo er hinwill. Sein Körperrhythmus ist sehr eigenwillig – wie bei den Breakdance-Kids in Harlem. Frank Zappa und Pete Townshend

Über den Wolken: Mit Udo Lindenberg auf Tournee

*sind Parallelfälle. Sie bestimmen das Bühnengeschehen ebenso
wie Udo durch ihre Körpersprache. Sie sind Rockmusik-Karajans.
Lindenberg beherrscht in seinen Konzerten wie ein Dirigent vollkommen die Bühne. Jeder in der Show weiß das.*

*Deshalb arbeiten seine Musiker schon so lange mit ihm. Den
Drummer Bertram Engel zum Beispiel hat er mit siebzehn in seine
Band geholt. Er ist immer noch dabei und vielleicht heute der
solideste Rock-Trommler in unserem Land. Thomas Bauer an der
Gitarre, Steffi Stephan am Baß, immer mal wieder Olaf Kübler am
Tenorsax: Es ist kein Zufall, daß Künstler wie Peter Maffay, Gitte
Haenning oder Marius Müller-Westernhagen sich bemühen, für
ihre Tourneen Lindenberg-Musiker zu rekrutieren. Udo hat sie als
erster gefordert. Er hat ihnen die Chance gegeben, sich zu entwik-
keln, und immer die ihnen zustehenden Credits.*

*Daß er kreative Menschen zu seinen Gunsten benutzt, wie ich
einmal in der Zeitung gelesen habe, mag durchaus stimmen. Er
verschweigt aber auch nicht, wer ihn inspiriert hat, und er macht
sich nicht an großen Namen fest. Ulla Meinecke zum Beispiel hat
er als blutjunges Mädchen gefördert, als sie noch keiner kannte.
Der Text zu »Bis ans Ende der Welt« stammt überwiegend von ihr.
Er ist großartig. Aber Ulla mußte zunächst einmal eine Chance
bekommen, ihn zu schreiben und vor allem auch aufzunehmen. In*

solchen Fällen bedeutet der Name Lindenberg für die deutschen Musikverlage und Schallplattenfirmen viel.

Unser Saxophonist Olaf Kübler ist sicher der einfallsreichste Sprücheklopfer in der deutschen Rock-Szene, ein ganz starker Inspirator. Er klagte einmal, Udo Lindenberg habe ihm den Spruch »Alles klar auf der Andrea Doria« geklaut. Auch Olaf Kübler hat Soloplatten gemacht, aber keine einzige mit Erfolg. Und Udo Lindenbergs Leistung als Songtexter liegt ja gerade darin, daß er den Umgangston in den Kneipen aufschnappt und ihn in seinen Liedern wiedergibt. Udos Satz »Im Onkel Pö spielt 'ne Rentnerband seit zwanzig Jahren Dixieland« ist Soziologie, ist Philosophie in nicht mehr als zwei Songzeilen: Da wird die ganze Musiklandschaft einer bestimmten Zeit mit einem Schlag erhellt.

Udo hat mir den Mut gegeben, auch in künstlerischen Bereichen kreativ zu denken – nicht mehr nur als Kaufmann, als Buchhalter, PR-Mann oder Tourneeplan-Stratege, sondern auch mal im Proben- oder Plattenstudio zu sagen: »He, Udo, das gefällt mir, und das gefällt mir nicht.« Wir arbeiten viel mit den Augen, wie ich es auch mit Mick Jagger oder Pete Townshend von den Who erlebt habe, wenn es darum geht, Übereinstimmung zu einem bestimmten Thema herzustellen. Dritte Personen wundern sich oft, daß wir über offene Fragen überhaupt nicht diskutieren, sondern daß lediglich einer von uns beiden ein Statement abgibt, das dann für beide gilt. Kein Wunder: Wir hatten uns ja angeguckt.

26. Kapitel: Episoden

Köln 1976: die *Rolling Stones* sind auf Tournee. Vor dem Konzert kommt Mick Jagger aus seiner privaten Garderobe, um das Essen zu besichtigen. Backstage ist ein kaltes Buffet aufgebaut. Mick wirft einen Blick auf die kalten Platten und ruft nach Fritz. »I hate cold food«, sagt er, und verschwindet verärgert.

Am nächsten Abend dieselbe Szene. Mick erscheint abermals zur Besichtigung. Sein Blick ist eisig, als er den gedeckten langen Tisch sieht. »What a shit«, sagt er. Fritz weiß vom Vortag, was Mick besonders liebt: chinesische Kanton-Spezialitäten und vor allen Dingen »a trout«, eine Forelle. Als Mick sich gerade wütend in Richtung Garderobe davonmachen will, hält ihn Fritz am Ärmel fest: »What about a trout«, fragt er, und läßt vor Micks staunenden Augen ein Wärmeöfchen anrollen, auf dem eine appetitlich gebakkene Forelle liegt.

Zum Ende der Tournee ist in Suttgart ein Open-Air-Konzert geplant. Der Kartenverkauf läuft nicht wie erwartet, und Fritz kurbelt noch einmal heftig die Publicity-Maschine an. Er lädt während der Tour ein Kamerateam vom Süddeutschen Rundfunk ein, signalisiert hochkarätigen Journalisten, ein Interview mit dem schwierigen Superstar sei möglich. Doch Mick mauert. Er hat nicht die geringste Lust, Reporterfragen zu beantworten.

Fritz argumentiert. Er gibt zu, daß er Angst hat, daß er bei diesem »Open Air« Kopf und Kragen riskiert. Er redet gegen eine Wand. Mick Jagger bleibt stur. Zum ersten Mal gibt es Spannungen zwischen dem Veranstalter und seinem Künstler. An dem Abend, an dem das Kamerateam und ein »Stern«-Journalist angereist sind, läßt Fritz Rau sich nicht bei seinem Star sehen. Er hat Anweisung gegeben, Mick seine Lieblingsspeise in den Ruheraum zu bringen, bleibt selber unsichtbar. Jagger läßt ihn rufen. Ein bockiger Fritz betritt die Garderobe.

Da sitzt Mick bestens aufgelegt mit seiner Forelle, die wir ihm gebacken haben, und hält mir ein Stück davon auf einer Gabel hin. Ich hab' ihn grimmig angeguckt, mit dem Kopf geschüttelt und die Zähne zusammengebissen. »Nee«, sag ich, »ich ess' nix davon«, und hab gebockt, so wie das Liebhaber ja manchmal mit ihren Liebsten tun, wenn sie sauer sind.

Mick hält mir weiterhin die Gabel hin und sagt mit betörendem Lächeln: »Nun komm, Fritz, iß ein Stück Forelle, sie ist wirklich gut. Sie gibt Kraft und Inspiration, und ein Promoter wie du braucht das. Komm iß!« Da hab' ich immer noch dagesessen mit meiner Wut im Bauch und: »Ich will nicht« gesagt.

Mick ist ein Stück näher gerückt, hat mir in die Augen geguckt und gefragt: »Warum denn nicht?« – »Weil ich sauer bin, weil du keine Interviews gibst, und weil mir überhaupt diese ganze Tour auf die Nerven geht«.

Erst hat er mich erstaunt angeguckt, dann hat er gelacht: »Okay, schick deine Journalisten rein und iß ein Stück!« Ich hab' zwei Gabeln von dem Fisch gegessen, er hat ein tolles Interview gegeben und wir hatten ein volles Neckarstadion. Seitdem liebe ich – Forellen.

Saarbrücken 1985. Anderthalb Stunden vor dem Konzert herrscht in der Garderobe noch ein einziges Durcheinander. Udo Jürgens ist stark erkältet, hat kaum noch Stimme. Der eilig herbeigerufene Arzt mißt seine Temperatur, schlägt Cortison vor. Doch der Betreuer aus Bayern, der die Tournee begleitet, wirft alle raus, spricht ruhig auf Udo ein, läßt ihn inhalieren, bearbeitet ihn psychologisch. Udo ist immer noch unsicher. Sein Anhang schlägt Fritz vor, auf die Bühne zu gehen und dem Publikum Udos schwierige Situation zu schildern, um es milde zu stimmen.

»Kommt nicht in Frage«, sagt Fritz. »Die Leute haben den vollen Preis bezahlt, sie akzeptieren dafür keinen halben Sänger.« Nun setzt er sich zu Udo: »Paß mal auf, Fieber hast du kaum, aber die Stimmbänder sind angegriffen. Bitte geh jetzt trotzdem raus und versuche, bis zur Pause durchzuhalten. Sobald es nicht mehr geht, versprech' ich dir, daß ich's den Leuten erklären werde.« Fritz kennt die schwierigen Phasen im Konzert. Er zittert bis zum Schluß, bleibt die ganze Zeit im Saal, hält Blickkontakt mit seinem Künstler. In dem Schlußapplaus verbeugt sich ein total verschwitzter, aber strahlender Sänger. Als er den Kopf hebt, zwinkert er Fritz zu. »Geschafft, mein Junge«, signalisiert der zurück. »Ich bin stolz auf dich.«

Frankfurt 1977. Eine ausverkaufte Deutschlandtournee mit Nana Mouskouri. Die Menschen strömen in die Jahrhunderthalle, um die Frau mit der schönen Stimme und der liebenswert schüchternen Ausstrahlung zu erleben. Um sieben Uhr, sie wird gerade geschminkt, kommt ein dringender Anruf aus Athen. Nana geht zum Telefon und kommt bleich zurück. Ihre Mutter ist gestorben. Fritz weiß, wie sehr die Griechin an ihrer Mutter hängt. Trotzdem singt sie an diesem Abend, wie geplant. Danach bricht sie zusammen. Fritz sagt drei Konzerte ab. Nana fährt zur Beerdigung ihrer Mutter, kommt zurück und geht auf die Bühne des Hamburger CCH. Noch bevor sie den Mund aufmachen kann, um zu singen, erhebt sich das Publikum von den Plätzen und hilft ihr mit einer »Standing Ovation«, diesen schweren Abend durchzustehen. Fritz fühlt sich in der Entscheidung, die Tournee nicht abzubrechen, bestätigt.

Frankfurt 1983. »Hey there, you with the stars in your eyes«, singt Sammy Davis jr. auf der Bühne der Alten Oper, doch mehr kommt nicht. Mitten im Text versagt ihm die Stimme. Er versucht es noch zweimal, aber nichts geht mehr. Nicht mal ein Krächzen bringt er zustande. Er macht eine hilflose Geste, geht von der Bühne. Sammy stürzt in die Garderobe, gestikuliert wild. Fritz schreit nach einem Arzt. Draußen spielt die Band weiter. Noch ist nicht erkennbar, ob Sammy heute abend nochmal auftreten kann. Fritz geht raus. »Meine Damen und Herren, es tut mir leid, wir müssen an dieser Stelle eine Pause machen. Mr. Sammy Davis jr. wird gerade von einem Arzt untersucht. In einer Viertelstunde werden wir wissen, ob er wieder auftreten kann.« Hinter der Bühne ruft Fritz sicherheitshalber noch einen zweiten Arzt an, doch beide sagen dasselbe: »Mr. Davis darf auf keinen Fall in der nächsten Zeit singen, der Mann ist sehr krank.« Fritz trifft eine schnelle Entscheidung. Er zahlt den Eintrittspreis zurück und sagt die Tournee ab.

In solchen Momenten fühle ich mich beschissen. Dann frag' ich mich oft: Dafür hast du deinen Anwaltsberuf aufgegeben? Wenn das Äußerste geschieht, wird dir schlagartig klar, daß du ein verdammter Seiltänzer ohne Netz und doppelten Boden bist. Immer wenn's schiefgeht, denke ich an all die Imponderabilien, die alles in Frage stellen können. Denn es muß ja nicht einmal der Star krank werden. Es genügt schon, wenn der Schlagzeuger nicht mehr trommeln kann, die Tonanlage ausfällt oder irgendein kleiner Computer in der Übertragungsanlage streikt. In solchen Momenten komme ich mir jedesmal wie ein Bergsteiger vor – wie der Messner, der ohne Sauerstoffgerät fast manisch auf den Acht-

tausender rauf muß. Im Grunde bin ich kein Spieler. Trotzdem
spiele ich mit jedem Konzert. Aber ich lasse die Kugel nicht nur
rollen, sondern ich sitze auch noch in der Kugel drin.

Frankfurt 1984. Eine Tournee mit den *Scorpions,* die zu den
wenigen deutschen Rock-Gruppen gehört, die auch in Amerika,
auch in Japan abräumen. Fritz hat sie Ende der siebziger Jahre
kennengelernt, kurz bevor sie sich beinahe auflösten. Und obwohl
die Band mit dem Etikett »Heavy Metal« versehen wird, glaubt
Fritz an die Jungs, deren Musik zwar laut, aber sehr differenziert
und deren Promotion frei von Terror- und Horrorsymbolen ist.
Ihre größten Erfolge haben sie mit gefühlsbetonten Balladen.
Auch bei ihnen bewahrheitet sich der Spruch, daß der Prophet im
eigenen Land wenig gilt. Fritz will das ändern und präsentiert die
Scorpions bei Open-Airs zusammen mit Stars wie Joan Baez,
Genesis und Frank Zappa in Ulm und Saarbrücken, um sie einem
größeren deutschen Publikum ins Bewußtsein zu rücken. Endlich
ist ihr Image auch in der Heimat gut genug für eine eigene große
Tournee.

Für das erste Konzert mietet er die Frankfurter Eissporthalle,
vertraut darauf, daß sechstausend Menschen kommen werden,
um den deutschen Musikanten mit dem internationalen Renommée endlich auch hier den großen Applaus zukommen zu lassen.
Doch schon beim Vorverkauf werden seine Hoffnungen übertrof-

Ehrfurcht vor dem Künstler: Nana Mouskouri

fen. Zwölftausend wollen die *Scorpions* sehen. Kurzfristig disponiert Fritz um und zieht in die Frankfurter Festhalle.

Die Tournee wird ein Überraschungserfolg. Ausverkaufte Häuser in jeder Stadt. Zum Abschluß will Fritz den Musikern eine Freude machen. Er lädt sie nach Bad Homburg ein, in ein Lokal, in dem er sich ebenso zu Hause fühlt wie in seinem »Wasserweibchen«. Es ist ein italienisches Restaurant, das sein Besitzer aus Liebe und zu Ehren seiner Mutter »La Mama« genannt hat. Und der Konzertpapa Rau mit den zwei linken Händen bindet sich eine Schürze um, geht in die Küche, trägt Schüsseln und Platten herein und serviert seinen »Kindern«, die während der Tour auf ihre Familien verzichten mußten, italienische Hausmannskost.

New York im heißen Sommer 1977. Frank Barcelona, Inhaber der renommierten Agentur »Premier Talent«, hat Fritz zu sich aufs Land eingeladen. Nachmittags trinken sie Kaffee, sitzen im Garten und plaudern über Künstler, über Fußball und die Welt des Show Business. Plötzlich springt der Gastgeber auf: »Ich muß heute noch in die City, Bruce Springsteen tritt auf. Kommst du mit?« Fritz hatte zu diesem Zeitpunkt den Jungen aus Freehold, New Jersey, der mit sechzehn sein Elternhaus verließ und acht Jahre später bereits als »die Zukunft des Rock'n' Roll« apostrophiert wurde, noch nie live gesehen. Klar fährt er mit. Noch weiß er nicht, was ihn an diesem Abend erwartet. Er treibt sich backstage herum, begrüßt Bekannte und ist stolz, daß er Britt Eklund kennenlernt.

Fast ist er schon überzeugt, daß die Bekanntschaft mit dem Filmstar, der Ex-Ehefrau von Peter Sellers, der Geliebten von Rod Stewart, der Höhepunkt dieses Abends gewesen ist, als draußen die Musik losgeht. Fritz rennt in den Zuschauerraum, setzt sich auf einen seitlichen Platz und fliegt ab.

Ich klebte auf meinem Sitz, hab' geschwitzt. Der Mann hat bloß für mich gesungen, für niemanden sonst. Ich war erschlagen. Hallelujah. Am nächsten Abend war ich wieder im Konzert. Ich bin auf die oberen Ränge gegangen, hab' mich links hingestellt, rechts hingestellt, überall, und Bruce Springsteen hat wieder nur für mich gesungen. Irgendwann hab' ich gebrüllt. Er hat mich total erwischt.

Nach der Show kam Frank Barcelona zu mir und sagte: »Komm mit, ich stell' ihn dir vor, wenn du schon so verrückt nach ihm bist.« Doch ich hab' mich geweigert. Ich kann mit Künstlern, die mich wirklich packen, überhaupt nicht sprechen. Ich kann sie trösten, wenn was schiefgeht. Aber wenn sie mich so völlig durcheinanderbringen, fällt mir nichts mehr ein. Ich kann, wenn die Sonne aufgeht, doch nicht sagen, wie ihre Strahlen beschaffen

sind, wie sie meine Augen blenden und mein Gehirn anzünden.
Da bin ich nur noch ein stotternder, hilfloser Trottel.
Schließlich hat mich Frank Barcelona doch mit in die Garde-
robe geschleift. Springsteen und ich hatten uns kaum die Hand
gegeben, da hab' ich seinem Manager schon zehntausend Dollar
Abendgage geboten, wenn Bruce nach Deutschland kommt und
ich seine Tour machen darf. Gott sei Dank ist er darauf nicht
eingegangen. 1977 hätte ich mit ihm noch viel Geld verloren!

Im Februar 1985 sitzen in Berlin ein paar Freunde zusammen, trinken einen trockenen badischen Müller-Thurgau, sprechen über das Leben, über Wichtiges und Unwichtiges. Auch vom Glück ist die Rede, wie und wo man es unter Umständen finden kann. Wie aus der Hüfte geschossen, sagt der Gast aus London zu Fritz: »Your problem is, you can work, but you can't play – Du kannst arbeiten, aber spielen kannst du nicht.« Da hat einer, so scheint es, Fritz Raus Problem auf den Kopf getroffen. Das aber, pardon, wäre ein totales Mißverständnis.

Die Wahrheit ist: Sein Spiel ist der Job. Er spielt es mit wahrer Leidenschaft und auf ständig wechselnden Schauplätzen. Er hat dazu die vielseitigsten Spielgefährten, die man sich vorstellen kann: Gaukler, die lügen und lachen, die böse und zärtlich sind; Artisten, die ihn mit auf ihr Hochseil nehmen und ihn manchmal davon abstürzen lassen; Sänger, die für seine eigenen Träume poetische Bilder haben und ihn mit auf ihre Reisen nehmen.

Hamburg 1981. Bruce Springsteen kommt zum ersten Mal nach Deutschland. Fritz wird ihn präsentieren. Bruce will von keiner Limousine abgeholt werden. Fritz ist davon überzeugt, daß Bruce nicht nur vorgibt, ein »streetfighter« zu sein. Vor dem Flughafen steht ein alter VW-Bus für den Star, der keiner sein will. Beide grinsen sich an und steigen ein.

Beim ersten McDonalds-Restaurant möchte Bruce anhalten: »Ich brauch jetzt 'n Viertelpfünder, du auch?« Fritz nickt glücklich: endlich mal ein Künstler, der dieselben profanen Bedürfnisse hat wie er. Mit der Coca-Cola-Flasche in der linken und einem Big Mac in der rechten Hand quetschen sie sich an einen Tisch, auf dem die Papier- und Ketchupreste eines ganzen Nachmittags liegen. Bruce schnappt sich einen Mülleimer: »I've to clean it first«, sagt er und fegt den übriggebliebenen Schmutz mit Schwung vom Tisch. Dann holt er sich ein paar Servietten und reibt ordentlich die Tischplatte blank. »Okay«, sagt er glücklich, läßt sich auf den Stuhl fallen und schiebt sich das Fleischbrötchen rein: »That's they way I like it.«

27. Kapitel: Begegnungen

Ich habe, solange ich zurückdenken kann, in meinem Leben und natürlich besonders in meinem Berufsleben viele emotionale Berührungen mit anderen Menschen gehabt. Manche davon, die etwa mit den Namen Albert Mangelsdorff, Oscar Peterson, Joan Baez oder Udo Lindenberg verbundenen, halten schon seit Jahren, sogar seit Jahrzehnten an. Andere haben eher episodischen Charakter, sind aber manchmal innerhalb einer Tournee nicht weniger intensiv: ein Blickkontakt mit Mick Jagger hinter irgendeiner Riesenbühne in San Antonio, Texas, München oder Berlin; die Intimität mit Bruce Springsteen über einem anonymen Hamburger in Hamburg; ein Anruf von Bob Dylan im Pariser Hotelzimmer mit der besorgten Frage: »Fritz, wie geht's dir?«

Aber ich habe in der Welt, in der ich lebe und arbeite, auch schon sehr viele Begegnungen von Künstlern untereinander oder zwischen Künstlern und einem Publikum vermittelt, das später diese Künstler zu Idolen erhoben hat.

In einem Branchen-Pressedienst las ich irgendwann den als Pointe gemeinten Satz, die größte Leistung der deutschen Musikindustrie sei gewesen, den Plattenkäufern einzureden, daß Peter Maffay ein Rocksänger sei. Der Satz stammte von Hans R. Beierlein, einem verdienstvollen Promoter und Musikverleger. Aber ich dachte mir: Da klappert doch was, da stimmt doch was nicht.

Maffay ist, deutschstämmig, 1949 im rumänischen Kronstadt geboren. 1963 kam er mit seinen Eltern, die eigentlich nach Amerika weiterziehen wollten, in die Bundesrepublik und blieb bis zur Mittleren Reife in einem Flecken namens Mühldorf hängen. Dann haute er nach München ab und sang in Kneipen, nur zur Gitarre oder auch schon mal mit einer Band. Und da sang er Rockmusik: Stones-Titel wie »This Could Be The Last Time« oder »I Can't Get

No Satisfaction«. *Der Schwenk ins Schlagerlager kam erst später, als ihn der Texter Michael Kunze entdeckte und mit dem Lied »Du« ganz sacht, aber unausweichlich, in die deutschen Hitparaden schob.*

Nun gut. Damit mag Beierlein widerlegt sein, aber nicht das deutsche Schlagerpublikum. Ich übernahm Peter Maffay 1979 von einer anderen Konzertagentur, weil es während einer mittelprächtigen Tournee, bei der auch mal ein Konzert platzte, Knies gegeben hatte, und schickte ihn nun meinerseits auf Tournee. Unser Glück war, daß in diesem Moment Peters LP »Steppenwolf« in den Medien klickte: Wir konnten die rund zwölftausend Plätze der Freilichtbühne in Bad Segeberg dreimal ausverkaufen. Ich habe in Zusammenarbeit mit Maffays Manager Michael Conrad, einen ausgezeichneten Mann, von der Tourneeplanung bis zur Promotion eine Strategie betrieben, die wie ein Maßanzug saß. Das haben wir dann 1981 wiederholt – und überboten.

Eines Tages sitze ich in Paris zusammen mit Bill Graham und seinem engsten Mitarbeiter Arnie Pustilnik, um die 82er Rolling-Stones-Tournee vorzubereiten. Nun hat Bill Graham eine Theorie, die er das »Texas-Syndrom« nennt: Wenn du mit einer Welt-Attraktion wie den Stones nach Texas gehst, dann hol' dir die populärste texanische Band als Vorprogramm, in diesem Falle also ZZ Top. Das ist kein Opener mehr, sondern ein vollwertiger Programmbeitrag, der auch entsprechend anteilig honoriert wird.

Auf diese Weise hat Graham die größten Stadien von Houston und Dallas auf der Stones-Tournee nicht nur einmal, sondern zweimal ausverkauft. Grahams erste Frage in Paris ist: »Wer ist der populärste Rock-Künstler in der Bundesrepublik?« Und bevor ich noch den Mund aufmachen konnte, schoß Arnie Pustilnik bereits ab: Peter Maffay. Er hatte den Peter nämlich bei mir in Bad Homburg kennengelernt und war sehr beeindruckt von ihm.

Ob das gut gehen wird? Ich weiß nicht so recht. Ich telefoniere mit Michael Conrad in Deutschland, und auch er ist der Meinung, daß wir das nicht machen sollten, denn nur drei Monate später hat Peter Maffay eine eigene Deutschlandtournee. Am nächsten Morgen ruft Michael ganz aufgeregt in Paris an: »Du, ich hab' diese Stones-Sache Peter gegenüber gestern abend so beiläufig erwähnt, und der ist fast aus den Schuhen gesprungen. Er will das unbedingt machen.«

Ich hatte nach dem ersten Telefongespräch Bill Graham gegenüber Udo Lindenberg und die Scorpions ins Gespräch gebracht, und er hatte nach den Tourneeumsätzen gefragt. Gemessen an den Kartenverkäufen von beiden war die letzte Maffay-Tournee dreimal so erfolgreich. Bill gibt also Peter den Zuschlag und läßt alle

Partner auf Fritz Raus Bühnen: Mick Jagger und Peter Maffay

Maffay-Platten nach London schicken. Jagger reagiert: »*It's a little bit soft, Fritz, but it may be alright.*«

Nun habe ich einen Fehler gemacht. Ich hab' nämlich gesagt: Peter Maffay ist kein Opener. Denn die Stones brachten selbst noch eine Vorgruppe mit, die J. Geils Band. Ich setze also durch, daß die J. Geils Band beginnt und dann Peter Maffay kommt. Umgekehrt wäre es richtig gewesen. Beim ersten Konzert in Hannover toben die hungrigen Geils-Jungs auf die Bühne und machen mit ihrem Lead-Sänger Peter Wolf einen Rock 'n' Roll los, daß einem die Ohren wegfliegen. Und danach kommt Peter Maffay mit »*Über sieben Brücken mußt du gehn*«.

Da war's aus, da wurde gebuht und geschrien. Er hat danach sein Programm geändert, es rockiger gemacht, und am nächsten Tag ging's schon besser, als es in den Zeitungen stand. Ich kann's beurteilen, denn ich hab' die Tomaten ja aufzufangen versucht, die auf die Bühne flogen, hab' deutlich gemacht: Das ist mein Künstler; werft die Tomaten auf mich und nicht auf ihn.

Unser Fehler war nicht einmal so sehr kommerzieller Art. Denn Peter Maffay erreichte viele Menschen neben dem eigentlichen Stones-Publikum. Man kann ruhig davon ausgehen, daß in jedem Stadion ein paar tausend Menschen seinetwegen gekommen sind. Wir haben also das Geld, das Bill Graham für ihn ausgab, doppelt

243

*wieder eingespielt. Unser Fehler war eine falsche Einschätzung
der Spannungsverläufe in einem Rolling-Stones-Konzert, und die
mußte allein Peter Maffay ausbaden. Er hat es durchgekämpft, ist
nicht krank geworden, hat nicht aufgegeben und ist zusammen mit
seiner Band dadurch stärker geworden. Ich hab' vor diesem Mann
den größten Respekt.*

*Er hat auf dieser Tournee vor einer halben Million Menschen
gespielt, aber in jedem Konzert unter Terror-Verhältnissen. In
Köln war's zum Schluß am schlimmsten. Da traten zusätzlich
noch die Lokalmatadoren BAP mit ihrem köll'schen Mundart-
Rock auf, und deren Anhänger waren ja nun wohl die militante-
sten Maffay-Gegner. Nirgendwo wurde mehr geworfen als in
Köln, auch harte Gegenstände. Die Gitarre von Johnny Tame
wurde zertrümmert, es hätte auch sein Kopf sein können.*

*Zwischendurch hatten wir in der Berliner Waldbühne und in
der Frankfurter Festhalle vier Konzerte ohne Maffay veranstaltet,
bei denen die* J. Geils Band *direkt auf die* Stones *hinführte. So war
es richtig, so hätte es überall laufen müssen.*

*Aber Peter Maffay hat keinen Schaden davongetragen. Nicht nur
seine Fans fanden seine Standfestigkeit auf der* Rolling-Stones-
Tournee *toll. Bei seiner sensationell erfolgreichen eigenen Tournee
drei Monate später hat er die Sympathie des Publikums voll
zurückgekriegt. Aber ich wette, er vergißt sie nie: diese Begegnung
mit den* Rolling Stones.

*In all den Jahren, die wir nun mit deutschen oder vorwiegend in
Deutschland tätigen Künstlern arbeiten, hat sich eine Art Kli-
scheesituation herausgebildet, über die ich mittlerweile jedesmal
lache, wenn sie wieder eintritt: Irgend jemand macht mit einem
Schlagerstar eine Tournee und schafft's irgendwie nicht, den
Anspruch dieser Künstler zu erfüllen, wirkliche Entertainer zu
sein und als solche behandelt zu werden.*

*So war's bei Les Humphries, Peter Alexander, Udo Jürgens und
Howard Carpendale. Dann kommen die Künstler oder ihre Berater zu mir. Wir lernen uns kennen, werden uns einig, und prompt
beschwört man mich:* »Fritz, warum auch den noch? Brauchst du
denn das?« *Diese Frage ist aus meinem Büro oder aus meiner
Familie jedesmal gekommen.*

*Ich bin, 1979, noch in München, als eines Tages Dieter Weiden-
feld bei mir auf der Matte steht. Nun hat man von professionellen
Schreibern manchmal gelesen, wir hätten zu wenige Konzertveranstalter in der Bundesrepublik. Das glaube ich nicht. Auf diesem
Sektor ist unser Show Business durch* »Mama Concerts«, *Karsten
Jahnke, Hans Werner Funke, Werner Kuhls, Ossi Hoppe, Lipp-
man + Rau sowie viele örtliche Agenturen, die manchmal auch*

244

Erschöpfter Veranstalter mit Harry Belafonte und Howard Carpendale

überregional tätig werden, ganz gut versorgt. Aber was wirklich fehlt, sind Produzenten und Manager, die ihre ganze Arbeitskraft in einen oder im Höchstfall einige wenige Künstler investieren. Für Udo Jürgens ist das Freddy Burger und für Howard Carpendale ist es Dieter Weidenfeld.

Carpendale? Ich höre schon wieder die Auguren murmeln: Was will der Fritz denn mit dem? Aber Weidenfeld ist 1979 in seinem Vortrag sehr eloquent. Er entwickelt mir seine Utopie, wie er sich Howard Carpendales Weiterentwicklung vom Schlagersänger zum Entertainer vorstellt. Interessant ist, daß sich diese Entwicklung über vier Jahre hin dann exakt wie vorausgesagt und vorausgeplant vollzogen hat. Aber ich wollte nicht ran. Ich schreib' also einen Absagebrief an Herrn Weidenfeld, daß es mir leid tut, ich aber die Tournee nicht machen kann, denn ich müsse reduzieren.

Aber statt beleidigt zu sein, kommt Dieter Weidenfeld ein zweites Mal zu mir und sagt: »Ich möchte bitte nur, daß Sie meinen Künstler persönlich kennenlernen. Und wenn Sie dann noch immer nein sagen, dann akzeptier' ich das.« Also brachte er den Howard, diesen blonden Hünen aus Südafrika, ins Büro, und der hat mir auch noch mal erklärt, welchen beruflichen Traum er träumt. Ich hab' ihm dabei ins Gesicht, in die Augen geschaut, hab' erkannt, daß er einen klaren Kopf und einen starken Willen hat, und dann hab' ich ihn aus meinem Münchner Büro die eine Etage

Udo im Gespräch mit Udo und Howard Carpendale

bis an die Gartenpforte gebracht. Während der paar Stufen hat's in meinem Kopf nur so gerasselt. Unten hab' ich ihm dann die Hand gegeben und gesagt: »Okay, wir werden's zusammen machen.«
Und ich hab' es bis heute nicht bereut. Unser Künstler Costa Cordalis ist ein ehrenwerter und dufter Typ, und er war zu diesem Zeitpunkt etwas erfolgreicher als Carpendale. Beide verehren Elvis Presley. Aber Costa hat ihn kopiert, und Howard hat ihn zugleich mit großer Ehrfurcht persifliert. Er hat Swing-Feeling, Rock-Feeling und vor allem ein eigenständiges Format. Er kommt, wie bekannt, aus Südafrika, wo seine Eltern heute noch wohnen. Er lebt inzwischen mit einem deutschen Paß in Deutschland, und er ist ein zurückhaltender, kein sehr politischer Mensch. Doch er wollte auf seine Art Zeichen setzen.
Ich hab' ihn mit Harry Belafonte zusammengebracht, der ja ein großer Kenner der politischen Probleme Südafrikas ist. Immer wieder hat er sich schwarze Südafrikaner in seine Tourneetruppe geholt: den Trompeter Hugh Masekela, die Sängerin Miriam Makeba oder zuletzt Letta Mbulu. Wenn ein solcher sehr kritischer schwarzer Intellektueller einen weißen Schlagersänger aus Südafrika zu seinem Freund erklärt, muß an dem schon etwas dran sein. Aber dabei blieb es noch nicht einmal. Belafonte hat für Carpendales Tournee seinen Leadgitarristen freigestellt und zwei schwarze Gospelsängerinnen aus Harlem mobilisiert, mit denen

246

er befreundet ist. Und da steht dann dieser große blonde Mann zwischen den beiden schwarzen Mädchen auf der Bühne und singt Gospelsongs.

Ich weiß, daß man damit die Welt nur wenig verändern kann. Es ist keine politische Leistung wie die von Joan Baez, als sie mit ihren Liedern und in ihren Konzerten GIs zur Wehrdienstverweigerung in Vietnam aufforderte und deswegen ins Gefängnis wanderte. Aber es ist auch nicht damit getan, Sozialisten sozialistisch oder Katholiken katholisch machen zu wollen, die es sowieso schon sind. Insofern tragen gerade Künstler wie Udo Jürgens oder Howard Carpendale bei einem bürgerlichen Publikum zur Bewußtseinsveränderung bei, wenn Udo Umweltlieder oder Howard Gospelsongs singt. Jedenfalls bin ich stolz darauf, daß Udo Jürgens und Howard Carpendale zu uns gehören.

Dasselbe möcht' ich von Ulla Meinecke sagen, obgleich die richtige Begegnung mit ihr sehr viel Zeit gebraucht hat. Sie hatte als Co-Texterin einige Songs mit Udo Lindenberg zusammen gemacht, und Udo brachte sie für seine Tournee 1978 als Sekretärin mit. Sie hat diesen Job sehr gewissenhaft erfüllt, aber sie war unerfahren und ging mir in Frankfurt manchmal auf die Nerven, weil sie ihre Beschützerrolle für Udo gelegentlich übertrieb.

Für die Lindenberg-Tournee »Panische Nächte« hatten wir uns 1978 einfallen lassen, Rock-Ladys mit auf die Bühne zu nehmen. Der »Stern« hatte gerade eine Titelgeschichte über singende Mädchen veröffentlicht, also erschien uns das als ein guter Einfall. Unter ihnen war auch Ulla Meinecke. Peter Herbolzheimer war mit seinen Pustefix-Bläsern dabei, und bei einer der Proben kommt er zu mir und flüstert mir leise, aber sehr bestimmt zu: »Du, das kann ich als Orchesterchef nicht verantworten. Tut mir leid, aber mit der Ulla kann ich nicht arbeiten. Die kann überhaupt nicht singen.«

Ich hab' die Ulla damals bestärkt, nicht aufzugeben, und auch mit Peter Herbolzheimer gesprochen, der sie schließlich akzeptiert hat. Sie blieb dabei, aber es war keine glückliche Tournee für sie. Sie hatte außer bei den Roadies so gut wie keinen Gesprächspartner. Sie wollte nicht wegrennen. Viel später hat sie mir mal gestanden, ein Satz, den ich im Vorübergehen mal kurz zu ihr gesagt hätte, als sie vor ihrem Auftritt ganz unglücklich an der Bühnenseite stand, habe ihr damals sehr gut getan: »Gell, Mädle, Zukunft tut weh!«

Danach habe ich sie aus den Augen verloren. Sie ging nach Berlin, machte Platten, die nicht sonderlich gut verkauft wurden, auch einige Club-Tourneen. Wenn ihr in dieser Zeit Vivi Eickelberg nicht immer wieder Mut gemacht hätte, hätte sie ihre künstle-

rischen Ambitionen auf der Bühne wahrscheinlich aufgesteckt.
Vivi kommt von der Promotion-, von der musikverlegerischen
Seite her, aber sie ist – wie auch Freddy Burger, Michel Conrad
und Dieter Weidenfeld – als Managerin den Künstlern, mit denen
sie arbeitet, uneingeschränkt zugewandt. Für viele Liedermacher,
die ich viel eher Songpoeten nennen möchte, darunter Konstantin
Wecker, Klaus Hoffmann und Herman van Veen, ist sie geschäft-
lich die Mutter der Kompanie. Eine kleine Person, aber mit einer
enormen Kraft. Wenn diese Frau etwas vorschlägt und man mit
den Achseln zuckt, kommt sie in Hochform. Dann hat Vivi Eickel-
berg die Fähigkeit, wie meine Hildegard zu reden. Widerspruch ist
da nicht nur überflüssig, sondern er kommt gar nicht erst auf.

Eines Tages nennt Vivi den Namen Ulla Meinecke, und ich
zucke erwartungsgemäß mit der Achsel. »Moment«, sagt sie. »Ulla
hat Platten und Konzerte gemacht, als sie dazu noch nicht reif war.
Aber jetzt hat sie's, jetzt kommt sie. Die nächste Platte wird gut.«
Daß sie nicht gesagt hat: »Hör mal her, sie ist ein verkanntes
Genie... und diese Scheißtypen in den Plattenfirmen und die
Scheiß-Veranstalter...«, sondern einfach: »Die Platte wird gut.«
Damit hatte sie mich. Ich hab' mir daraufhin natürlich die schon
fertigen Stücke angehört, danach sofort eine Tournee in kleinen
Sälen gebucht und eine bescheidene Bühnenproduktion geneh-
migt, die aber phantasievoll angelegt war, und sie hat eine ver-
dammt gute Band.

Als die LP herauskam, bin ich beim Lesen des sperrigen Titels
fast verrückt geworden: »Wenn schon nicht für immer, dann
wenigstens für ewig«. Wer soll denn das kaufen? Und dann hab'
ich das Stück »Die Tänzerin« gehört, das Ulla zusammen mit Edo
Zanki verfaßt hat, und bei dem er am Keyboard wie ein junger
Teddy Wilson swingt. Die Plattenfirma hatte sich geweigert, diesen
Song als Single auszukoppeln, aber die Medien haben es nach
ganz kurzer Zeit erzwungen. Und da hat mein Weltbild wieder
gestimmt. Dieses Album besteht nicht nur aus der »Tänzerin«,
sondern aus neun Liedern. Das ist ein Werk, das ist wie Schuberts
»Winterreise«.

Ich wollte wissen, wie sie mit diesem neuen Programm
ankommt. Beim Premierenkonzert in der Frankfurter Alten Oper
bin ich im Publikum. Die schüchterne, introvertierte, vergrübelte
Ulla Meinecke hat sie plötzlich alle: kleine Mädchen mit ihren
pubertären Problemen, gutaussehende Männer, die aufhören, mit
ihren Backenmuskeln zu spielen, wenn sie die Beziehungskiste
aufmacht, emanzipierte Ladys mit leichtem Oberlippenbart, deren
Gesichtszüge bei manchen Songzeilen weich werden, und Mütter,
die ihren Mann und ihre Kinder für zwei Stunden vergessen, weil

da oben eine singt, was sie oft denken, aber nicht sagen können. Man hat wohl nur Zukunft in diesem Business, denke ich dabei, wenn es einem irgendwie mal sehr weh getan hat. Von Ulla Meineckes LP mit dem sperrigen Titel wurden rund vierhunderttausend Exemplare verkauft.

Je mehr ich, nun fünfundfünzig Jahre alt, über meine eigene Zukunft in diesem Business nachdenke, desto mehr merke ich, daß sich mein Herz zunehmend den deutschsprachigen Künstlern zuneigt. Das bedeutet nicht, daß Lippmann + Rau ihre internationalen Verpflichtungen künftig weniger ernst nehmen werden. Es hat auch nichts mit meiner Bewunderung für Elton John, Neil Diamond, Stevie Wonder oder Deep Purple zu tun. Doch es genügt mir zunehmend weniger, nur das zu präsentieren, was von meinen ausländischen Kollegen nach Deutschland gebracht wird. Das ist gewiß eine schöne Sache. Aber es ist mir noch etwas mehr wert, an der Entwicklung eines Künstlers teilzunehmen, ihn am Markt zu stabilisieren oder mitzuhelfen, daß er nicht abstürzt.

Klaus Hoffmann zum Beispiel habe ich durch Vivi Eickelberg kennengelernt, als er gerade in einer schwierigen persönlichen und künstlerischen Umbruchsphase war. Er hatte wunderbare Filmrollen gespielt, vor allem in Ulrich Plenzdorffs »Die neuen Leiden des jungen W.«, hatte Chansons in der Nachfolge von Jacques Brel gesungen, aber er war es nun leid, immer noch als singender Schauspieler zu gelten. Er quälte sich mit der Entscheidung Sänger oder Schauspieler und entschied sich für Sänger, für Singer/Songwriter. Er war lange Zeit nicht aufgetreten, und wir machten eine Comeback-Tournee. Er hatte zu dieser Zeit noch nicht die richtigen Musiker. Seine Fans erkannten ihren alten Klaus Hoffmann nicht mehr wieder, und der neue hatte sich selber noch nicht richtig gefunden.

Die erste Tournee lief noch einigermaßen, die zweite im Mai 1984 katastrophal schlecht. Wir haben sie einvernehmlich abgebrochen. Und hier zeigt sich, daß Klaus Hoffmann ein Kämpfer ist. Er war – wohl auch nach den guten Erfahrungswerten der Ulla-Meinecke-Tournee – damit einverstanden, das Produktionsvolumen auf die Hälfte zu reduzieren und bei der Fortsetzung der Tournee im November 84 in kleinere Säle zu gehen. Da hat er vielleicht auch sein altes, vor allem aber sein neues Publikum durch eine sehr gerade, unmißverständlich sichere Performance überzeugt. Sein Album »Ciao Bella«, mit dessen Songs er den größten Teil der Tournee bestritt, zeigte deutlich, daß er nun auch als Musiker die richtige Richtung gefunden hatte.

Ich glaube, daß Klaus Hoffmann viel Zukunft vor sich hat. Er ist ein schwieriger Künstler, vor dem ich im Gespräch manchmal

Hemmungen hatte. Bei Udo Lindenberg, ebenfalls hochsensibel, konnte ich immer ungeschminkt reden, ohne befürchten zu müssen, ich störe oder beeinträchtige seine Kreativität. Bei Hoffmann hab' ich mir zeitweise jedes Wort dreimal überlegt. Das muß ich jetzt nicht mehr, weil ich erlebt habe, wie bewundernswert er mit seinem temporären Mißerfolg fertig geworden ist, indem er Argumente gelten ließ.

Wir reden hier ja nicht von erfolglosen Künstlern. Klaus Hoffmann hat 1984 die Hamburger Musikhalle zweimal ausverkauft. Stefan Waggershausen hat sie so schnell ausverkauft, daß wir später ein Wiederholungskonzert ansetzen mußten. Auch Waggershausen ist ein Musiker, der ganz massiv Platten verkauft, bei dessen Tourneeplanung man jedoch Augenmaß für die Größenordnung haben muß. Der richtige Rahmen war für ein gutes Bild schon immer sehr entscheidend. Diese Bereitschaft zu Bescheidenheit in Gesprächen mit Künstlern zu spüren, auf der Gegenseite Vertrauen und Realitätssinn anzutreffen, gibt mir vielfache Erfüllung in meinem Beruf.

Aber ich mache auch immer wieder Fehler. 1982 schickte mir die Firma » Intercord « Platten eines gewissen Herbert Grönemeyer. Der Name war mir als Schauspieler vertraut, besonders aus dem Film » Das Boot «, nicht als Sänger. Ich hörte mir seine Musik an und traf mich mit ihm in Stuttgart. Er hat mich beeindruckt – vor allem auch durch die Mitteilung, daß er hochdotierte Angebote aus Hollywood ablehnte, weil er dort immer nur SS-Offiziere spielen sollte. Wir wurden uns einig, ihn mit eigener Band auf Tournee zu bringen, aber klein anzufangen: » Quartier Latin « in Berlin, » Alabama-Halle « in München.

Auf meinem Terminkalender standen 1983 achthundert Konzerte, und von den Grönemeyer-Auftritten hab' ich keinen einzigen besucht. Aus allen Tourneestädten kamen mir für ihn nur immer wieder Verlustmeldungen auf den Tisch. In Berlin hundert Besucher, in München achtzig. Das ist Veranstalterschicksal. Ein paar Monate später trifft ein Grönemeyer-Brief mit einer Tonband-Cassette ein. » Dies ist meine neue LP. Ich möchte wieder Konzerte geben. « Meine Antwort: » Ich habe dir bei deiner letzten Tournee nicht helfen können. Deshalb glaube ich auch nicht, daß ich dir diesmal weiterhelfen kann. Hab' bitte Verständnis dafür, daß ich die Tournee nicht machen möchte. «

Ich hatte das Tonband noch nicht einmal angehört. Das hätte mir nicht passieren dürfen. Denn mit der LP » Bochum « wurde Herbert Grönemeyer der erfolgreichste deutschsprachige Künstler des Jahres 1984 – auch auf Tournee. Manchmal klickt es einfach nicht beim ersten Mal.

1982 liege ich mal wieder im Hotelbett in irgendeinem Hilton und habe zum Einschlafen den Fernseher an. Ich husche mit der Fernbedienung durch alle Kanäle und bleibe in einem hängen, in dem ein meschuggener Mensch mit melancholischem Blick in einem noch meschuggeneren Film über Selbsttötung spricht. Ich bin hellwach. Das ist thematisch und formal eine für mich unschlagbare Kombination. Der Gedanke an Suizid hat mich seit meiner Jugend begleitet. Und mit meschuggenen Menschen gehe ich permanent um, ich schließe mich dabei ausdrücklich ein. Es kann niemand Künstler sein, wenn er nicht auch ein bißchen crazy ist – und dieser hier ist Künstler. Er heißt Stephan Sulke.

Der Kerl hat mich fasziniert. Wir sind uns dann in München begegnet, haben herrlich zusammen gegessen und anschließend furchtbar herrlich gesoffen – mit Tequila und Tomatensaft, mit Salzschlecken und Zitronenlutschen, bis wir an der Theke runtergerutscht sind und die Getränke fortan dort unten serviert wurden. Wir waren in dieser Nacht ein Herz und eine Seele und sind es dann auch im Konzertsaal geworden.

Ich sehe und höre ihm zu, wann immer ich kann. Denn er ist auf der Bühne jedesmal eine Überraschung wert.

Stephan Sulke ist ein meschuggener, melancholischer Spaßvogel. Ich hoffe, daß ich mit ihm noch sehr lange zusammensein darf.

28. Kapitel: Demokratische Mosaikkultur

1981 ist Frankfurt am Main wieder einmal ein politisch brandhei-ßes Pflaster. Der Rhein-Main-Flughafen, Deutschlands größter Umschlagplatz für Waren und Menschen, soll erweitert werden. Für eine zusätzliche »Startbahn West« soll eine Schneise durch Frankfurts grüne Lunge, den Stadtwald, geschlagen werden. Unzählige Bäume werden abgeholzt. Die Empörung in der Bevöl-kerung ist grenzenlos. Der Antrag auf ein Volksbegehren wird gestellt. Eine Bürgerinitiative sammelt zweihundertsiebenund-dreißigtausend Unterschriften, die dem hessischen Ministerpräsi-denten in Wiesbaden übergeben werden.

Im Büro von Lippmann + Rau erscheint eine Delegation der Initiative: »Helfen Sie uns, Herr Rau, die Bäume zu retten. Hier geschieht eine politische Schweinerei. Hier wird Umwelt zerstört, bloß um der Landesregierung das Wahlkampf-Argument zuzu-spielen, sie habe Arbeitslose von der Straße gebracht. Alle Zukunftsprojektionen von Verkehrswissenschaftlern haben erge-ben, daß die Startbahn West überhaupt nicht notwendig ist, jeden-falls nicht für friedliche Zwecke.«

Fritz sagt zu. Er wird in der Frankfurter Festhalle ein Solida-ritätskonzert gegen die Startbahn West organisieren, bei dem auch Sprecher der Bürgerinitiative zu Wort kommen werden. Udo Lin-denberg wird auftreten, Ulla Meinecke, Johnny Tame und die Rodgau Monotones. Da kommt die Nachricht, der Ministerpräsi-dent habe das Volksbegehren an den Staatsgerichtshof in Kassel verwiesen – mit der Begründung, daß das Thema Flugverkehr keine Länder-, sondern Bundessache sei. Das Volksbegehren hätte also bundesweit durchgeführt werden müssen. Es hat damit keine Chance.

»Dann werden wir eben«, beschließt der Wortführer der Initia-

252

tive, Alexander »Aschuba« Schubert, »dem Flughafen einen Besuch abstatten.« Tausende empörter Frankfurter folgen seinem Aufruf. Sie stürmen aufs Rollfeld. Es kommt zu Gewalttätigkeiten. Eine Frau stirbt an Herzversagen. Über Nacht werden die Protestler von der Presse und den Medien in die Terroristenecke gerückt. Fritz ist mit Peter Alexander auf Tournee. Das Frankfurter Konzert steht unmittelbar bevor, Lippmann + Rau haben zu einem Pressefrühstück eingeladen. Auf dem Tisch liegt die frische Ausgabe von »Bild am Sonntag« mit dem Titel-Aufmacher: Ausschreitungen am Frankfurter Flughafen. Einer der Journalisten haut mit der Hand auf die Zeitung: »Na, Herr Alexander, was halten *Sie* denn von dieser Sauerei?« Der als konservativ bekannte Sänger aus Wien wird plötzlich ganz ernst: »Wissen Sie, am unangenehmsten bin ich davon berührt, daß man klammheimlich Landsleute von mir beiholen will, um diese Bäume so schnell wie möglich niederzumachen, weil die Österreicher so gute Holzfäller sind. Denn diese Bäume gehören nicht uns, sondern unseren Kindern.«

Das Konzert gegen die Startbahn West wird dennoch gestartet, von sämtlichen Frankfurter Tageszeitungen allerdings totgeschwiegen. Auf dem Plakat ist der politische Anlaß unmißverständlich in den Vordergrund gerückt. Die Mitwirkenden, Redner und Künstler, darunter auch das Frankfurter Kurorchester, erscheinen gleichberechtigt nebeneinander in der gleichen Schriftgröße. Zehntausend Karten werden verkauft. Es wird ein gutes Konzert.

Kurze Zeit später gastiert Udo Jürgens in der Stadt. Es war sein Onkel gewesen, Frankfurts Oberbürgermeister Bockelmann, der den Stadtwald einst vor der Zersiedlung gerettet hat, indem er ein totales Bauverbot für dieses wichtige Naherholungsgebiet durchsetzte. Udo hatte, wie übrigens auch Howard Carpendale, bereits zugesagt, an einer Konzertdemonstration in Kassel für das Volksbegehren teilzunehmen. Das hat nach dem negativen Urteil aus Kassel nun keinen Sinn mehr.

Aber Udo hat ein Lied geschrieben »Fünf vor zwölf«. Als er im Frankfurter Konzert mit der Zeile beginnt: »Da ist Beton, wo einst ein Wald war...«, rast das Publikum. Und Fritz hat einmal mehr Gänsehaut. Unvermittelt hat er sich mit seinen Künstlern in eine hochpolitische Auseinandersetzung eingemischt, und er denkt gar nicht daran, sich dieser Herausforderung zu entziehen.

Einmal bin ich gefragt worden: ›Herr Rau, seit wann sind Sie denn ein Grüner?‹ Da hab ich geantwortet: Seit 1954, denn damals begann meine Verweigerung gegenüber dem bundesdeutsch-restaurativen Establishment. Wir hatten schon damals

keine wirkliche Heimat mehr in den etablierten Parteien. 1968
gehörte ich als mittlerweile Achtunddreißigjähriger mit hohem
Einkommen nicht mehr unbedingt in die Reihen des SDS. Aber
ich habe im Frankfurter Club Voltaire viele Jahre nächtelang über
die Revolutionsproblematik diskutiert, habe für Freunde und Mit-
arbeiter Busfahrten nach Bonn organisiert, um bei den Demon-
strationen gegen die Notstandsgesetze dabei zu sein. Es ist ja auch
kein Zufall, daß meine Freundschaft mit Joan Baez 1966 in Frank-
furt bei einem Ostermarsch begann.

Den eigentlichen Anstoß, sich wieder in die politische, die alternative Szene einzumischen, gab ein Erlebnis in Hamburg. Fritz
hatte aus vollem Herzen stets schmunzelnd mit dem Kopf genickt,
wenn Udo Lindenberg von seinen bunten Smarties schwadro-
nierte:»Die Landschaft muß grüner werden, die Politik muß bun-
ter werden, ich kandidiere mit der Panik-Partei für das Amt des
Bundeskanzlers!« Späße natürlich, aber nicht ohne Hintersinn.
Daher ist Udo auch gern bereit, Veranstaltungen der Alternativen
mit seinem *Panik-Orchester* musikalisch zu umrahmen. Und dann
stehen Fritz und Udo in Hamburg vor dem Plakat: ganz groß der
Name Udo Lindenberg, ganz klein die Namen der Redner und der
Veranstalter. Sie versprachen dem Publikum ein ganzes Konzert
und versuchten die Popularität des Künstlers nach einem kurzen
Dreißig-Minuten-Set in ihre Propaganda umzumünzen.

Ich war als Freund und Berater von Udo Lindenberg darüber
entsetzt, auf welch brutale Weise er von den Alternativen verein-
nahmt, unkorrekt angekündigt und auch noch beschissen veran-
staltet wurde. Natürlich hatten alle Parteien in Wahlkämpfen
schon immer Künstler als Zugpferde benutzt. Aber sie zahlten
dafür auch gesalzene Honorare. Die Stars waren luxuriöse Garnie-
rungen von Wahlveranstaltungen, und jeder wußte das. Niemand
hat dabei nach dem Parteibuch des Künstlers oder seiner Überzeu-
gung gefragt. Nun war das anders. Udo neigt ja tatsächlich der
Auffassung der Grünen und Alternativen zu und tritt bei politi-
schen Konzerten grundsätzlich ohne Gage auf. Also mußten wir
darüber nachdenken, wie zu verhindern wäre, daß damit Schind-
luder getrieben wird. Beim Konzert gegen die Startbahn West ist es
uns, glaube ich, zum erstenmal gelungen.

1981 wird Udo Lindenberg zu einem Konzert der Krefelder
Initiative »Künstler für den Frieden« in der Dortmunder Westfalenhalle eingeladen. Harry Belafonte ist mit L + R auf Tournee, soll
und will ebenfalls in Dortmund auftreten. Fritz schafft für beide
Künstler die terminlichen Voraussetzungen und fährt mit. Als er

nachmittags in der Halle eintrifft, tobt neben und hinter der Bühne, auf der der Soundcheck läuft, ein Konkurrenzkrieg von Managern und Agenten um die besten Positionen. Fritz kennt dieses Geschäft zu genau, um sich über das Fehlverhalten von Konkurrenten aufzuregen, aber er ist – ausgesprochen – sauer auf Udo Lindenberg.

Die ganze Auftrittsdiskussion hat mich natürlich gewaltig genervt. Es wurden ja nur hochinteressante Ego-Trips diskutiert. Da schwebt mein Udo ein, sein Köfferchen in der Hand, und verkündet, er habe ein Weiterflug-Ticket nach Hamburg am selben Tag. Er müsse also, Entschuldigung, früher auftreten als von den Veranstaltern vorgesehen worden war. In diesem Augenblick konnte ich meinen Rand nicht mehr halten, obgleich mich die Veranstaltung doch gar nichts anging. Ich hab gesagt: »Also, meine Herrschaften, mir stinkt euer Gerede. Und auch, was du sagst, Udo, ist nicht akzeptabel. Dieses ist ein Tag, an dem man sich frei nimmt.« Das hat auf Udo Lindenberg einen so großen Eindruck gemacht, daß er fortan alle politischen Konzerte auch in seiner Termin- und Reiseplanung sehr ernst nahm.

Das Konzert am Abend empfindet Fritz als Wechselbad. Auf der einen Seite ist er wieder einmal vom Gospel-Virus infiziert. Harry

Der politische Fritz Rau: Pressekonferenz der Grünen Raupe

Belafonte hat eine schwarze Sängerin aus Südafrika namens Letta Mbulu mitgebracht, eine große, starke Frau, die sich ihre vom Apartheid-System gequälte Seele aus dem mächtigen Körper singt: »Da ging mir natürlich ein Schauer nach dem anderen über den Rücken.« Andererseits erlebt er andersartige Schauer. Neben Fritz steht ein Liedermacher, den er schätzt, und dessen Mitgliedschaft bei der DKP er für dessen Privatsache hält: »Der bekam in der Hitze des Konzerts plötzlich einen ganz starren, fanatischen Blick, riß zusammen mit ein paar tausend anderen Leuten in der Westfalenhalle die rechte Faust nach oben und skandierte wie ein Roboter im Chor: In-ter-natio-na-le So-li-da-ri-tät.« Schatten aus der Kindheit kommen da wieder hoch: SA marschiert.

Nach der Show ist Fritz in Harry Belafontes Garderobe, der sich den Schweiß abwischt und über den Verlauf des Konzertes insgesamt sehr glücklich ist. Eine politische Abordnung begehrt Einlaß. Sie hat eine Erklärung vorbereitet, die weit über die Verlautbarung des Krefelder Appells hinausgeht. Statt genereller Abrüstung wird da einseitige Abrüstung von der Nato gefordert – kein Wort über den Warschauer Pakt. Das Papier ist in deutscher Sprache abgefaßt. Belafonte fragt: »Tell me, what do you think?« Fritz antwortet lakonisch: »Bullshit.« Doch Letta Mbulu, der Sprache unkundig und in diesem Überraschungsmoment ohne Ratgeber, hat das dubiose Schriftstück bereits unterzeichnet.

Da hat man also Künstler aufs Kreuz zu legen versucht. Ich hab' getobt. Belafonte unterschreibt nicht, Letta Mbulu zieht ihre Unterschrift zurück. Ich sagte mir: »Okay, Fritz, du bist ein Neuling auf diesem Terrain. Da gibt's Falltüren. Gefahr erkannt, Gefahr gebannt.« In dieser Nacht und in den folgenden Wochen lernte ich die Veranstalter des Friedenskonzerts in Dortmund kennen. Die haben mir dann das Angebot gemacht, im nächsten Jahr, also 1982, bei der Veranstaltung ›Künstler für den Frieden‹ in Bochum mitzuarbeiten.

Es fügt sich gut, daß die Bochumer Stadionverwaltung Lippmann + Rau dringend darum bittet, dort ein Open-Air-Konzert zu veranstalten, nachdem Lippmann + Rau im Dortmunder Westfalenstadion vor über vierzigtausend Besuchern ein gelungenes Konzert mit Simon & Garfunkel durchgeführt hatten. Fritz mietet das Bochumer Stadion für Anfang September und hat hochzufriedene Herren am Telefon. Doch als er mit den Organisatoren des Krefelder Appells in Bochum erscheint, fallen im Stadionbüro Scheuklappen herunter. »Man hat versucht«, erzählt Fritz, »uns idiotische Auflagen zu machen, nach denen wir im Umkreis von – geschätzt – tausend Kilometern jeden Grashalm versichern sollten.« Anfrage des Krefelder Appells bei der Versicherungsgesellschaft »Victoria« in Köln: »Aber ja doch, die Prämie beträgt hundertzehntausend Mark.« Unmöglich!

Fritz kennt den Ausweg. Er hat gerade eine sehr erfolgreiche Tournee mit den *Rolling Stones* absolviert und die Spielorte von Lloyds in London versichern lassen. Keine einzige Mark Schaden. Lloyds übernimmt auch die Versicherungsdeckung für das Bochumer Open-Air gegen eine Prämie von achttausendvierhundert Mark: ein kleiner Unterschied. Doch damit fangen die Probleme erst an. Firmen, die mit dem Bau der Bühne, der Abdeckung des Rasens und anderen technischen Voraussetzungen der Veranstaltung betraut werden, verlangen Vorauskasse, über die der Krefelder Appell nicht verfügt. Fritz ist abermals zur Stelle. Er übernimmt qua Lippmann + Rau finanzielle Bürgschaften in Höhe von einer halben Million Mark.

Die Veranstaltung im Bochumer Stadion soll nicht weniger als fünf Stunden dauern. Fritz hat monatelang über ein Konzept nachgedacht, das er schließlich »Demokratische Mosaikkultur« nennt:

Dabei rückt der Programmplaner plötzlich in eine kreative Position. Im Mittelpunkt steht nun nicht mehr ein Künstler, der mit seiner Entertainerqualität einen ganzen Abend gestaltet, sondern sehr viele Künstler aus durchaus ganz unterschiedlichen stilistischen Ecken werden mit kurzen Beiträgen zu einem musikalischen Mosaik zusammengefügt. Das mag simpel klingen, aber in Wirklichkeit setzt es eine ungeheure Sorgfalt und Sensibilität voraus. Denn dazu kommen bei einer solchen Großveranstaltung mit politischer Zielsetzung ja auch noch die Redner, die sich ebenso wie die Künstler zeitlich einschränken und ins Mosaik einfügen müssen. Das Ziel dabei ist, zehntausende von Menschen derart optimal zu unterhalten, daß sie erstens die politische Grundaussage annehmen, zweitens das disparate Programm als eine Einheit empfinden, und daß ihnen drittens auch in einem übervollen Stadion die fünf Stunden wie im Flug vergehen.

Noch vor keiner seiner Veranstaltungen hat Fritz Rau ein solches Lampenfieber gehabt. Er weiß, daß dieses Mammutprogramm nur gelingen kann, wenn es keinerlei Umbauphasen gibt. Deshalb sind neben der Hauptbühne im Stadion mehrere Bühnen vor dem Stadion errichtet worden, wobei sich Fritz bei seiner ganz privaten Manöverkritik im nachhinein übelnimmt, daß die Hauptbühne und die Nebenbühnen doch entgegen aller Absicht Starpositionen suggerieren und eben nicht jeden Künstler als gleich neben Ggleichen wirken lassen. Da tritt Katja Ebstein auf der

Hauptbühne mit dem Lied »Sag mir, wo die Blumen sind« auf und wird obendrein noch von dem notorischen Schlagerverächter Udo Lindenberg angekündigt. Ein Super-Effekt. »Aber auf diese Hauptbühne«, räumt Fritz ein, »hätten natürlich auch Gitte Haenning, Ina Deter und alle anderen Mitwirkenden gehört.«

Fritz sitzt an diesem Morgen in einem Bochumer Hotelzimmer nahe beim Stadion und ändert fortlaufend die Ablaufpläne. Er ist happy, als sich die Sängerin Ulla Meinecke, der Sänger und Gitarist Achim Reichel von der deutschen Rock-Pioniergruppe *The Rattles* sowie Johnny Tame, Partner von Peter Maffay, bereit erklären, mit Udo Lindenbergs *Panik-Orchester* aufzutreten, »weil das doch, fast wie eine All-Star-Formation der deutschen Rockmusik, ohnehin alles zusammengehört.«

Er leidet darunter, daß ein als egozentrisch verschrieener, ausschließlich auf Promotion bedachter und mit linker Tarnfarbe angestrichener Manager aus Frankfurt wieder mal durchsetzt, daß die von ihm vertretene Band einen konkurrenzlosen Auftritt hat. Er ist äußerst erfreut, daß sich der linientreue rote Hannes Wader und der anarchistische grüne Konstantin Wecker auf der Bühne mit dem gleichen Lied am gleichen Mikrophon treffen – das ist für ihn *Frieden*.

Und dann noch Operninterpreten, eine Folkloregruppe aus Chile, ein Symphonieorchester – ein so großes Aufgebot von Künstlern für den Frieden, daß die Mosaiksteinchen für jeden Auftritt notgedrungen immer kleiner werden. Aber jeder kommt an die Reihe, jeder erhält auch zum Schluß hin noch soviel Zeit, daß er sich für dieses überwältigende Publikum mit seinem ganzen Einsatz zeigen kann. Den Höhepunkt und Abschluß dieses für die deutsche Nachkriegsgeschichte historischen Tages markiert Harry Belafonte mit einer Rede im Geiste Martin Luther Kings. In den Ohren von Fritz klingt's wieder mal wie die Botschaft aus der Gospelkirche: »Und ich verkündige euch von dem Berge... I have been on the mountain top and I have seen the promised land.«

Als Harry Belafonte sich in einem derart emotional überhitzten Moment vor ungefähr hunderttausend Menschen über die riesige Lautsprecher-Anlage des Stadions bei Fritz bedankt, zuckt der zusammen. Was ist jetzt passiert? Welcher Film läuft hier eigentlich ab? Während die Leute davonströmen, bleibt Fritz allein auf der Bühne sitzen, auf der nur noch die Roadies herumrennen, das Equipment abbauen und dem Veranstalter kaum einen Blick gönnen – wie üblich. Fritz Raus Job ist für diesen Tag ja gemacht. Nachdenklich geht er zu Fuß zum nahe gelegenen Hotel und trifft dort den schneidigen General a. D. Gerd Bastian von den Grünen, der ihm mit leuchtenden Augen die Hand schüttelt, ihm zu der Leistung gratuliert.

Das war genau das, was ich in diesem Augenblick nicht gebrauchen konnte. Ich bin in mein Zimmer gegangen, hab' mich eingeschlossen, kein Telefon mehr abgenommen. Ich wollte keinen Menschen mehr sehen und mit niemandem sprechen. Genau wie nach meinem ersten Konzert in Heidelberg 1955 war ich wieder mal der einsamste Mensch der Welt. Einerseits war ich glücklich, daß alles geklappt hat, andererseits total leer vor Erschöpfung. Vor allem aber hab' ich gemerkt, daß in dieser Sache eine Gefahr lag, die ich überhaupt noch nicht überblicken konnte.

Ein Jahr danach werden ihm die Konturen schon klarer: »Künstler für den Frieden 83« zwei Tage lang im Hamburger St. Pauli-Stadion. Fritz und sehr viele Künstler sind bereit, fürs Überleben der Menschheit und gegen einen Atomkrieg wieder mitzumachen, doch ein paar Monate vor der Veranstaltung hat offenbar eine politische Gruppe das Heft bereits fest in der Hand. Künstler aus der DDR sollen nicht auftreten dürfen, auch nicht jene, die irgendwann einmal in der DDR gewohnt haben. Boykott gegen Bettina Wegner, Wolf Biermann und andere.

Fritz läßt sich mit dem Hamburger Organisationsbüro verbinden und brüllt am Telefon: »Seid ihr wahnsinnig geworden? Dann werden auch Harry Belafonte, Joan Baez und Udo Lindenberg nicht kommen!« Auf der anderen Seite der Leitung sagt jemand super-cool: »Dann kommen sie eben nicht.« Irrtum. Fritz setzt sich durch. Wolf Biermann, Harry Belafonte, Joan Baez und Udo Lindenberg treten dann doch noch in Hamburg auf, und Biermann leistet sich öffentlich den Satz: »Die Sowjetunion ist so friedliebend, wie sie sozialistisch ist.«

Diese Affäre hat mir außerordentlich zu denken gegeben. Auch in Bochum, wo zwischen hunderttausend und zweihunderttausend Menschen im Gelände waren und die Künstler ohne Honorar auftraten, wurden angeblich nur knapp die Kosten gedeckt. Ich hab' für Bochum knapp vierzigtausend Mark nackte Kosten unseres Büros nicht abgerechnet, sondern investiert. Das war es mir wert – abgesehen von den Bürgschaften, die mich im Krisenfall eine halbe Million hätten kosten können. Ich war wiedermal arglos, und in Hamburg hatten längst politische Profis mit taktischer Erfahrung die Organisation ›Künstler für den Frieden‹ in ihre Hand gebracht.

Nach dieser Erfahrung bin ich davon überzeugt, daß die Aktion ›Künstler für den Frieden‹ nur möglich ist, wenn die Initiative ganz in der Hand der Künstler bleibt, die ja dabei ihre Haut zu Markte tragen. Für einen Künstler, der in der linken Szene beheimatet ist, ist eine Mitwirkung bei solchen Veranstaltungen völlig selbstverständlich. Er kann dabei nur gewinnen – nämlich Anhänger. Ein bürgerlicher Künstler mit Massenpublikum wie zum Beispiel Peter Maffay hingegen geht das Risiko ein, einen Teil seines Publikums zu verlieren, wenn er sich öffentlich zu seinen politischen Überzeugungen bekennt.

Bei einem Konzert gegen die Stationierung von Atomwaffen im Oktober 1983 ist Peter Maffay neben Konstantin Wecker in Ulm aufgetreten und hat ein sehr beeindruckendes Lied beigesteuert: ›Mein Kind‹. Plötzlich wird etwa vier oder fünf Meter vor der Bühne ein Transparent entrollt: ›Lieber Pershing II als Peter Maffay!‹ Dazu fällt mir nun gar nichts mehr ein.

Auf der anderen Seite gibt es ein nicht minder großes Problem. Das ist die Inflation der Benefizkonzerte. Es geht ja längst nicht mehr nur um den Frieden oder um Atomwaffen. Es geht um Tiere, um Afrika, um behinderte Kinder, Frauenhäuser, Muskelschwund. Und ein Künstler, von dem bekannt ist, daß er sich zu engagieren bereit ist, wird jedesmal angesprochen. Bei einer Künstlerin wie Bettina Wegner geht das bis an die Grenze der Existenzgefährdung, denn sie lebt ja davon, daß sie Eintrittskarten zu ihren Konzerten verkauft und nicht pausenlos nur verschenkt. Da muß man oft nein sagen. Und was mich schockiert, ist der Haß, der einem dann von den Organisatoren entgegenschlägt.

Einmal, bei einem Anruf aus Gießen, habe ich auf Wunsch des eingeladenen Künstlers absagen müssen. Da kommt aus dem Telefonhörer: ›Ihr Schweine wollt ja nur die großen Promotionveranstaltungen machen, aber wir an der Gießener Basis sind für euch uninteressant!‹ Da merke ich, daß hier weder Liebe, noch Zuneigung, noch Respekt für den Künstler besteht, sondern daß er genauso Objekt wird, benützt für einen Zweck, wie es früher die etablierten Parteien getan haben.

Im Jahr 1982 haben die Grünen auf kommunaler und auf Landesebene bereits erstaunliche Erfolge errungen. Nun drängen sie in den Bundestag. Fritz ist innerlich längst bereit, diesen Wahlkampf zu unterstützen. Aber wieder einmal braucht er den unmittelbaren, persönlichen Anlaß. Petra Kelly läßt über eine junge Mitarbeiterin bei Lippmann + Rau anfragen, ob Fritz bereit wäre, beim Wahlkampf organisatorisch zu helfen.

Von Petra Kelly war ich fasziniert. Sie ist für mich eine Jeanne d'Arc der ganzen grünen Bewegung, eine der intelligentesten und sensibelsten Frauen, die ich kenne. Sie hätte wirklich das Zeug,

260

eine Rosa Luxemburg des ökologischen Humanismus zu werden,
wenn sie sich nicht fortwährend nervlich und gesundheitlich über-
fordern würde. Und ich möchte hinzufügen, daß es kaum eine
Frau gibt, die ich mehr bewundere als Rosa Luxemburg. Ich traf
mich mit Petra Kellys Mitarbeiterin, und sie trug mir die Idee der
Grünen Raupe vor, daß man einen Wahl-Zug mietet, der grün auf
der Schiene von Stadt zu Stadt fährt (auch um den Straßenverkehr
zu entlasten), und daß es dann dort Veranstaltungen mit überre-
gional bekannten wie auch mit örtlichen Künstlern gibt.

Die Begeisterung packt ihn. Wo er geht und steht, phantasiert er
über die grüne Raupe: daß dies ein sehr sympathisches Tier sei, das
dem Kohl zuleibe rückt, und dessen Endbestimmung die unendli-
che Schönheit eines Schmetterlings sei, der sich allerdings davor
hüten muß, vom Vogel gepickt zu werden. Dieses Projekt ist ganz
nach seinem Herzen. Da will er sich ganz einbringen, nicht nur
sein Büro, dessen sich die Bewegung wie einer Werbeagentur
bedient: Er wird Mitglied der Grünen Partei.

Er will die Basis kennenlernen, ins Wesen dieser Bewegung
eindringen, und reist mit jeweils einem der Bundesgeschäftsführer
zu allen wichtigen Kreisverbänden, stellt sich vor und stellt Fragen. Jeden Montag verbringt er in Bonn, um mit den Delegierten
der Kreis- und Landesverbände alle Details für die einzelnen
Städte zu besprechen. Die Reiseleitung des Zuges, das ist ihm sehr
schnell klar, ist nicht sein Geschäft. Er wird sich nur um die
Konzerte kümmern – aber mit vollem Engagement – nach dem
Prinzip der Demokratischen Mosaikkultur.

Er schöpft aus dem Vollen, engagiert Künstler der unterschied-
lichsten Couleur: Rock, Folk, Blues, Singegruppen, Tanztheater,
klassische Musik. Natürlich stehen Udo Lindenberg, Konstantin
Wecker, Wolf Biermann auf der Liste, daneben – exakt zur Hälfte –
aber auch ganz unbekannte Größen aus der Provinz, Schauspieler
für Dichterlesungen, grüne Politiker; sie alle mit genau festgeleg-
ten und in der Regel sehr knappen Auftrittszeiten. Elfmal soll diese
Grüne Raupe auf Großstadtbühnen wie dem CCH in Hamburg
oder der Dortmunder Westfalenhalle kriechen. Vom November
1982 bis zur Wahl im März '83 steht Fritz im Dienst dieser Aufgabe
unter Strom. Die Eintrittsgelder – fünfzehn Mark – finanzieren ein
Gutteil des grünen Wahlkampfes.

Bei den Sitzungen im Bonner Büro der Grünen werden Mineralwasser und Tee gereicht. Fritz fummelt nervös nach einer Ziga-
rette. Ein Abgeordneter aus Hessen, bis dahin drei Tage lang
sprachlos, will ihn maßregeln: »Hier wird nicht geraucht.« Fritz
explodiert: »Entweder ich arbeit' jetzt hier weiter oder ich geh'

heim! Daß ich hier rauche, ist gesundheitsschädlich, umweltfeindlich, aber ich brauch' es! Ich will auch kein Mineralwasser, sondern Bier und auch mal einen Schnaps. Ich werde keine Abstimmung über ein Raucherlaubnis für diesen Raum herbeiführen, sondern ich werd' rauchen. Und wenn Sie was dagegen haben, dann gehen Sie raus. Sie haben bis jetzt zu unserer Arbeit nichts beigetragen als Ihr scheißpuritanisches Jakobinertum. Jetzt lecken Sie mich am Arsch!«

Zu einer anderen Sitzung in Bonn hat Fritz seinen Freund Professor Günther Kieser mitgebracht, der in Abstimmung mit dem Komitee der Grünen Raupe Plakatentwürfe entwickeln will. Das Grundkonzept steht, jetzt geht es um graphische Details für die einzelnen Städte. Alle paar Minuten mischt sich ein junger Mann aus Stuttgart ein, bemängelt dieses, nörgelt über jenes. Günther Kieser erklärt geduldig, beginnt immer wieder von vorn, aber Fritz kann seine Wut nur noch mühsam zügeln.

Nach der für sein Gefühl mit zehn Stunden viel zu langen Besprechung fragt er: »Du bist also unser Mann von der Grünen Raupe in Stuttgart?« –»Nee.« – »Dann arbeitest du also dort mit?« – »Nee.« Jetzt kann es Fritz kaum noch aushalten und hebt sehr erheblich die Stimme: »Ja, warum bist du denn dann überhaupt hier?« – »Ich bin die Basis!« Fritz schnappt nach Luft. Aber anstatt wie erwartet zu brüllen, sagt er sehr leise: »Wenn ich dich hier noch ein einziges Mal antreffe, schmeiß' ich dich gewaltfrei und basisdemokratisch durch die Scheiben.«

Elfmal Grüne Raupe. Elfmal Zittern, ob auch alles klappt. Das bedeutet jedesmal wieder Generalstabsarbeit mit dem Risiko, noch in letzter Minute Pannen auszugleichen, umdisponieren zu müssen. Fritz wird von Mal zu Mal sicherer, übermütiger. Er setzt seinen Ehrgeiz darein, Punkt acht Uhr anzufangen, keine Sekunde später: fast schon eine Parodie auf Präzision. Für zwei Konzerte – in Würzburg und Erlangen – ist der österreichische Liedermacher Ludwig Hirsch vorgesehen. Er wird krank. In Würzburg springt die in Franken hochpopuläre Band *Zupfgeigenhansel* ein. Für Erlangen kommt Wolfgang Niedecken, Leadsänger und Poet der Erfolgsgruppe BAP, extra als Ersatzmann aus Köln angereist.

Fritz bittet seinen Sohn Andreas, ihn schnell nach Nürnberg zu fahren, damit er Niedecken vom Flughafen abholen und selbst betreuen kann. Andreas, der schon grün gewählt hat, als sein Vater sein Kreuzchen noch bei der SPD machte, saust gern mal nach Nürnberg, um sich ein eigenes Bild von der Grünen Raupe zu machen. Er ist skeptisch: »Die Grünen sind Chaoten, die können sowas nicht.«

262

Auf der Rückfahrt fällt in der ersten Stunde kein Wort. Fritz und Andreas haben ohnedies Schwierigkeiten, unbefangen miteinander zu reden. Dann bricht Andreas das Schweigen: »Vadder, was ich auf der Herfahrt gesagt hab', stimmt natürlich nicht. Die haben ja faszinierende Redner. Und die Art, wie die Künstler zusammenwirken, ist wirklich beeindruckend... und wie das läuft! Die Grünen können ja wirklich was auf die Beine stellen.«

Am Tag nach der Landtagswahl in Hessen 1984 tritt Fritz Rau – klammheimlich, um dem politischen Gegner keine publizistische Munition zu liefern – aus der Grünen Partei aus. »Ich möchte die Erfahrung nicht missen«, sagt er. »Ich gehe auch nicht mit Vorwürfen davon. Aber ich hab' wieder einmal festgestellt, daß ich ein eher anarchistisches Grundverständnis habe. Daß dieser Fritz, Jahrgang 1930, einfach kein Parteimensch ist.«

29. Kapitel: Hildegards Tod

Es gibt eine Depression, die nur Show-Leute kennen. Nach Wochen intensivster Arbeit an einer Produktion, emotional aufgeknöpft im kreativen Prozeß, offen für jedes Gefühl, Teilnehmer am Erfolg und Mißerfolg Abend für Abend, fällt irgendwann immer der letzte Vorhang. Danach ist kaum Zeit für einen Abschied, schnell wird der Abfall weggeräumt, auch die großen Emotionen. Resteverwertung einer Kurzstrecke der Gefühle. Alle Beteiligten verfrachten sich in Züge, Autos, Flugzeuge und steuern das nächste Ziel an mit denselben, sich wiederholenden Abläufen.

In dieser Situation befindet sich Fritz wieder einmal im Januar 1983. Eine Tournee ist beendet, die nächste steht bevor. Ein Telefonanruf in seinem Büro reißt ihn aus dem depressiven Loch und konfrontiert ihn mit einer brutalen Wirklichkeit, die ganz andere Gesetzmäßigkeiten hat. Hildegard ist in ihrer Boutique zusammengebrochen und auf dem Weg in eine Klinik. Als Fritz im Krankenhaus ankommt, liegt sie bereits auf der Intensivstation. Erste Diagnose: wahrscheinlich Herzinfarkt, mehr weiß man zu diesem Zeitpunkt noch nicht.

Andreas und Saskia sind schon da. Für zehn Minuten darf die Familie ans Bett der Mutter. Sie ist ohne Bewußtsein. Etwas hilflos stehen alle um das weißbezogene Bett, starren auf die Schläuche und Apparaturen, auf das bleiche Gesicht der Frau, die ihnen im Moment keine Auskunft geben kann. Fritz und die Kinder nehmen sich in den Arm und verteilen so ihre Angst. Hildegard wird gerettet, doch sie muß weiterhin im Krankenhaus bleiben. Die Ursache ihres Zusammenbruchs ist nicht geklärt.

Bis März bleibt sie in der Klinik in Bad Homburg. Fritz versucht so oft wie möglich am Krankenbett zu sein, doch gleichzeitig ist er auch mit Udo Lindenberg und der aufwendig produzierten »Odys-

264

Hildegard und Fritz: Das letzte gemeinsame Foto

see«-Tournee unterwegs, und so wird er in dieser schlimmen Zeit zum Pendler zwischen zwei Welten. Die des schönen Scheins muß er so gut wie möglich über die Bühne bringen, die andere verurteilt ihn zur Hilflosigkeit. Hier kann er nur warten und hoffen, daß die medizinischen Experten das Richtige tun. Aber er kommt dabei seinen Kindern wieder näher. Nach langer Zeit spüren alle, daß sie doch noch eine Familie sind.

Auch die wirklichen Freunde geben sich zu erkennen. Udo Lindenberg sitzt nächtelang in seinem Hotelzimmer und zeichnet für Hildegard ein Tagebuch, in dem alle Gestalten aus seiner Show vorkommen: die dicke Tingeltangelfrau Elli Pyrelli als Trostspenderin, der kleine Felix, die Pustefix-Bläser von Peter Herbolzheimer und Udo selbst: Die ganze Panikfamilie soll Hildegard zum Lachen bringen.

Udo hatte ein ganz besonderes Verhältnis zu meiner Frau. Obwohl er wußte, daß zeitweise eine ganz andere Frau in meinem Leben eine Rolle spielte, liebte er Hildegard auf brüderlich-schwesterliche Weise. Er ist auch mit mir nach Bad Homburg ins Krankenhaus gefahren – für einen Langschläfer wie ihn, der nie vor zwei Uhr mittags aus den Federn kommt und dafür ausnahmsweise ganz früh morgens aufstehen mußte, eine starke Leistung.

Ende März wird Hildegard zur Herzdiagnose in die Kerkhoff-Klinik nach Bad Nauheim gebracht, Ende April in der Universitätsklinik Gießen operiert. Erst auf dem OP-Tisch stellen die Ärzte fest, daß der innere Herzmuskel zerstört ist. Diese Erkenntnis kommt einem Todesurteil gleich: inoperabel. Hildegard weiß nicht, daß ihr der Professor nur noch eine Woche Überlebenschance gibt. Als sie aus der Narkose aufwacht, will sie nach Hause. Fritz bespricht sich mit den Ärzten, und die sind dafür, Hildegard zu entlassen. Sie wissen, daß Sterben im Familienkreis humaner sein kann als auf einer versachlichten Krankenhausstation. Fritz besorgt eine Tages- und Nachtpflege und telefoniert in der ganzen Welt herum, wie und wo man ein optimales Krankenbett bekommt. Schließlich erfährt er, daß es so eins in Amerika gibt. Joan Baez, auch eine treue Freundin in dieser Zeit, besorgt es: ein Luftkissenbett für schwerverletzte Brandopfer, die sonst kaum liegen könnten.

Dieses Bett wird in den Reihenbungalow nach Oberursel transportiert, das ehemalige Elternschlafzimmer wird zum Krankenlager. Andreas ist neben dem engagierten Pflegepersonal Tag und Nacht bei der Mutter. Saskia, die inzwischen Architektur studiert, kommt so oft es geht von Hannover herüber. Fritz versucht jeden Tag da zu sein. Nachbarn und Freunde kommen ebenfalls, um zu helfen.

Über den Tod wird nicht gesprochen. Nur einmal, ganz am Anfang, sagt Hildegard: »Wenn ich irgendwann mal sterbe, habe ich nur zwei Wünsche, Fritz. Ich möchte verbrannt werden, und du sollst wieder in das Haus einziehen.« Fritz verspricht ihr beides. Aber er denkt nicht wirklich darüber nach. Nachdem die erste Woche vorüber und Hildegard noch lebendig ist, versuchen ihr alle nur Lebensfreude zu vermitteln. Die schwerkranke Frau scheint sich neue Energien aus einem verborgenen Tank ihrer kräftigen Seele zu holen.

Andreas steht kurz vor seinem Examen als Ingenieur. Täglich schreibt er am Bett seiner Mutter die Diplomarbeit. Hildegard ist endlich wieder das Herzstück der ganzen Familie. Nach den vielen Jahren, wo sich alles um Fritz und so wenig um sie gedreht hat, genießt sie diese neue Form der Wiedervereinigung. So absurd es klingt: Im Sterben der Hildegard ist noch eine ganze Menge Leben. Sogar Zukunftspläne werden geschmiedet. Freunde haben an der Côte d'Azur ein wunderschönes Landhaus. Hildegard läßt sich Fotos davon vergrößern und klebt aus mehreren Bildern ein Panorama zusammen, das sie sich am Bett aufhängt. Sie bespricht mit Fritz und den Kindern, im September dorthin zu fahren und zusammen Urlaub zu machen.

Alle gehen darauf ein, Andreas besorgt sogar schon einen VW-Bus, nimmt die Maße des Bettes und überlegt, wie man es in den

Bus einbauen kann, damit die Reise nicht zu anstrengend wird. Keiner will wirklich wahrhaben, was doch nur allzu deutlich sichtbar wird. Hildegard wiegt immer weniger, zum Schluß nur noch vierunddreißig Kilo. Trotzdem sagt der Arzt, der sich die ganze Zeit um sie kümmert: »Fahrt mit ihr an die Côte d'Azur, wenn sie will.«

Einmal wöchentlich kommt der Mann zu Besuch, mit dem Hildegard über längere Zeit ein Verhältnis hatte. Eines Abends sagt sie zu ihm: »Bitte komm nicht mehr, mein Mann ist wieder zu mir zurückgekehrt.« Als Fritz dies hört, wird ihm schlagartig klar, daß Hildegard sein Hiersein tatsächlich ganz anders interpretiert als er. Es erschreckt ihn. Denn er ist nicht wirklich zurückgekommen. Er ist wieder nur in der Position, in der er sich in den letzten Jahren immer gesehen hat: ein Versorger der Familie, der soziale Treue praktiziert.

Nicht einmal in dieser Zeit wird ihm klar, daß die Bindung an seine Frau weit über sexuelle oder familiäre Treue hinausgeht, daß sie längst unauflösbar geworden ist. Er glaubt allen Ernstes, daß er nur seine Pflicht tut, wenn er in die umliegenden Lokale rennt, sich Speisekarten geben läßt und sie Hildegard vorlegt, um ihren Appetit anzuregen. Wenn er dann indische, chinesische, italienische Speisen nach Hause bringt, sie vor Hildegard aufbaut, glaubt er immer noch, nur aus Nächstenliebe zu handeln.

Erst sehr viel später ist ihm wohl klar geworden, daß es nur eine andere, sublimere Form der Liebe war, die er immer, trotz allem, für Hildegard empfunden hat – vom ersten Tag ihres Kennenlernens an. Das erste Mal hätte er stutzig werden müssen, als er sie 1979 offenbar endgültig verlassen hatte und plötzlich auch keine Lust mehr verspürte, zu anderen Frauen zu gehen; das zweite Mal, als er es trotz seiner Verliebtheit in Gabi nicht schaffte, ein Leben mit ihr aufzubauen.

Doch darüber kann und will er angesichts dieses todkranken Menschen nicht nachdenken. Er drückt sich vor solchen Gesprächen, hat Angst davor. Statt dessen entwickelt er eine ungeheure Betriebsamkeit. Nana Mouskouri kommt ins Haus, verbringt viele Stunden mit der kranken Frau. Joan Baez kommt angeflogen, und als sie wieder in Amerika ist, schickt sie Tonbänder, auf denen sie mit Hildegard spricht, als würde sie direkt neben ihr sitzen. Udo Lindenberg produziert im Konzertsaal in Wiesbaden ein Video mit all seinen Gauklern und Musikern von der Tourneetruppe, und alle rufen Hildegard zu: »Hallo, wir vermissen dich so. Wir sind bei dir!«

Zu Hause in Oberursel baut Fritz einen Videorecorder vor Hildegards Bett auf, läßt den Film ablaufen und ist glücklich über die

Freude, die Hildegard dabei empfindet: »Ich glaube, Udo hat damals schon viel besser als ich gewußt, wie stark mein Gefühl für Hildegard wirklich ist. Er hat das dokumentiert und gezeigt, indem er einfach sein eigenes Gefühl für sie aufrechterhalten hat.« Auch die Kinder spüren, daß sich ihr Vaterbild ändert. Er, der nie Zeit für sie hatte, ist plötzlich da, läßt seine Familie eben nicht im Stich, wenn es wirklich darauf ankommt.

Im Oktober 1983 erlebt Hildegard noch einen besonderen Tag. Andreas hat, trotz aller Schwierigkeiten, sein Examen mit Prädikat bestanden. Er ist jetzt Diplomingenieur. Fritz arrangiert ein Familienfest. Es gibt Kaviar, Champagner, und die Kerzen brennen. Hildegard hat kaum noch Kraft, davon zu essen und zu trinken, ihre Kraft reicht gerade noch für die Freude. Kein Arzt kann sich mehr erklären, woher sie noch ihren Überlebenswillen nimmt.

Vom Bett aus dirigiert sie das gesamte Haus. Im November spricht sie davon, eine große Adventsparty zu geben. Sie stellt eine Gästeliste zusammen. Alle sind verzeichnet, die in ihrem Leben jetzt noch eine Bedeutung haben, denen sie sich verbunden fühlt. Es stehen knapp vierzig Namen darauf. Im Wohnzimmer soll ein großes Büffet aufgebaut werden, und stolz erzählt sie allen Besuchern: »Mein Fritz wird der Master of Ceremonies sein.« Einzeln sollen die Freunde dann in ihr Zimmer kommen. Sie weiß, daß es das letzte Gespräch mit ihnen sein wird.

Nach ihrem Tode findet Andreas eine Eintragung in ihrem Notizbuch: »Ich weiß, daß ich sterben muß, aber Fritz und die Kinder sollen es nicht wissen.« So leben alle mit der Lüge der Barmherzigkeit. Jeder tut so, als ob sie noch ewig leben wird. Also trifft Fritz Vorbereitungen für das Adventsfest.

Am Montag, dem 1. Dezember, ist Hildegard allein in ihrem Zimmer. Sie will aufstehen, doch dabei stürzt die nur noch knapp über dreißig Kilo wiegende Frau und fällt zu Boden. Als die Pflegerin etwas später ins Zimmer tritt, ist sie bereits tot. Unter ihrem Bett findet die Familie mehr als vierzig eingepackte Weihnachtsgeschenke – für Freunde, Verwandte und für Fritz und die Kinder.

In der »Bild«-Zeitung wird ihr Tod vermeldet und die Frage gestellt, ob wohl Mick Jagger, David Bowie und Udo Lindenberg zur Beerdigung kommen. Wütend verlegt Fritz die Trauerfeier um zwei Stunden vor. Er erfüllt Hildegards Wunsch, verbrannt zu werden, und kauft eine Familiengrabstelle mit zwei Plätzen.

Eine Gospel-Gruppe, die *Jackson-Singers,* singt bei der Totenfeier Spirituals. Dann läßt Fritz ein Tonband ablaufen, das er während eines Konzerts von Joan Baez auf der Loreley aufgenommen hat. Joan sagt darauf vor neunzehntausend Menschen: »Now I am going to sing a song for my dear friend Hildegard Rau, who can not be here today, because she's very ill.« Danach klingt der hohe Sopran der amerikanischen Friedensbotschafterin über die Köpfe der Trauergäste hinweg: »Ave Maria!« Hildegard Rau hat endlich ihren Frieden gefunden.

30. Kapitel: Reise in die Kindheit

Es ist kalt in diesen Märztagen 1985. Fritz hat einen grauen Alpakamantel an, das letzte Weihnachtsgeschenk von Hildegard. Es lag wochenlang unter ihrem Sterbebett, bis zu ihrem Tod. Nun ist es seine schützende Haut. Grau ist seine Lieblingsfarbe. Sie ist unauffällig und anpassungsfähig – so, wie er sich oft fühlt, auch wenn er selten so ist.

Er hat einen Stock in der rechten Hand, fährt damit an einem Zaun entlang, tak, tak tak. Seine Füße nehmen den Rhythmus auf, das linke Bein auf der Straße, das rechte auf dem Bordstein: hoch, runter, hoch, runter. Es ist fast wie früher, als er ein kleiner Junge war, und nach der Schule genauso zurück zur wartenden Marie schlenzte. Die Dorfstraße hat sich kaum verändert. Doch er ist nun ein berühmter Mann, fünfundfünfzig Jahre alt, außen etwas verwittert von dreißig Jahren Showgeschäft, aber innen noch viel zu jung für ein solches Alter.

In einiger Entfernung vor ihm gehen Horst Lippmann und ein Fernsehteam des Süddeutschen Rundfunks. Sie betreiben Spurensuche für einen Film über Fritz. Er war lange nicht mehr in Ittersbach. Eigentlich will er auch jetzt nicht hier sein. Er ist keiner von denen, die freiwillig zurückgehen. Er ist vielmehr einer, der ständig nach vorne taumelt und dabei lieber über das Ziel hinausschießt, als sich an der Vergangenheit festzuhalten. Als sie vor dem Elternhaus stehen, sieht ihn Horst besorgt von der Seite an. Doch Fritz bleibt kühl. Er empfindet nichts mehr. Die Wunde ist vollständig vernarbt. Da tut nichts mehr weh. Auch als die Bilder von der Vertreibung aus dem Paradies wieder in seinen Kopf kommen, rührt sich nichts. Es ist nur ein alter Film, chamois matt:

1940. Viele Bauern, Nachbarn, haben sich im Haus des Dorfschmieds und Bürgermeisters versammelt. Der Vormund des zehnjährigen Fritz hat eine Auktion anberaumt. Das Mobiliar soll versteigert werden, alle bewegliche Habe. Sogar die Katze des Jungen steht zur Disposition. Fritz versteht die Szene nicht. In kurzen Hosen, nur mit einem Unterhemd bekleidet, steht er barfuß zwischen den Leuten und hört nur, wie sie alle aufgeregt durcheinander reden. Einer tut sich besonders hervor, der neue Hausbesitzer. Er ist der Schwager des Vormunds.

Als Fritz einen Nachbarn fragt, warum diesem Mann die Hand geschüttelt wird, und was das alles bedeuten soll, sieht der ihn mitleidig an: »Aber Fritzle, deine Eltern sind doch tot, und du gehst zum Walter Rau nach Berlin, und das wird jetzt alles verkauft, weil sich sonst doch niemand darum kümmert, verstehst du?« Fritz nickt, aber er hat noch immer nicht verstanden. Er sieht nur, wie sich plötzlich alle Leute auf Kannen, Teller, Messer, Vasen, Bücher und Tischwäsche stürzen. Einen sieht er, der sogar seine Oberhemden in einem Sack verstaut und damit weggeht.

Am nächsten Morgen kommt Walters Schwester Charlotte, um Fritz nach Berlin abzuholen. Da hat er nicht mal mehr ein Hemd zum Anziehen. Das letzte, was er noch wahrnimmt, als sie vom Hof weggehen, ist seine kleine Katze. Sie liegt auf dem Misthaufen, tot. Es hat sich wohl niemand gefunden, der sie noch gebrauchen kann.

Während Horst Lippmann, das Fernsehteam und Fritz an der Ittersbacher Schule vorbei den Friedhof aufsuchen, sieht Fritz ein paar Dorfbewohnern genauer ins Gesicht: »Ob wohl einer von ihnen aus meiner alten Kindertasse getrunken oder von meinem Teller gegessen hat?« denkt er – frei nach den Brüdern Grimm. Auf dem Friedhof kann das Team die Grabstelle der Marie und des August Rau nicht mehr finden. Sie ist eingeebnet worden. Niemand hat sich darum gekümmert, auch Fritz nicht. Mittags essen sie bei einem weitläufigen Verwandten im Gasthaus »Zum Rössle« Spätzle und Rostbraten. Der Aufenthalt in Ittersbach dauert drei Stunden. Der einzige greifbare Hinweis auf Fritz Raus Familiengeschichte ist ein in Stein gemeißeltes Schild am »Gasthaus zur Krone«. – »Erbaut von Wilhelm Rau« steht darauf. Das war der Großvater von Fritz.

Dann fahren sie nach Ettlingen. In seiner alten Schule werden ein paar TV-Szenen mit ihm gedreht. Die Schule erinnert noch immer an ein Gefängnis, genau wie damals. Jetzt ist eine Zulassungsstelle für Kraftfahrzeuge darin und die Volkshochschule. »Deine alte Schule sieht ja aus wie ein Kerker«, sagt einer aus dem Fernsehteam. »Vielleicht für dich«, sagt Fritz. »Für mich ist sie ein Traumpalast.«

Am gleichen Tag erreichen sie Heidelberg. Auch die Universität weckt keine großen Gefühle, nicht mal das »Cave«, in dem sie eine Stunde verbringen. Dort hat sich einiges verändert. Das »Cave« ist mondän geworden. Statt Live-Musik dudeln nun Schallplatten: moderner Disco-Sound, schwarze Funk-Rhythmen. Fritz sitzt an der alten Theke und kippt sich Mineralwasser rein. Es ist niemand mehr da, den er kennt. Um die Ecke vom »Cave«, gegenüber der Heiliggeistkirche, liegt das romantische alte Hotel »Zum Ritter«. Als Student hat er oft davon geträumt, hier mal eine Nacht zu verbringen. Nun, wo er es sich leisten kann, macht es keinen rechten Spaß mehr. In der Nacht spricht er dem Team Tonbänder voll. Er redet über die Vergangenheit. Es sind Worte, mit denen er die alten Tage noch einmal heraufbeschwört. Aber die alten Gefühle stellen sich dabei nicht mehr ein. Es ist, als ob er über das Leben eines anderen Menschen spreche, fast unbeteiligt.

Am nächsten Morgen stehen alle relativ früh auf. Fritz steigt zu Horst Lippmann in den Wagen. Die andern folgen ihnen. Sie fahren nach Neustadt an der Weinstraße. Als sie in die Stadt einbiegen, ist Fritz zum erstenmal ängstlich erregt. Als sie dann vor dem Mietshaus anhalten und Fritz die Häuserwand hinaufschaut, bis er die Fenster im Blick hat, hinter denen er, Hildegard und die Kinder sechs Jahre ihres Lebens verbracht haben, erwischt es ihn total:

Da wurde mir heiß und kalt. Ich fing an zu zittern, hatte einen Fieberanfall, verlor meine Sprache, und die Tränen schossen mir in die Augen. In diesem Moment wußte ich, daß ich dort die glücklichste Zeit meines Lebens verbracht habe. Ich hab' es ja vorher nie wahrhaben wollen, aber da war Heimat. Zum zweiten Mal, nach Ittersbach, habe ich sie verloren. Das erste Mal wurde ich grausam daraus vertrieben, das zweite Mal hab' ich mich selbst daraus verjagt.

Als sie zum Bahnhof fahren, wird es noch schlimmer. Die Erinnerungsbilder drücken ihm fast schmerzhaft die Atemluft ab. Er sieht sich viele Male, wie er von seinen Reisen nach Hause kommt, Hildegard ihn abholt oder er selbst mit dem Fahrrad die Strecke bis zur kleinen Wohnung fährt. Er fühlt noch einmal die Geborgenheit in seiner Familie, sieht die Kinder vor sich, die mit ihm spielen, ihm Fragen stellen. Da spürt er die Einsamkeit, zwei Jahre nach Hildegards Tod, so deutlich, daß er es kaum aushalten kann.

Auf einmal wußte ich, daß ich die besten Perioden meines Lebens schon hinter mir habe. Die ersten zehn Jahre eine beschützte Kindheit in Ittersbach von 1930 bis 1940, die nächsten fünf Jahre von 1945 bis 1950 in Ettlingen und Busenbach, in denen

Lippmann und Rau 1985

ich die Lust des Lernens ausleben konnte, schließlich die sechs
Jahre von 1958 bis 1964, in denen meine Frau und die Kinder das
Sicherheitsnetz waren, in das ich mich voller Vertrauen hineinfal-
len lassen konnte, wenn ich mir mal an der Sonne die Flügel
verbrannt hatte.

Das Jahr 1985 ist für den Privatmann Fritz Rau ein Jahr der
Reflexion. Dreißig Jahre Show Business können zuviel oder zuwe-
nig sein. Seit knapp einem Jahr ist er Diabetiker. Seitdem hat er
mehr als zwanzig Pfund Gewicht verloren. Er darf vieles nicht
mehr essen, kaum Alkohol trinken und soll nicht rauchen. Für
einen barocken, sinnlichen Mann bedeutet das einen Verlust, den
er nur schwer kompensieren kann. Für einen wie ihn, der so gern
über Grenzen geht, markieren plötzlich Warnlampen den Weg, die
unbarmherzig aufleuchten, wenn er über die Stränge schlägt.

Seine Kinder sind erwachsen. Andreas ist durch eigene Kraft
endlich da, wo er hinwollte: als Diplomingenieur in der For-
schungsabteilung der Bayerischen Motorenwerke in München. Er
hat sich seinen eigenen Weg gesucht, abgenabelt vom starken
Vater. Und Saskia ist verheiratet. Im Oktober 1984 hat sie ihren
Polterabend gefeiert – im Frankfurter »Hard Rock Café«. Spät in
der Nacht, als schon alle Gäste gegangen waren, hat Fritz sich mit
ihr in eine Ecke gesetzt und ihr ein Lied vorgesungen, das er sich,

273

als sie zwei war, während eines Italien-Urlaubs nach einer italienischen Volkslied-Melodie für sie ausgedacht hatte:

Cara mia,
bisch mei' Nussel,
krigsch vom Papa jetzt e Kussel.
Cara mia,
bisch mei' Schatz,
krigsch vom Papa einen Schmatz.
Bisch mei' Engel,
Cara mia,
so was Liebes
war noch nie da.

Fritz Rau, der Impresario, sieht in 1985 in erster Linie sein Jubiläumsjahr. Am 2. Dezember vor drei Jahrzehnten hat er in der Heidelberger Stadthalle sein erstes Konzert veranstaltet. Albert Mangelsdorff und die Frankfurter Musiker hatten da gespielt, die als erste über die Stilgrenzen zwischen altem und modernem Jazz hinwegspielten: *crossover,* wie es heute im Musikjargon heißt. Er will sein Jubiläum an derselben Stelle mit einem Konzert begehen, in dem wieder Albert Mangelsdorff mit einer Band spielt, die heute die Stilschranken zwischen Jazz und Rock demonstrativ durchbricht, dem *United Jazz and Rock Ensemble.* Schon zu Jahresanfang hat er die Halle gebucht. Außerdem wird im Notizbuch von Fritz ein Name dick rot unterstrichen: Bruce Springsteen. Bruce hat im Vorjahr in Amerikas Mammutstadien mit einem Viereinhalb-Stunden-Programm wie verrückt abgeräumt. Er will wieder nach Europa und wünscht sich als deutschen Veranstalter natürlich seinen Freund Fritz.

Zwischen New York und Bad Homburg ticken die Fernschreiber. Die Verhandlungen für Bruce laufen über eine New Yorker Agentur. Fritz steigt in den Kampfanzug, denn schon nach dem ersten Fernschreiben wird klar, daß der Agent nur eines im Kopf hat: soviel Geld, wie gerade noch herauszuholen ist: »Der Veranstalter muß uns ausverkaufte Fußballstadien garantieren und ein ›Open-Air‹ im Münchner Olympiastadion an einem Dienstag im Juni.«

Fritz schnaubt: »Kommt überhaupt nicht in Frage. Kein Künstler mobilisiert an einem Dienstag dreiundsiebzigtausend Leute.«

Aus New York kommt die Antwort: »Bruce kann es.«

Fritz wütend zurück: »Glauben Sie, daß die Leute mitten in der Woche ihren Arbeitsplatz verlassen und sich der Gefahr aussetzen, ihn dadurch zu verlieren?«

Antwort aus New York: »Ja, bei Bruce Springsteen glauben wir das.«

274

»Nein«, tobt Fritz in Bad Homburg. »Das ist verantwortungslos, ein solches Open-Air mache ich nur an einem Wochenende.«

Der Agent bleibt stur, und Fritz schickt ihm sein definitives Telex: »I'm not going to promote Bruce Springsteen under those circumstances. It's hard to loose Springsteen as a promoter, but it's everything to loose self respect.«

Eintrittskarten und Plakate für die Springsteen-Tournee 1985 sind bereits vorbereitet. Fritz übergibt sie einem Konkurrenten, läßt die Werbung sogar weiterlaufen. Das Konzert in München findet tatsächlich, wie gefordert, an einem Dienstag statt. Von dreiundsiebzigtausend Plätzen im Olympiastadion bleiben sechsunddreißigtausend leer. Für Fritz ist das kein Anlaß zum Triumph. »Das hat Springsteen nicht verdient«, sagt er traurig, »denn er ist der Beste.«

Es ist das zweite Mal, daß Fritz eine Tournee als erfolgreich bezeichnen kann, weil er sie *nicht* gemacht hat. Aber ebenso wie bei Sinatra hat er kein Geld verloren, sondern nur eine Enttäuschung hinzugewonnen. Künstler wie Bruce, von denen man so überzeugt ist, aus der Hand geben zu müssen, weil man sonst seine Selbstachtung verlieren würde, tut weh.

Trotzdem ist Fritz wieder der erfolgreichste deutsche Veranstalter des Jahres. Mit der wiedervereinigten Gruppe *Deep Purple* wird noch einmal das alte Woodstock-Feeling belebt: In Mannheim und Nürnberg feiern hundertzehntausend Menschen ihre Sommer-Rockfestivals. Fritz' Freude darüber hält sich in Grenzen. Manchmal ist er der Strapazen müde, der Ängste, ob das Wetter und die Stars halten, was der Veranstalter dem Publikum verspricht. Manchmal denkt er: »Open-Air ist das Ende der Fahnenstange. Das ist Rummel, Oktoberfest, Karneval.«

Manchmal ist er müde, wenn er nach Mitternacht oder erst gegen Morgen heimkommt. Irgendwo in seiner Wohnung liegt ein Brief, den er noch nie gelesen hat: Sechsunddreißig Jahre lang hat er ihn nicht geöffnet. Zwei Tage vor ihrem Tod hat ihn die Marie geschrieben, seine Mutter. In dem Brief steht, wer sein wirklicher Vater ist. Fritz wollte dieses Geheimnis nie lüften. Auch jetzt ist er noch nicht dazu bereit. Die Legende, die er sich zurechtgelegt hat über den Mann, der ihn zeugte, hat für ihn ihre eigene Wahrheit. Der Vater, so denkt sich Fritz, könnte durchaus ein Gaukler gewesen sein, ein durchreisender Komödiant, der mit einem kleinen Zirkus oder einer Tingeltangeltruppe einmal durch seine badische Heimat gezogen ist. Jedenfalls ist er der Joker in Fritz Raus Lebensspiel, mit dem die Hexe nicht rechnen konnte, weil sie dieses Geheimnis nicht kannte.

Der blitzartige Zweikampf zwischen der Hexe und der Marie

über dem Kinderwagen auf dem Hof eines Dorfhauses in Ittersbach im Jahr 1930 ist auch fünfundfünfzig Jahre später noch nicht
entschieden. Ja, der Fritz ist unter die besseren Leute aufgestiegen,
wie es die Marie gewollt hat. Ja, der Fritz ist Buchhalter geworden,
wie es dem Fluch der Hexe entspricht, ein Buchhalter der Träume.
Aber zugleich, vielleicht dank des Vaters, ist er auch selber der
Träumer.

Nachwort

Dieses Buch entstand aus Tonbandprotokollen, die von Oktober 1984 bis März 1985 aufgenommen wurden. Sie geben meinen Bewußtseinsstand vom Ende des Jahres wieder. Es gibt vierundfünfzig Stunden Tonbandmaterial, die auf eintausendvierhundert Schreibmaschinenseiten niedergelegt wurden.

Mit den Autoren bin ich seit Jahren befreundet. Siegfried Schmidt-Joos war in den späten fünfziger Jahren mit mir Tourneeleiter im Konzertreferat Inland der Deutschen Jazz Föderation. Er kennt, wie ganz wenige, meine Arbeit als Konzertveranstalter. Die Gespräche mit ihm und Kathrin Brigl kamen psychoanalytischen Sitzungen gleich. Die Autoren haben durch ständiges Fragen unerwartete Erinnerungen in mir wachgerufen. Mitte Dezember 1984 kam es zur Krise. Ich konnte nicht mehr, und wir mußten für nahezu vier Wochen die Arbeit unterbrechen.

Ich danke den Autoren für ihre selbstlose Hingabe an diese Aufgabe und für ihre großen Mühen, die sie auf sich genommen haben. Ich bin sicher, daß die Niederschrift dieses Buches ihnen einen der härtesten Sommer ihres Lebens beschert hat.

Für mich ist dieses Buch notwendigerweise inhaltlich unvollständig. Es bringt Streiflichter aus meinem Leben. Die Begegnungen sind exemplarisch. Viele Künstler und andere Menschen, mit denen ich zu tun hatte, werden nicht oder nur viel zu kurz erwähnt. Bei Konstantin Wecker beispielsweise hilft mir die Gewißheit, daß unsere Begegnung weit in die Zukunft reichen wird. Ich halte ihn für einen der wichtigsten Künstler, denen ich begegnen durfte. Ähnlich geht es mir mit meinem schweizerischen Freund Freddy Burger und seinem Mitarbeiter Mucki Stammler. Mit ihnen möchte ich in den kommenden Jahren sehr viel mehr arbeiten.

277

Meine Gedanken zur Kulturpolitik und zur Situation unserer Branche sind subjektiv, damit natürlich einseitig formuliert und nur fragmentarisch. Sie sollen Anregungen zum Nachdenken sein. Sie sollen Diskussionen ermöglichen, denen ich mich sehr gern stelle.

Über meine berufliche Zukunft bin ich mir überhaupt nicht im klaren. Dreißig Jahre härtester Arbeit könnten genug sein. Doch: »Genug ist nicht genug« sagt Konstantin Wecker.

Ich möchte meine Erfahrungen weitergeben, meine Gedanken vermitteln. Dieses Buch ist für mich wichtiger Schritt auf diesem Weg.

Lippmann + Rau Tourneen ab 1962

1962 American Folk Blues
Festival
John Coltrane Quartet
(N. Granz)
Horace Silver & Gerry
Mulligan (N. G.)

1963 American Folk Blues
Festival
Sonny Rollins Trio
(N. G.)
John Coltrane Group
(N. G.)
Duke Ellington
Orchestra (N. G.)
Ella Fitzgerald & Oscar
Peterson (N. G.)

1964 American Folk Blues
Festival
Duke Ellington
Orchestra (N. G.)
Ella Fitzgerald & Oscar
Peterson (N. G.)
Gerry Mulligan Concert
Jazz Band (N. G.)

1965 American Folk Blues
Festival

Spiritual + Gospel
Festival
Five Blind Boys of
Mississippi
Festival Flamenco
Gitano
Albert Mangelsdorff &
Attila Zoller
Count Basie Orchestra
(N. G.)
Oscar Peterson Trio
(N. G.)
Dizzy Gillespie &
Jimmy Smith (N. G.)

1966 American Folk Blues
Festival
Spiritual + Gospel
Festival
Festival Flamenco
Gitano
Festival of American
Country Music
Festival Bossa Nova do
Brasil
Festival Chanson Paris
Zagreb Jazz Quartet
New Orleans All Stars
Dusko Goykovich 5

Ella Fitzgerald & Duke
Ellington (N. G.)
Oscar Peterson Trio
Jazz at the Philhar-
monic

1967 American Folk Blues
Festival
Spiritual + Gospel
Festival
Festival Flamenco
Gitano
Festival Musica
Folklorica Argentiña
Manitas de Plata
James Brown Show
Soultime: Sam and
Dave, Arthur Conley,
Percy Sledge
Ray Charles Show
Woody Herman
Orchestra
Billie & Dede Pierce
Earl Hines u. a.: Hot
Jazz from a Swinging
Era
Dave Brubeck Quartet
Oscar Peterson Trio &
Coleman Hawkins

1968 American Folk Blues
Festival
Festival Flamenco
Gitano
Aretha Franklin: Lady
Soul
Wilson Pickett Show
B. B. King
Ray Charles
King Curtis
The Robert Patterson
Singers
Supremes and the
Jimmy Smith-Trio

John Mayall
Jimi Hendrix
The Doors & Canned
Heat
Frank Zappa and The
Mothers of Invention
Ravi Skankar
Ella Fitzgerald & Duke
Ellington
Ella '68
Oscar Peterson Trio
Slawische Seele: Ivan
Rebroff / Dunja Rajter

1969 American Folk Blues
Festival
Festival Flamenco
Gitano
Ravi Shankar
The Chamber Brothers
and the Joshua Light
Show
Ray Conniff
Show 69: Hüsch –
Flamenco Jazz
Count Basie and Tony
Bennett
The Robert Patterson
Singers
Ray Charles
Ella Fitzgerald
Oscar Peterson Trio
The Cannonball
Adderley Quintet
Jimi Hendrix
Janis Joplin
Led Zeppelin
B. B. King
Chicago
Steppenwolf
Ravi Shankar
Ten Years After
John Mayall
Colosseum

Delaney & Bonnie with
  Eric Clapton
Herb Alpert and the
  Tijuana Brass

1970 American Blues +
        Gospel Festival
      Festival Flamenco
        Gitano
      Ella Fitzgerald
      Ella and Basie
      Ray Charles & Billy
        Preston
      Oscar Peterson Trio
      Harry James Orchestra
      Sergio Mendes Brasil
        '66
      Herbie Mann Quintet
      The Band
      The Rolling Stones
      Jethro Tull
      Led Zeppelin
      Emerson, Lake &
        Palmer
      John Mayall
      Frank Zappa and The
        Mothers of Invention
      Blood, Sweat & Tears
      Free & Colosseum
      Phil Woods

1971 Jethro Tull
      Emerson, Lake &
        Palmer
      Chicago
      Traffic
      John Mayall
      Ike & Tina Turner
      James Brown Show
      Creedence Clearwater
        Revival
      Country Joe McDonald
      Buddy Miles

Engelbert Humper-
  dinck
Tom Jones
Ravi Shankar
Paco de Lucia
Manitas de Plata
MPS Jazz Festival

1972 The Who
      Santana
      Eric Burdon & War
      Ten Years After
      Grand Funk Railroad
      Jethro Tull
      Ike & Tina Turner
      Johnny Cash
      Steppenwolf
      Manassas: Stephen
        Stills
      Genesis
      John Mayall (Jazz Blues
        Fusion)
      Ginger Baker: Salt

1973 The Rolling Stones
      Les Humphries Singers
      Emerson, Lake &
        Palmer
      Led Zeppelin
      Ike & Tina Turner
      Ten Years After
      Traffic
      John Mayall
      Chuck Berry
      Blood, Sweat & Tears
      Roxy Music
      Procol Harum
      Fats Domino
      Isaac Hayes
      Ramsey Lewis
      Eric Burdon / Jimmy
        Witherspoon

John McLaughlin and
the Mahavishnu
Orchestra
Miles Davis
The Osmonds
West, Bruce & Laing
Carole King
King Crimson
German Rock Super
Concert
James Taylor

1974 Les Humphries Singers
Ike & Tina Turner
Emerson, Lake &
Palmer
Shirley Bassey
The Three Degrees
Ten Years After
Roxy Music
John Mayall
Cat Stevens
Frank Zappa and The
Mothers of Invention
ABBA
Jethro Tull
Blood, Sweat & Tears
Procol Harum
John McLaughlin and
the Mahavishnu Or-
chestra
The Flock
Billy Cobham
The Pointer Sisters
King Crimson
Mott The Hoople
Golden Earring
Suzi Quatro
Herb Alpert
War
The Eric Burdon Group
Gentle Giant
Canned Heat
The Carpenters

Fats Domino
Alvin Stardust
The Strawbs
The Sparks
Traffic
Chick Corea
Ella Fitzgerald
Dave Brubeck and Sons
David Cassidy
Ivan Rebroff
La Singla
Manitas de Plata
Grateful Dead

1975 Les Humphries Singers
Ike & Tina Turner
Peter Alexander
The Who
Jethro Tull
Liza Minnelli
Santana
Earth, Wind & Fire
Gentle Giant
Chick Corea
Alice Cooper
Grand Funk Railroad
Rory Gallagher
John Mayall
Bad Company
Golden Earring
John McLaughlin
Billy Cobham
Lynard Skynard
Robin Trower
Maggie Bell
Lou Reed
Albert Hammond
The Three Degrees
Joy Fleming
The Warner Brothers
Music Show: Little
Feat, Doobie Brothers,
Tower of Power u. a.

Super Soul: The Detroit
Spinners, Ben E. King,
Sister Sledge u. a.
Philly Sound: O'Jays
u. a.
Die kleinen Engel von
Korea

Blood, Sweat & Tears
Manhattan Transfer
Peter Herbolzheimer
Bad Company
Manitas de Plata
Die kleinen Engel von
Korea

1976 Les Humphries Singers
Shirley MacLaine
Sammy Davis jr.
Charles Aznavour
Diana Ross
The Rolling Stones
David Bowie
Santana
Jethro Tull
Genesis
Ike & Tina Turner
Ray Charles
Gordon Lightfoot
Gentle Giant
Rory Gallagher
Nazareth
Billy Swan
Robin Trower
Linda Ronstadt
Dr. Feelgood
The Marshall Tucker
Band
John Miles
Ritchie Blackmore's
Rainbow
Pasadena Roof
Orchestra
Tangerine Dream
Bali A Gung: Eberhard
Schoener
Jean-Luc Ponty,
Joachim Kühn,
Philip Catherine
Edoardo Falu
The Carpenters
Paul McCartney: Wings

1977 Shirley MacLaine
Nana Mouskouri
Manhattan Transfer
Neil Diamond
Vicky Leandros
Charles Aznavour
Joan Baez
Open Air mit Santana /
Chicago / Udo Linden-
berg u. a.
Santana
Eagles
Jethro Tull
Queen
Chicago
Frank Zappa
Peter Gabriel
Gregg Allman and Cher
Dr. Hook
Bryan Ferry
J. J. Cale
Bad Company
Jack Bruce
John Mayall
Fleetwood Mac
Chuck Berry
Billy Cobham
Procol Harum
Hall and Oates
Doldingers Passport
Rainbow
Johnny Cash
Al Jarreau
George Benson
Pablo Jazz Festival

Abende improvisierter
  Musik: Keith Jarrett
  u. a.
Glenn Miller Orchestra
Harry Chapin
Pasadena Roof
  Orchestra
Edoardo Falu
Chieftains
Michael Heltau
Barbados Music
  Festival
La Singla + Festival
  Flamenco Gitano
Genesis
Weather Report
United Jazz and Rock
  Ensemble
Angelo Branduardi

1978 Bob Dylan
Eric Clapton
Udo Lindenberg (Pani-
  sche Nächte mit den
  Rockladys)
Manhattan Transfer
Nana Mouskouri
Tina Turner
Udo Jürgens
Johnny Cash
Kris Kristofferson and
  Rita Coolidge
Donkosaken aus
  Rostow
Joan Armatrading
Jethro Tull
Genesis
Queen
Frank Zappa
Electric Light Orchestra
Kansas
David Bowie
Blood, Sweat & Tears
Eric Burdon

Iggy Pop
Alvin Lee
Chick Corea
Thin Lizzy
Boz Scaggs
Foreigner
Lake
Nazareth
Coryell – Catherine –
  Kühn
Tangerine Dream
Chick Corea and
  Herbie Hancock
Bay City Rollers
Gasoline
Elton John mit Ray
  Cooper
Bette Midler
Peter Gabriel
AC/DC
Angelo Branduardi
Eberhard Schoener:
  Trance Formation

1979 Peter Maffay
Udo Lindenberg
Harry Belafonte
Manhattan Transfer
John Denver
ABBA
Diana Ross
The Who
Queen
Helen Schneider
Ricky Lee Jones
Boston
Alvin Lee
Steve Hackett
United Jazz and Rock
  Ensemble
Chick Corea & Gary
  Burton
Nina Hagen
Angelo Branduardi

Eberhard Schoener:
Video Magic
Alexandrow Ensemble,
der Chor der Roten
Armee

1980 Udo Lindenberg
Joan Baez
Howard Carpendale
Nana Mouskouri
Margot Werner
Katja Ebstein
Udo Jürgens
Helen Schneider
Veronique Sanson
Ingrid Caven
The Who
Led Zeppelin
Santana
Jethro Tull
Paul Simon
Al Jarreau
Roxy Music
Pat Benatar
Scorpions
Boomtown Rats
Average White Band
Eric Burdon
Tangerine Dream
Johnny Cash
Marlboro Country
Music Festival
Truck Stop
Eberhard Schoeners
Events
American Folk Blues
Festival

1981 Peter Maffay
Udo Lindenberg
Harry Belafonte
Stevie Wonder
Bruce Springsteen
Bob Dylan

Manhattan Transfer
Nana Mouskouri
Al Jarreau
Jethro Tull
Richard Clayderman
Margot Werner
Helen Schneider
Joan Armatrading
Joan Baez
Santana
Donovan
The Clash
Boomtown Rats
Steve Gibbons
Kraftwerk
Tangerine Dream
Stanley Clarke &
George Duke
Roger Chapman
Johnny Cash
Johnny Tame
Flairck
Benny Goodman
Costa Cordalis
American Folk Blues
Festival
Truck Stop
Diana Ross

1982 Richard Clayderman
Howard Carpendale
Margot Werner
Nana Mouskouri
Diana Ross
Helen Schneider
Joan Baez
Peter Maffay
Udo Jürgens
Peter Alexander
Sammy Davis jr.
The Rolling Stones
Simon & Garfunkel
Elton John
Earth, Wind and Fire

Jethro Tull
John Denver
Cliff Richard
Johnny Cash
After The Fire
Scorpions
Peter Herbolzheimer
Klaus Hoffmann
Peter Cornelius
Miles Davis
Marlboro Country
  Music Festival
American Folk Blues
  Festival

1983 Udo Lindenberg
Joan Baez
Udo Jürgens
Harry Belafonte
Nana Mouskouri
Peter Alexander
Die Grüne Raupe
Stephan Sulke
Peter Cornelius
Rainhard Fendrich
Konstantin Wecker
Herbert Grönemeyer
Ulla Meinecke
Nina Hagen
Rod Stewart
Eric Clapton
David Bowie
Joan Armatrading
Al Jarreau
Weather Report
Santana
Helen Schneider
Barry Manilow
Angelo Branduardi
SFB-Rocknacht mit
  Udo Lindenberg u. a.
Dionne Warwick
Johnny Cash
Spandau Ballet

Marlboro Country
  Music Festival
American Folk Blues
  Festival

1984 Udo Lindenberg
Peter Maffay
Ulla Meinecke
Richard Clayderman
Howard Carpendale
Stefan Waggershausen
Rainhard Fendrich
Klaus Hoffmann
35 Stunden Woche –
  IG Metall
Elton John
Bob Dylan / Santana /
  Joan Baez
Neil Diamond
Stevie Wonder
Nina Hagen
Rodgau Monotones
Flatsch!
Gianna Nannini
Georg Danzer
Nik Kershaw
Little Steven
José Feliciano
Queen
Jethro Tull
Stephan Sulke
Udo Jürgens
Scorpions
The Firm
Marlboro Country
  Music Festival
Festival Tango Argen-
  tino

1985 Spandau Ballet
Mahavishnu Orchestra
Nana Mouskouri
Udo Jürgens
Nik Kershaw

Konstantin Wecker
Al Jarreau
Marlboro Country
Music Festival
Frankie goes to
Hollywood
Peter Cornelius
Rainhard Fendrich
Rodgau Monotones
Georg Danzer
Nina Hagen
Deep Purple
Stephan Sulke
Musik über dem Meer
in Timmendorf
Rock & Poesie im
Berliner »Theater des
Westens«

Bach-Rock in Berlin
Udo Lindenberg
Cliff Richard
Diana Ross
Howard Carpendale
Ulla Meinecke
Klaus Hoffmann
Gary Moore
Stefan Waggershausen
American Folk Blues
Festival
Jennifer Rush
Commodores
United Jazz + Rock
Ensemble

BILDNACHWEIS

Titel: Calle Hesslefors.
Claudia Abram (2), AMW-Pressedienst, Debionne, Mara Eggert mit einer Aufnahme aus ihrem Buch »Frankfurter Portraits«, Gerda Henge, Elisabeth Hofmann, Hans H. Kichner, Max Koot, Digne Meller-Marcovicz, Jean Bernard Porée, Werner Roelen, Susanne Schapowalow, Jan Schulz, Pressefoto Stretz, Ullstein Bilderdienst (3), Günter Zint sowie diverse Aufnahmen aus den Archiven von Lippmann + Rau sowie Siegfried Schmidt-Joos.

Verlag und Autoren danken Marianne Miehe für ihre unermüdliche Arbeit bei der Abschrift der zahllosen Tonbandkassetten, die zur Grundlage dieses Buches geworden sind.